조선왕조실록
500년 리더십

조선왕조실록
500년 리더십

지은이 이동연
발행처 도서출판 평단
발행인 최석두
표지디자인 김윤남
내지디자인 박은주

등록번호 제2015-00132호
등록연월일 1988년 07년 06일

초판 1쇄 인쇄 2023년 07월 03일
초판 1쇄 발행 2023년 07월 10일

주소 (10594) 경기도 고양시 덕양구 통일로 140(동산동 376) 삼송테크노밸리 A동 351호
전화번호 (02) 325-8144(代)
팩스번호 (02) 325-8143
이메일 pyongdan@daum.net

ISBN 978-89-7343-557-9 (03320)

조선왕조실록
500년 리더십

이동연 지음

성공하는
리더의
인사이트!

평단

머
리
말

왕이란 어떤 존재일까? 한나라의 리더이다

리더는 혼자가 아니다. 조직의 선두에 서 있는 것이다. 그렇다면 리더는 어떠해야 되는가? 상황에 맞는 리더십을 발휘해야 하는데, 결코 쉽지 않는 일이다. 그래서 리더는 많아도 성공한 리더는 적은 것이다.

역사는 현재를 이해하는 거울이다. 그만큼 인간사란 등장인물만 바뀔 뿐 끊임없이 반복된다. 조선 500년이라는 장구한 세월 왕 27명은 리더십의 거의 모든 것을 연출했다.

이들 중에는 왕위를 탈취한 자도 있었지만 대부분은 리더의 운명으로 태어나, 리더로 교육받고, 리더로 살아갔다. 리더 자질이 뛰어난 왕도 있었고, 자질이 없는데도 운명에 따라 왕 노릇한 이도 있었다.

다행히 이들의 자취를 기록한 《조선왕조실록》이라는 세계 역사에 유례없는 위대한 보고서가 있기에, 오늘날 우리에게 필요한 리더십을 반추해 볼 수 있다.

조선 왕들을 8가지 유형의 리더로 분류할 수 있다.

첫째, 위민의 리더이다.

조선은 '지식국가'이다. 사회는 인의예지신仁義禮智信으로 소통하고 통치는 덕으로 해야 한다. 바로 그 안목을 부여하는 것이 유교적 소양이다. 이 소양의 핵심은 나라의 근본이 백성에게 있다는 것이다. 그랬기 때문에 조선은 세계에서 보기 드문 문文의 통치, 즉 군대와 치안 조직을 최소화하고 오직 관권과 향권鄕權만으로 500년을 다스릴 수 있었다.

왕과 백성의 정체성을 일치시키는 것이 위민의 리더십이다. 삶의 현장을 돌보고 백성과 소통을 중시하며, 신하들과의 소통과 권한 배분, 업무 진행과 후속 관리도 위민에 초점을 두었다. 인재를 등용할 때도 기득권의 허위의식을 깨고 신분에 구애받지 않았다. 세종과 정조가 이에 해당한다.

둘째, 결과 중심의 리더이다.

이들에게 '절차의 정당성'은 결과가 말해주는 것이다. 누가 제거 대상인지 정확히 알고 과감한 선제공격을 하며, 상황에 따라 대의명분이 달라진다. 초자아$^{super\ ego}$가 강할 경우 세조처럼 죄책감에 시달리지만 자아^{ego}가 강력한 경우 평생 위풍당당하다. 태종과 세조가 이에 해당한다.

셋째, 가치 공유의 리더이다.

이들은 기존의 신하들로 안주하기보다 가치를 부여할 수 있는 조직을 만들고자 한다. 성종과 영조가 이에 해당한다.

예를 들어 성종은 조선의 공유 가치를 창출하기 위해, 고리의 세 충신인 삼은三隱, 즉 목은牧隱 이색, 야은冶隱 길재, 포은圃隱 정몽주를 잇는 사림파를 등용했으며, 또한 영조의 탕평책도 같은 의도로 볼 수 있다. 가치 중심의 리더십은, 그 가치에 구성원들이 얼마나 공감하느냐에 성공 여부가 달려 있다. 즉 백성의 자발적 동의를 이끌어내는 만큼 헤게모니를 행사할 수 있는 것이다.

넷째, 군림형 리더이다.

이들은 공과 사의 구별이 없다. 기분에 따라 자기 세력도 버릴 수 있다. 자아가 과도하게 팽창해 유아독존이 될 경우 연산군처럼 파괴적으로 군림하지만, 주도면밀할 경우 숙종처럼 권력층 물갈이의 천재가 되어 체제를 탄탄하게 안정시킨다. 군림형 리더는 지시만 있을 뿐 리드는 없다. 연산군, 중종, 숙종이 이에 해당한다.

다섯째, 무기력한 리더이다.

개인으로는 인품도 좋고 성품도 훌륭하다. 하지만 조직을 어떻게 움직여야 할지를 모른다. 정종, 문종, 단종, 예종, 인종, 명종, 현종, 경종 등이 그러했다. 이들은 왕으로서 적극적 권리 확보 의지가 없이 수동적이었다. 조직의 질서가 무너져도 수습하려 하기보다는 소극적으로 연민을 일으켜 보호받으려 했던 것이다. 그나마 이들 중 문종이나 현종은 드센 신하들 틈바구니에서도 백성만큼은 챙겼다.

여섯째, 자유방임형 리더이다.

무기력한 리더가 권리와 의무를 방치했다면, 자유방임형 리더는 누릴 권리만 챙기고 의무는 방치한다. 세도가들이 정해준 권한만 행사하는 것이다. 의사 결정권자로서 중심을 잡지 않은 채 주변인처럼 좌고우면하며 쾌락에만 관심을 쏟는다. 한마디로 나만 좋으면 그만이라는 식이다. 순조, 헌종, 철종이 이에 해당한다.

일곱째, 근시안적 리더로, 더불어 꿈꿀 미래가 없는 군주이다.

낡은 명분에 고착해 현실성 있는 정책을 내놓지 못한다. 당연히 어떠한 공감도 비전도 없다. 장기적 대책보다 일시 모면책만 내놓는다. 거시적 가치보다 눈앞의 미시적 이익에 얽매인다. 조선 말 열강들이 던진 작은 미끼를 따라 일본, 청나라, 러시아 사이에서 헤맨 민비가 대표적이다. 선조, 인조, 효종, 고종, 순종이 이에 해당한다.

마지막 여덟째, 혁신의 리더이다.

혁신에는 제품 혁신Product Innovation, 과정 혁신Process Innovation, 조직 혁신Organizational Innovation 등이 있다. 이 과정이 적합하면 조직의 성과Firm Performance로 나타나는 것이다. 이 중 조직 혁신은 역성혁명처럼 기존 판을 뒤엎고 새 판을 짜는 것이고, 과정 혁신은 기존 판을 유지한 채 리모델링해서 효율성을 높이는 것이다.

세계적 변화 관리 전문가 존 코터가 파악한 혁신적 리더들은 크고Big, 도전적이고Hairy, 대담한Audacious 목표Goal 즉 BHAG를 품고 약간은 비상식적 신념으로 몰입했다.

모든 일이 그러하듯 특히 혁신의 리더십을 구사할 때는 방향과 속도가 생명이다. 구체적으로 무슨 목표를 향해, 어떤 방식으로 누구와 함께 갈 것인가가 그려져야 한다. 태조와 광해군이 이에 해당한다.

그런데 왜 태조는 변혁에 성공했고, 광해는 미완에 그쳤을까?

태조는 위화도 회군 등에서 보여준 기동전과 신진 사대부의 각계 포진에서 보여준 진지전에 능했으나 광해는 기동전은 번득였지만 진지전(소수 대북파만 의존)에 너무 약했던 것이다.

이렇듯 조선왕조 500년 동안 각양각색의 왕이 리더십을 발휘했다. 이들 리더십에서 우리는 배워야 할 것과 버려야 할 것을 읽어내야 한다. 그것이 우리가 역사를 읽는 이유일 것이다.

차
례

제1대　　**태조**

밖에서 안을
들여다보라

태조 이성계(재위 1392~1398)는 변혁의 리더였다. 변혁의 시대에 맞는 창조적 혁신 전략을 구사했다. 조선왕조가 출범한 후 반드시 변해야만 할 시기가 세 차례 있었다. 선조와 인조와 순조 때였다.

선조는 메이지 유신으로 부국강병을 이룬 일본 열도의 정세에 아둔한 대가로 임진왜란을 불러들였고, 인조는 대륙의 강자로 부상한 청나라를 외면하고 명나라만 붙들다가 병자호란을 야기했다.

순조 때는 수렴청정한 정순왕후의 권력이 안동 김씨와 풍양 조씨, 대원군 등으로 이어지며 실학을 무시하다가 열강에 속수무책 당했다.

조선의 왕 27명 중 태조처럼 발상의 전환을 한 왕은 광해이다.

변화의 압력이 내부에서 오든, 외부에서 기인하든 그 시대를 이끄는 왕은 '미래를 발명inventive future'해야 한다. 현재와 다른 관점을 가져야 변화의 압력을 성취의 기회로 만들 수 있다.

그렇지 않고 안주하면? 변화의 압력에 주저앉고 말 것이다. 익숙한 옛길을 버리고 아무도 가보지 않은 새 길로 나아가야 새로운 미래로 도약할 수 있다.

《과학혁명의 구조》를 펴낸 과학 사학자 토머스 쿤에 따르면, 불연속적 전환으로 야기된 패러다임 변화는 주류가 아니라 변방에서 발생한다. '나는 사람 위에 기는 사람 있다'는 식으로 기존 상식을 뒤엎어 보아야 패러다임의 변혁을 가져올 수 있다.

베트남 전쟁 당시 막강한 제공권을 지닌 미군에 맞서 베트콩은 땅속으로 파고들어 하늘을 나는 미군을 이겼다. 갈릴레이도 기존 상식과 달리 물체가 질량과 상관없이 똑같이 낙하한다는 사실을 자유 실험으로 입증해 보였다.

'혁신'의 경제학자 조지프 슘페터는 '진화는 옛것에 대한 창조적 파괴'를 할 때 일어난다고 역설했다. 기존의 화석화된 질서를 부정해야 혁신이 시작된다는 것이다.

스티븐 스필버그의 영화 〈ET〉는 난쟁이 ET가 미확인 비행물체를 타고 지구에 불시착해 홀로 남았으나, 한 소년의 순수한 우정으로 자기 별로 돌아간다는 이야기이다. 미국은 물론 지구촌 전체에 ET붐을 일으켰으며 세속에 찌든 지구인들을 감동시켰다.

이 영화도 처음 시장조사를 할 때 반응이 좋지 않아 유수한 제작사들이 거절했다. 미래 소비자의 기호를 읽지 못했기 때문이다. 따라서 혁신 제품일수록 아예 고객 선호도 조사를 하지 않는 경우가 많다.

변화의 선도자Change maker가 되려면 자신의 조직을 외부자의 시선으로 바라보아야 한다. 그래야 눈앞의 나무에 매몰되지 않고 숲을 볼 수 있다. 외부 환경이 급변할수록 전체 숲을 먼저 보아야 의미 있는 변화 패턴을 읽을 수 있다. 이 패턴이 유행이 되고 세기적 트렌드가 된다.

고려는 무인시대 100년과 원나라 속국 100년을 지내며 왕조의 위신과 기능이 심하게 추락했다. 게다가 원나라마저 신흥 명나라에 잠식당하는 상황에 놓였다. 이런 상황에서 이성계는 변화 주도자답게 고려라는 기존의 프레임 밖에서 생각했다. 그랬기에 기존 통념에 따르지 않는 파괴적 솔루션으로 새로운 통념을 내놓을 수 있었던 것이다.

그것은 대외적으로는 친명배원 정책이었고, 대내적으로는 무치가 아닌 문치로의 전환이었다. 문치의 내용은 귀족 중심의 불교에서 사대부 중심의 성리학으로 옮겨가는 것이다. 이런 창조적 전략으로 고려가 무너지고 500년 신왕조가 들어섰던 것이다.

변방에서 중앙으로

중국에서 원·명 교체가 진행되는데도 원나라에 기댄 고려 조정의 구세력들은 향락에 빠져 있었다. 그대로 방치했다가는 고조선에서 시작된 한반도의 역사가 고려로 종말을 맞을 상황이었다. 이런 위기야말로 변방 세력이 안일에 빠진 중앙을 교체할 절호의 기회였다.

이성계는 변방의 장수였다. 개경의 전통 귀족Inner Circle이 아니었다. 집안 대대로 전주에 뿌리를 내리고 살았으나 관기를 건드린 고조부 이안사가 수령을 피해 삼척으로 이주한다. 그러나 전주의 수령이 삼척 지방에 수령으로 오는 바람에 다시 170여 가구를 데리고 동북면으로 이주해야 했다.

그 후 이성계 집안은 원나라 관리가 되어 동북면의 실력자로 부상해 손자 이자춘에까지 이르렀다.

1258년에 동북면을 강탈한 원나라는 쌍성총관부를 설치했고, 이곳에서 이자춘은 촌장을 지내며 차남 이성계를 낳았다.

이성계가 장성했을 때는 홍건적의 두목 주원장이 세운 명나라(1368~1644)가 원나라(1271~1368)를 압박하고 있었다. 당시 원나라는 고질적인 황실 내분으로 급속히 기울 때였다.

이를 주시하던 이자춘이 공민왕을 찾아가 고려의 옛 땅을 수복하겠다고 했다. 공민왕이 기뻐하며 이자춘의 도움을 받아 99년 된 쌍성총관부를 몰아냈

이성계 어진

다. 당시 이성계도 이자춘을 도왔고 그때부터 이성계는 친명파가 될 수밖에 없었다.

공민왕이 이자춘의 전공을 치하하며 개경에 거주할 집을 하사하는 한편, 그를 함경도 일대를 다스리는 삭방도 만호 겸 병마사로 임명했다.

이자춘 사후, 1361년 독로강 만호가 반란을 일으켰을 때 이성계가 이를 진압했고, 같은 해 홍건적 10만 대군이 개경까지 내려와 공민왕이 충주로 피란 갔을 때도 이성계가 사병 2,000명을 동원해 개경을 탈환하는 공을 세웠다.

그때만 해도 이성계는 변방 무장 가운데 한 명에 지나지 않았다. 다음 해 원나라 나하추가 수만 병사를 거느리고 쳐들어왔다. 공민왕이 정휘 장군에게 싸우도록 했지만 대패했다. 그제야 이성계를 동북면 병마사에 등용하여 응전하도록 했다.

이미 고려군을 크게 이긴 나하추는 방심하고 소수 경비병만 세운 채 초저녁부터 잠이 들었다. 이성계는 1,000여 군사를 외곽에 매복시킨 다음, 특공대만 뽑아 야음을 틈타 적의 지휘부를 강타했다.

원나라 진영이 중심부터 초토화되었고, 졸지에 수만 병사가 오합지졸이 되어 도망치다가 매복한 이성계 군사의 칼날에 쓰러지며 시체가 산을 이루었다.

이때 이성계는 불과 스물일곱의 나이로 동북아 최고의 무장으로 떠올랐다. 그 후 1368년에 명나라가 중원을 정복했고 원나라 마지막 황제 순제는 응창부(내몽골)로 도주했다.

고려의 정국은 이 상황과 반대로 조성되기 시작한다. 그동안 반원 정책을 폈던 공민왕이 1374년 홍륜에게 시해당하고, 이인임 등 친원파가 우왕을 옹립했던 것이다. 이후 이인임은 같은 친원파 최영을 중용하며 우왕 치세 14년간 권력을 장악한다.

이와 상관없이 이성계는 지리산에 내려가 왜적과 싸우는가 하면 다시 북방으로 올라가 여진족들과 싸우며 전국 변방에서 외침을 막아내고 있었다. 이성계 옆에는 항시 말 여덟 마리가 준비되어 있어 필요에 따라 골라 탔다.

용맹을 떨치던 이성계는 1380년 지리산 부근 황산에서 벌어진 전투 덕에 국민적 영웅이 된다. 이성계가 애마 유린청游麟靑에 올라 왜구의 소년 장수 아기발도阿只拔都와 만여 적병을 소탕한 것이다. 이 황산대첩 이후 이성계는 홍건적 또는 왜구들에게 '공포' 그 자체였다.

그래도 명문 귀족들이 볼 때 이성계는 여전히 변방에서 온 인물에 불과했다. 이성계 역시 모략의 달인들로 정적 제거에 능한 개경 귀족들과는 달랐다. 갑옷과 투구를 벗을 틈도 없이 전장에서 풍찬노숙의 세월을 보내며 연전연승한 공으로 진급했던 것이다. 큰 전쟁에서 이길 때마다 직급이 오르다 보니 고려의 수상인 문하시중 바로 아래인 수守문하시중에 이르렀다.

태조의 애마 유린청
태조의 여덟 마리 말의 모습은 숙종 대 만든 〈팔준도첩〉에 전한다.

신진 세력의 구심점이 되다

당시 고려는 토지제도의 문란이 극에 달해 있었다. 권문세족이 경쟁적으로 농장을 확대하며 토지겸병을 추구했던 것이다. 나라 재정은 파탄 직전이었고 관료들 녹봉도 지급하지 못할 지경이었다. 그런데도 이인임 등은 권력 남용에만 급급했다.

보다 못한 최영이 이인임을 제거하기 위해 우왕 14년(1388)에 이성계를 만나 우선 우왕을 설득하고 안 되면 군사력까지 동원하기로 합의한다. 우왕도 두 장군의 건의를 무시할 수 없어 이인임과 염흥방, 임견미 등 그 일당 100여 명을 제거했다.

그 후 최영과 이성계가 최고 실세가 되어 고려 말 문신을 대표하는 이색과 그의 제자들과 함께 국정을 운영한다.

이때부터 최영과 이성계가 각각 구세력과 신흥 세력을 대표하며 묘한 분위기가 형성된다.

바로 그해 중원을 차지한 명나라가 고려에 철령 이북 땅을 다시 갖겠다고 통고했다. 철령 이북은 원나라 쌍성총관부에 속해 있던 곳이므로, 이제 원나라를 차지한 명나라가 지배하겠다는 것이다. 한마디로 고려더러 명나라 속국이 되라는 뜻이다.

최영이 이대로 명의 속국이 될 수 없다며 요동을 정벌하자고 주장했고 우왕도 찬성했다. 그러나 이성계가 반대하고 나섰다. 그동안 끊임없는 전쟁과 권신들의 수탈로 백성들이 헐벗고 굶주리는데 대규모 전쟁을 일으킬 여력이 없다는 것이었다.

당시 농경 국가 고려는 귀족이 토지를 과점하면서 소작농이 된 농민이 세금도 못 낼 만큼 궁핍해졌고, 정부도 파산 직전에 이르렀다. 그런데도 우왕과 최영은 농번기를 앞둔 시기에 전국에 징발령을 내렸다.

왜 무리한 전쟁을 강행하려 했을까? 친원적이며 친불교적인 권문세족을 비판하는 신진 사대부 세력이 날로 커가고 있었기 때문이다. 이들 대다수가 지방 향리 출신으로, 고려 말 유입된 성리학을 이념으로 삼고 신권臣權 중심의 왕도정치를 표방하며 친명정책을 선호했다.

신진 사대부를 대표하는 이색, 정몽주, 권근, 정도전 등이 전면적 개혁을 추구하면서 신흥 무인 세력인 이성계와 손을 잡았다. 이렇듯 권문세족과 신진 사대부는 은연중 대립하고 있었다. 그러던 차에 명나라가 철령 이북 땅을 요구했고, 이를 계기로 두 세력의 충돌이 표면으로 드러난 것이다.

최영은 요동 정벌의 명분으로 이성계를 변방으로 보내 제거하고자 했다. 이런 계략을 몰랐던 이성계는 요동 정벌의 어려움을 왕에게 호소했으나 무시당했다. 정벌군 총사령관인 팔도도통사에 최영, 좌군통도사에 조민수, 우군통도사에 이성계가 임명되었다.

이성계가 사직서를 내려고 하자 다섯째 아들 이방원이 만류했다.

"요동 정벌은 최영이 아버님을 제거하려고 꾸민 것으로 보입니다. 사직하시면 왕명 거역죄로 몰릴 것이니, 차라리 출정하셨다가 후사를 도모하십시오."

그제야 이성계도 짐작되는 바가 있어 요동으로 출병했다. 최영의 계략에 이성계가 넘어가는 듯했지만 우왕이 결정적 실수를 한다.

총사령관 최영이 출전하려는데, 우왕이 울며불며 매달렸다. 최영이 탐라도 정벌에 나서느라 조정을 비운 사이 공민왕이 시해된 일까지 거론하며 곁에 있어달라고 호소한 것이다.

결국 최영은 개경에 남아 군사를 총지휘하기로 했다. 이로써 요동 정벌군의 실질적 지휘권을 이성계가 장악하게 되었다.

현실을 직시한 위화도 회군

위화도 회군은 왕조 교체를 가능하게 한 일대 사건이었다. 이때 이성계는 사실fact에 근거해 가설fiction을 세워 전쟁을 추진한 최영을 꺾는다.

고려처럼 전통이 오랜 사회일수록 습관적 견해에 매이기 쉽다. 변혁의 시기에 가장 위험한 적인 습관적 가설hypothesis이 하나의 교리처럼 조직의 기본 정서를 휘감고 있기 때문이다.

권문세족 출신 최영과 변방 출신 이성계의 시각 차이도 여기서 발생했다. 이성계는 탁상공론이 아닌 사실에 집중해 타개책을 찾아냈다.

일단 정벌군을 장악한 이성계는 5월경 압록강 중간 위화도까지 진주했다. 이제 이 섬을 건너 요동으로 들어갈지를 결단해야 했다. 건너가면 자신의 정치 생명은 끝나고, 명나라와의 대규모 전쟁도 불가피하다.

설령 고려가 이겨 요동을 차지한다 해도, 곧 명의 수백만 대군이 몰려올 것이며, 다시 고려가 질 경우 '제2 한사군'과 같은 괴뢰 정권이 들어설 것이다. 물론 이성계도 자신의 정치적 배경인 명나라와 철천지원수가 되고 만다.

이성계가 고민에 빠져 있을 때 위화도에 큰 장맛비가 덮쳤다. 압록강 물이 넘치자 병참 지원이 끊겨 병사들은 허기지고 전염병까지 돌았다. 전쟁을 하기도 전에 병사들이 낙오병처럼 전의를 상실하고 말았다. 이런 상태로는 전쟁을 치를 수 없다고 본 이성계는 최영에게 연락병을 보내 철군을 요구했다. 그러나 연락병은 최영에게 호되게 질책당하고 신속히 진군하라는 독촉령만 받아왔다.

다시 이성계는 우왕에게 4대 불가론을 들어 철군을 요청했다.

작은 나라로 큰 나라를 쳐 이기기 쉽지 않은데, 출병 시기가 여름철이라 전염병이 우려되고, 온 나라가 명과 싸우면 그 틈에 왜구가 기승을 부릴 것이며, 무덥고 비가 많은 시기라 활의 아교가 녹고 벌써 대군에 질병이 돈다는 것이었다.

이 중 이성계가 가장 비난받는 부분은 첫 번째 조항이다.

하지만 이 조항의 뜻은 나라의 크기만 말하는 것이 아니다. 이성계는 위화도 회군 전까지 30년 이상 전장을 누비며 왜구, 여진족, 홍건적은 물론 원나라 대군까지 만나 한 번도 패해본 적이 없다. 항시 소수의 병사로 대군과의 싸움을 마다하지 않았다.

이는 이성계의 지략과 용맹 덕분이기도 하지만 병사들이 뒷받침되었기에 가능했다. 바로 이 부분이었다. 욱일승천하는 신흥 명나라에 비해 고려왕조는 너무 썩어 지탱하기조차 어려웠던 터라 병사들도 힘을 내려야 낼 수 없는 상황이었다. 따라서 먼저 국력을 더 기르면서 때를 노려야 한다는 것이었다.

이성계의 이런 관점을 보여주는 사례가 있다. 조선의 태조로 즉위한 후 요동 정벌을 다시 추진했던 것이다. 태조 6년(1397), 명나라가 부당한 재정 간섭을 해오자 정도전, 남은 등이 각 지방에 진도陳圖를 내려보내 병사들을 훈련했다. 태조도 이들의 요동 정벌 준비에 공감하며 좌정승 조준에게 의견을 묻고자 했다. 조준은 정도전과 더불어 이성계의 양대 기둥이었다. 정도전이 태조의 정치적 책사였다면 조준은 사회경제적 책사였다.

당시 와병 중이던 조준이 급히 입궐해 반대했다. 새로 개국한 나라가 명분도 없이 출병하기 어렵고, 또한 명나라도 빈틈이 없이 튼튼한데 공격해 봐야 큰 화만 입는다는 것이었다. 당시 새 왕실을 짓느라 백성들이 지쳐 있고 가뭄까지 들어 군량미 확보도 쉽지 않았기에 태조도 수긍했다. 이 일로 정도전과 조준이 결별한다. 남은은 태조에게 "조준이 소소한 일에는 재주가 있으나 대사를 논할 큰 그릇은 아닙니다"라고 비난했다.

그 후 태조 7년(1398) 8월 이방원이 일으킨 왕자의 난에 정도전이 희생되면서 요동 정벌론은 사라졌다. 이성계의 소신은 요동 정벌은 국력을 갖춘 후일에 도모해야 한다는 것이었다.

한편 위화도 사방에 물이 불며 전의를 상실한 병사들이 무더기로 탈영한다. 탈영병을 잡는 대로 참수해도 막을 수가 없었다. 이성계는 우왕에게 거듭 철군을 요청했지만 끝내 허락받지 못했다. 이성계는 조민수와 의논한 후 회군하기로 결단한다.

"순리와 역리를 들어 수차례 철군을 간청했으나, 임금의 귀를 참소하는 악당들이 막고 있으니 이들을 제거하고자 한다."

모든 병사의 환호 속에 이성계는 말 머리를 개경으로 돌렸다. 이 소식을 접한 최영은 그제야 탄식한다.

'이제 고려가 망했구나.'

그리고 이성계에게 대항할 병사를 모으려 했으나 쉽지 않았다. 반면 이성계가 개경으로 회군하는 길목마다 백성들이 음식과 술, 고기를 내놓으며 덕을 칭송했다. 민심이 기운 것이다.

이성계 부대가 개경에 들이닥치자 최영이 맞붙었지만 결국 붙잡혀 죽고 만다. 우왕도 강화도로 귀양을 떠나야 했고, 조민수의 주장대로 우왕의 아들인 아홉 살 창왕이 옹립되었다. 명의 연호인 홍무를 사용하고 원의 호복도 금지하고 대신 명의 의복을 입기 시작했다. 그런데 창왕을 옹립하는 과정에서 이성계와 조민수가 갈라선다.

이성계의 추진력, 정도전의 기획력

이성계와 조민수는 위화도 회군의 두 주역이었다. 이성계가 주도하는 회군에 조민수가 따르는 입장이기는 했으나 관직에서 엄연히 좌군통도사 조민수가 우군통도사 이성계보다 상관이었다. 그래서 조민수가 회군 이후 이성계 못지않은 영향력을 과시했지만, 그는 사리사욕을 채우는 데 급급했다.

당시 막강한 영향력을 지닌 사대부는 두 그룹으로 나뉜다. 고려 왕실을 고쳐가자는 정몽주, 이색, 이숭인 등의 온건 사대부와 고려 왕실을 없애고 새 왕조를 만들자는 정도전, 조준 등의 급진 개혁파가 그들이다.

조민수는 온건 사대부는 물론 이인임 같은 구세력과도 손을 잡고 이성계가 반대하던 창왕 옹립을 성사했던 것이다. 그래서 창왕은 조민수에게 공신 칭호는 물론 양광·전라·경상·서해·교주도의 5도통사라는 엄청난 벼슬을 내렸다.

이런 창왕이 성장하면 아버지 우왕의 명을 어기고 위화도 회군을 일으킨 이성계를 반드시 역적으로 몰려 할 것이다. 궁지에 몰린 이성계는 조민수를 제거할 결심을 굳혔다.

당시 조민수는 고려의 고질병인 토지 개혁에 반대하는 고려 귀족들과 어울리며 백성의 논밭을 강탈했다. 과거에도 임견미, 염흥방 등이 농토를 강탈했다가 이성계와 최영에게 제거될 무렵, 조민수는 재빨리 토지를 반환해 화를 피했다. 그런 버릇이 권력을 잡더니 살아난 것이다.

조민수가 민심 이반의 길을 갈 때, 이성계는 정도전이 건의한 전면적 개혁을 추진한다.

첫째, 권문세족이 부당하게 강탈한 땅을 돌려주는 과전법
科田法이다. 이에 따라 창왕 즉위 직후인 1388년 7월 대사헌 조
준이 전제 개혁 상소문을 올렸다. 권문세족의 사전私田은 물론
불교의 사전寺田까지 몰수해 백성들에게 나눠주자는 내용이
었다.

고려에는 절이 1만 3,000여 개 있었으며, 승려만 15만이었
다. 고려 인구 400만에 비하면 엄청난 수였다. 절이 소유한
토지가 나라의 경작 토지 60만 결結의 3분의 1에 달할 정도였
다. 불심이 깊은 왕부터 귀족, 백성까지 수시로 절을 짓고 시
주한 결과였다. 귀족들의 토지도 산천을 경계 삼을 만큼 확장
되었다.

조준은 이로써 백성의 고통이 하늘에 사무쳤다고 했다. 상
소문 내용이 알려지며 경향 각지에서 사전 개혁을 환호하는
주장이 줄을 이었다. 이에 조민수가 앞장서서 반대하다가 조
준의 탄핵으로 유배되었다.

둘째, 창왕을 축출하는 폐가입진廢假入眞이다. 우왕이 공민왕
의 아들이 아니라 요승妖僧 신돈과 반야의 아들이니, 가짜 왕
을 폐하고 진짜를 세워야 한다는 것이다. 이 때문에 창왕은
즉위 1년 만에 폐위된다.

셋째, '목자요木子謠' 유포다. 이李씨가 왕이 된다는 동요를
유포해 민심이 이성계를 향하도록 한 것이다.

정도전의 이 세 책략으로 이성계는 민심도 얻고 조민수도

제거하는 일거양득을 거두었다. 이성계와 더불어 위화도 회군의 한 축으로 막강한 군부 내 영향력을 지닌 조민수는 이렇게 몰락했는데, 이는 정도전의 기획력과 이성계의 파워가 만들어 낸 합작품이다.

이성계의 오죄 소탕을 막아선 정몽주

이성계는 토지 개혁 정국으로 백성의 열화와 같은 지지를 받으며 군부 내 유일한 경쟁자 조민수를 정리했다. 이제 군대에서 이성계를 제어할 세력이 사라졌다. 이후 이성계 세력은 우왕이 공민왕이 아닌 요승 신돈의 아들이라는 석연치 않은 이유로 그 아들 창왕을 폐위하고 고려의 마지막 왕인 공양왕을 세웠다. 그러나 공양왕이 할 일은 이성계를 명실상부하게 왕위에 올려놓는 과정을 지켜보는 것뿐이었다.

드디어 이성계가 정도전이 기획한 구세력의 경제적 기반 해체 작업에 돌입했다. 1389년 5월부터 권문세족이 강탈한 광대한 농장을 몰수하기 시작해 다음 해 9월 공사公私의 모든 토지 문서를 소각해 버렸다. 그리고 집권에 방해가 되는 세력도 '오죄五罪 소탕'이라는 이름으로 정리해 나갔다. 누가 해당되었을까?

첫째, 신돈과 반야의 소생 신우(우왕)를 세워 왕씨를 단절하려 한 우현보, 변안열의 무리다. 둘째, 역시 우왕의 아들 창왕을 세워 왕씨의 등극을 막았던 이색과 조민수 등이다. 셋째, 이성계 제거 모의를 한 김종연, 박가흥, 김식, 이귀철 등이다. 넷째, 윤이와 이초를 명 주원장에게 보내, 이성계가 명나라를 치려 하니 먼저 공격하라고 부추긴 보수 세력이다. 다섯째, 정읍에 살던 충선왕의 증손 왕익부를 부추겨 역모를 도모한 지용기 일당이다.

이들과 관련된 자들을 가중 처벌하라는 요구가 끊이지 않아 공양왕이 노이로제에 걸릴 지경이었다.

그런데 이성계가 깜짝 놀랄 이변이 생겼다. 그동안 위화도 회군, 토지 개혁, 공양왕 옹립 등에 이르기까지 이성계를 한결같이 지지했던 정몽주가 반대하고 나선 것이다. 정몽주는 오죄 소탕이 급진 개혁파의 정략임을 간파하고 왕에게 오죄 의정 선언서를 공포하도록 건의한다.

"이후로 오죄를 논하는 자는 무고로 다스릴 것이다."

이 선언 이후 오죄로 처벌받은 이색과 우현보 등이 석방되었다. 정몽주에게 동조하는 세력이 늘어나며, 이들과 공양왕이 결속하기 시작한다. 이제 최영, 조민수에 이어 정몽주가 이성계가 왕이 되는 데 마지막 걸림돌로 등장한 것이다.

정몽주는 지략은 물론 신망도 높아 그가 반대하는 한 이씨 왕조의 창업은 불가능했다. 그래서 이성계는 물론이고 과격한 이방원까지도 가능하면 정몽주를 동지로 삼고자 했다.

그러나 정몽주는 고려왕조만큼은 지켜야 한다는 입장이라

어떤 경우에도 역성혁명은 용납할 수 없었다. 정몽주와 이색, 우현보 등이 모여 이성계가 공을 세웠다며 전권을 휘두르는 것을 보니 반역의 기미가 보인다면서 제거하기로 한다.

이런 줄도 모르고 이성계는 해주에서 사냥하다가 낙마해 벽란도에서 드러눕는다. 이 기회에 정몽주가 정도전, 조준, 남은, 윤소종 등을 귀양 보냈다. 그제야 위기를 감지한 이방원이 급히 이성계를 귀경하게 한다. 정몽주가 문병을 마치고 귀가하는 길에 이방원은 심복 조영규, 조영무를 시켜 선죽교에서 정몽주를 죽였다.

정몽주가 피살되자 다음 차례가 자신임을 직감한 공양왕이 이성계에게 '영원한 동맹'을 맺자고 제안했지만 폐위되기에 이른다.

고려왕조는 1392년 이성계가 조선 왕 태조로 등극하며 474년 34명의 왕으로 막을 내렸다. 고려의 지배층인 귀족이 물러난 자리에 개국공신들인 신진 사대부가 앉았고, 이들이 조선 초기를 이끌며 양반 관료의 모태가 된다.

용인술의 특징

동북면의 일개 무장이던 이성계가 어떻게 고려 귀족사회를 장악할 수 있었을까? 그는 창공의 독수리가 너른 평야를 조망하다가 먹이를 낚아채듯, 시대를 통찰하며 요긴한 목표 지점을 선취하는 능력이 있었다.

당시는 명·원 교체기임에도 고려의 전통 귀족들은 이 같은 시대 변화를 무시했으나 이성계는 철저히 대비했다. 권문세족과 결탁한 불교 대신 충렬왕 때부터 유입된 성리학을 추구하는 신진 사대부를 가까이했던 것이다. 이 때문에 학식과 인품으로 존경받던 정몽주가 이성계에게 가세함으로써 백성의 신망까지 얻을 수 있었다.

그리고 무엇보다 용인술이 탁월했다. 정도전이 이성계에게 의탁한 것도 이성계의 사람 보는 눈 때문이다. 정도전은 조선 치국의 지침서로 만든 《조선경국전》에 '통치의 열쇠는 오직 용인이다'라고 기록했다. 물론 이 책은 이성계에게 바쳤다. 다행히 이성계는 출신을 따지지 않고 인재를 발굴해 내는 능력이 있었다.

고려가 돌이킬 수 없는 난세라는 것은, 기존 인재 등용 방식의 효용 가치가 떨어졌음을 의미한다. 그런데 그런 안목으로 인재를 고르면 전통이 야기한 난국을 돌파할 수 있겠는가?

그래서 이성계는 기존 인재상과 다른 인물을 발탁했고, 그들의 가치를 인정해 주었다. 정도전, 이지란, 무학대사 등이 그들이다.

정도전의 선대는 지방 향리 출신이다. 향리는 세습직으로, 조세 징수, 호구 조사는 물론 관청의 사령使令, 즉 심부름을 하거나 상경해서 궁실을 수리하는 일 등을 했다.

향리들은 이런 고된 향역鄕役에서 벗어나길 바랐지만, 그러려면 전공을 세우거나 과거에 급제해야 했다. 그렇게 해서 사족이 되어도 전통 귀족들에게 무시당하는 처지였다. 더구나 정도전의 외가는 노비 집안이었다.

이를 안 우현보가 정도전은 천출賤出이라며, 그가 하는 일을 반대하고 나섰다. 결국 조정에서 쫓겨난 정도전은 10년간 야인 생활을 한다. 그리고 마흔두 살에 동북면 도지휘사로 활약하던 이성계를 만났다. 이성계 군대의 기세가 강한 것을 보고 주군으로 모시기로 결심하는데, 이성계도 첫눈에 정도전의 비범함을 알아보고 손을 잡았다.

또한 이성계는 여진족 이지란과도 의형제를 맺고 그를 최고의 장수로 만들었다. 이 때문에 자신이 치른 수많은 전투와 건국 과정에서 여진인의 도움을 받았다.

무학대사는 도무지 이성계 세력과 가까이하기 어려운 신분이었다. 이성계 세력은 불교에 비판적인 성리학자 중심으로 친명을 추구하는데 무학대사는 원나라에 유학까지 다녀왔다. 출신도 천민이라 공민왕의 왕사 나옹 스님의 문도들까지 반대하던 인물이다.

조선의 개국공신 중 절반 정도가 가계가 분명치 않은 평민 이하였다. 그만큼 노비, 서얼, 승려, 오랑캐 출신이 많았다.

이성계 용인술의 백미는 신뢰였다. 신뢰 없는 용인술은 오래가지 못하고 용인술 없는 신뢰는 적에게 이용당하기 쉽다.

측근은 이성계 옆에 있으면 거대한 산맥처럼 든든한 기운을 느꼈다. 그만큼 이성계가 자신을 따르는 사람들에게 함께하면 좋은 세상을 만들 수 있다는 자신감을 심어준 것이다.

신뢰의 기본은 솔선수범이다. 이성계는 1356년 쌍성총관부부터 1388년 위화도 회군까지 33년간 여러 전장을 누빌 때마다 늘 앞장섰다. 그러면서도 패해본 적이 없다. 난세가 원하는 영웅이란 이성계처럼 희생정신이 투철한 면모를 갖추고, 함께하면 반드시 승리한다는 믿음을 심어주는 사람이다. 이 때문에 최영 장군과 가까웠던 조준, 왜구를 대파한 명장 배극렴, 남은 등 쟁쟁한 인물들이 이성계 주변으로 몰려들었던 것이다.

황금을 돌처럼 보는 청렴함의 상징 최영도 이성계 못지않게 용맹했다. 하지만 더불어 꿈꿀 만한 비전을 보여주지 못했다. 그래서 백성의 존경은 받으면서도 기댈 만한 영웅으로 부각되지는 못했다.

그럴 수밖에 없었다. 최영은 전통 귀족 출신이었다. 부패할 대로 부패한 고려왕조일망정 조금씩 정화하는 정도 외에 다른 대안을 찾지 않았다. 태생적 한계를 지닌 최영과 달리 이성계는 개경의 귀족사회에 배경이 없었다. 존재론적으로 개경 관료들과 다른 세상을 꿈꿀 수 있었다. 이런 이성계에게 기득권은 반대했지만, 그 외 세력들은 갈채를 보냈다.

정몽주는 이성계를 도와 기득권의 청산을 추구했지만 어

디까지나 고려 안에서였다. 고려라는 상자 밖에서 길을 찾는 이성계와 함께 갈 수 없는 운명이었던 것이다. 이런 정몽주를 이성계는 존경하면서도 이방원이 제거할 때는 묵인했다.

정도전과 이방원의 충돌

이방원이 돌직구를 날리는 이성계의 행동파였다면 정도전은 기획참모였다. 좌방원, 우도전이었다. 둘을 좌우에 두고 이성계는 무치의 귀족사회인 고려를 문치의 사대부 사회로 바꾸겠다는 웅대한 비전을 내놓고, 이를 구체화한 큼직한 정책을 터뜨렸다. 고려왕조 내내 권문세가가 악용한 토지제도인 전시과田柴科를 폐지하고 과전법을 시행했다. 이로써 사전私田이 모두 공전公田으로 흡수되었다. 관리들에게 토지를 일부 하사하기는 했지만 경기도에만 한정했고, 지방 호족들의 토지는 모조리 농민에게 돌려주었다. 그때부터 비로소 농민들도 쌀밥을 먹게 되었다. 이성계가 쌀밥을 먹게 했다 하여 '이李밥'이라고도 한다.

혁명적 토지 개혁 조치로 조선은 세계 역사상 유례없이 건국 때부터 강국이 되어 있었다. 그래서 정도전이 요동 정벌을 추진할 수 있었고, 세종 때 4군 6진을 개척하며 500년 왕조를 유지할 수 있었다.

이성계는 고려의 토지제도를 개혁할 때 권문세가의 토지

문서를 도성 한복판에 산더미처럼 쌓아두고 불을 질렀다. 일종의 정치적 흥행이었다. 토지 문서를 태우는 불이 사흘 밤낮을 타오르는데 대지주였던 공양왕은 눈물을 흘렸고, 수많은 백성은 거리로 뛰쳐나와 만세를 부르며 기뻐했다. 고려의 수백 년 병폐인 토지제도의 문란이 일거에 해결되자 소수 귀족만 제외하고 전 국민적 환호를 받게 된다.

태조 이성계의 재위 기간은 6년 6개월이다. 이 기간에 조선의 기본 이념과 방향이 정해졌다. 그 주역은 정도전이었다. 원래 태조는 공주 계룡산으로 천도할 생각으로 계룡산을 직접 답사하고 궁궐 공사까지 진행했지만 정도전, 하륜이 너무 남쪽이라며 반대했다.

마침 무학대사가 한양을 추천해, 1394년 10월에 한양으로 천도했으며, 바로 그해에 정도전이 《조선경국전》을 완성했다. 민본 사상과 조선의 뿌리가 단군 조선에 있음을 집필 원칙으로 삼았다. 이후 조선은 단군을 국조로 모셨다. 《조선경국전》은 성종 때 완성한 《경국대전》의 기초가 되었다.

조선의 개국은 이성계가 했지만 설계는 정도전이 했다. 정도전이 설계한 조선 통치의 기본 정신은 다음과 같은 맹자의 인仁이었다.

"백성이 제일 귀하고民爲貴, 다음이 사직이며社稷次之, 왕이 가장 가볍다君爲輕."

그래서 태조 이성계는 신왕조의 방향을 제시하는 즉위 교서에서, 왕도정치에서 가장 중요한 일이 '환과고독鰥寡孤獨(홀아비, 과부, 고아, 독거노인)을 구휼하는 것'이라며 유교적 애민정치를 분명하게 밝혔다.

이러한 인을 구현하려면 정도전 이론에 따라 정치가 재상 중심으로 이루어져야 한다. 이것이 신권정치였다.

왕정 체제에서 어떻게 신권정치를 이룰 수 있을까? 의정부 서사제와 3사 제도를 통해서다. 의정부는 삼정승(영의정, 좌의정, 우의정)의 합의 기구이다. 의정부에서 이조·호조·예조·병조·형조·공조 6조의 보고를 받아 왕에게 올리는 것이다. 6조판서가 의정부의 지시를 따르는 구조이다.

사헌부, 사간원, 홍문관의 3사는 언론기능을 담당했다. 사헌부는 백관의 비리를 감찰·탄핵하고, 사간원은 왕에게 간쟁을 하는데, 두 기관의 관리를 합해 대간臺諫이라 했다. 홍문관은 궁중 문헌을 관리하며 왕에게 경서 강의를 하는 등 고문 역할을 맡았다.

한양으로 천도했으나 아직 공사 중이라 이성계는 객사에 머물렀다. 정궁인 경복궁과 도성 공사 전부를 정도전이 책임졌다. 궁궐 건축의 원칙은 백제 온조왕 때부터 내려온 것을 지켰다.

'궁궐은 검소하되 누추하지 않고, 화려하되 사치스럽지 않아야 한다.'

경복궁은 1395년 9월에 완공되었다. 그 후 도성의 출입문인 사대문을 건축하기 시작한다. 사대문에 미리 유가의 '인의 예지'로 이름을 지었다. 동쪽은 홍인문, 서쪽은 돈의문, 남쪽은 숭례문, 북쪽은 소지문이라 한 것이다.

정도전이 꿈꾸던 조선은 어진 재상이 왕권을 견제하는 나라였다. 그래야 민본의 나라가 될 수 있었다.

이러한 정도전을 강력한 왕권을 꿈꾸는 이방원이 놔둘 수 있었을까? 정도전 역시 이방원을 견제하고 있었다.

1398년 봄에 사대문이 완성되고 태조와 정도전이 현판을 만들어 걸었다. 바로 그해 8월 25일 새벽 2시에 이방원이 사병을 동원해 정도전, 남은, 심효생 등을 제거했다. 신권과 왕권을 두고 벌인 조선 최초의 권력 투쟁으로, 1차 왕자의 난이다.

제2대　정종

권리를 포기하면 의무도 포기하게 된다

왕은 우선 강해야 한다. 몸도 정신도 강해야 한다. 왕이 약하면 따르는 사람들도 힘이 나지 않고, 야심 있는 사람들은 왕위까지 노려 내부 분란이 일어난다. 사자가 이끄는 양 100마리가 양이 이끄는 사자 100마리를 이긴다.

왕이 백성을 위무하고 용기를 주어야지 위로받고 보호받으려고 하면 나라의 근간이 흔들린다. 정종(재위 1398~1400)은 몸뿐 아니라 마음도 약했다. 공적 책무를 감당할 인물이 못 되었다. 왕이 권리를 포기하면 자연히 의무도 포기하게 되어 있다.

왕관을 쓰려는 자는 왕관의 무게를 견뎌야 한다. 아니면 왕이 되려 하지 말고, 어쩌다 왕이 되었다 해도 그만두어야 한다. 왕이 되려는 자는 책임감accountability과 부담감burden을 잘 구분해, 왕의 책임감은 갖되 부담감은 갖지 말아야 한다. 그래야 스트레스를 덜 받고 주어진 과제를 해결하며 목적을 성취해 낸다.

책임감은 극한의 상황도 인정하며 반드시 해결하겠다는 의지에서 나온다. 책임감이 있으면 적극적으로 행동하고 해답을 찾아낸다. 책임감 없는 부담감은 책무를 회피할 구실을 찾아, 남 탓이나 신세 한탄 등 무기력증에 빠질 위험이 크다.

조선 왕 중 조祖 자를 쓰는 왕은 태·세·선·인·영·정·순 7명 이며 군君으로 끝난 왕은 연산·광해 둘이다. 그 외 18명이 종宗 자를 썼다. 《예기》에 따라, 공을 세운 왕은 조를, 덕을 베푼 왕은 종을 붙였다. 부도덕한 행위로 반정을 야기해 쫓겨났으면 군을 붙였다. 물론 성리학적 관점의 평가였다.

조선 27명 왕 중 정종을 포함해 10명(인·순조, 문·단·예·인·명·현·경종)은 천성은 착했으나 권력의지와 냉혹한 정치 현실을 간파할 지략이 부족했다.

이들 '2조祖 8종宗' 왕이 주는 교훈은 명확하다.

"권력은 스스로 노력해 쟁취하고 지켜나가지 않으면 반드시 다른 이에게 넘어간다."

운명에 몸을 맡기다

정종은 태조와 신의왕후 한씨의 둘째 아들로 태어났으며 이름은 방과이다. 1398년 8월, 마흔둘의 나이로 왕세자가 되고 9월에 왕위에 올랐다. 조선왕조사에서 건국하느라 쉰둘의 늦은 나이에 집권한 태조 다음으로 고령이었다. 세 번째는 서른아홉의 세조다.

정종은 치세 2년 만에 자진해서 물러났다. 그 배경에 부친 이성계의 아들 8명이 벌인 권력 투쟁이 깔려 있다.

고려 말기에 유력자들이 고향에 향처鄕妻를 두고 개경에 경처京妻를 두는 풍조가 생겨났다. 이성계도 고향 함흥에 신의왕후 한씨가 있었고, 방우, 방과, 방의, 방간, 방원, 방연 6남과 경신, 경선 2녀를 두고 있었다. 훗날 개경에서 스무 살가량 연하인 신덕왕후 강씨를 만나 방번, 방석 2남을 두었다.

한씨는 조선 개국을 보지 못하고 건국 1년 전에 세상을 떠났다. 자연스럽게 강씨가 조선의 첫 번째 왕비가 되기는 했지만, 태조 이성계는 젊은 신덕왕후 강씨와 어린 방번과 방석이 늘 걱정이었다. 강씨도 자구책으로 정도전을 가까이한다.

정도전 역시 한씨 소생의 왕자들보다 강씨의 막내아들 방석이 신권정치를 구축하기에 적합하다고 보고, 태조와 함께 방석을 세자로 세우기로 한다.

이때 방원은 태조에게 장남 방우를 세자로 세워야 한다고 주장했고, 배극렴과 조준은 개국에 큰 공을 세운 방원이 세자가 되어야 한다고 했다. 이방원도 자신이 태조의 뒤를 이으리라 기대했지만 태조는 이방원은 왕 노릇 하기에는 성정이 지나치게 거칠다며 1392년에 열한 살 방석을 세자로 세운 후, 정도전에게 어린 세자를 잘 보살피라고 당부했던 것이다.

1년 후 방우가 술에 취해 죽었다. 그다음 둘째 방과와 셋째 방의는 본디 왕위에 뜻이 없었다. 그러나 넷째 방간과 다섯째 방원은 달랐다. 둘 다 정치적 야망이 컸으며 능력은 방원이 더 출중했다. 두 왕자가 방석이 세자로 책봉된 데 불만을 품고 있는데, 1396년 신덕왕후 강씨가 숨을 거뒀다. 이제 세자 방석을 보호할 정치 세력은 정도전 일파만 남은 것이다.

이에 방원이 한씨 소생 형제들을 데리고 1차 왕자의 난을 일으켜 정도전 일파는 물론 세자 방석과 방번까지 살해해 버렸다. 정도전의 죽음은 이성계의 날개가 꺾였다는 것을 의미한다.

와병 중이던 태조가 방원을 불러 "천륜도 모르는 놈"이라고 호통을 쳤다. 하지만 이미 정국의 흐름은 이방원이 좌우하고 있었다. 하륜 등이 나서서 방원이 세자가 되어야 한다고 했지만, 방원이 사양했다. 이유는 간단했다. 아버지를 내쫓고 왕이 되었다는 비난을 듣고 싶지 않아서였다. 그 대신 방원은 둘째 형 방과를 세자로 내세웠다. 태조의 장남 방우가 병사했기 때문에 방과의 왕위 계승이 자연스러워 보였던 것이다.

방과는 극구 사양하며 개국에 공로가 큰 방원이 세자가 되어야 한다고 주장했다.

왕자들의 권력 놀음에 환멸을 느낀 태조가 하야했는데, 자의보다 타의가 더 강했다. 태조가 향한 곳은 평소에도 늘 그리워하던 고향 함흥이었다. 이지란 등 측근 수백 명을 대동하고 국새까지 들고 갔다.

정종의 업적, 분경금지법

방원의 뜻에 따라 원하지도 않은 왕이 된 정종은 늘 심기가 불편했다. 그러나 왕 노릇을 하다 보니 잠시 딴마음을 품는다.

정종은 왕이 되기 전에 결혼한 정안왕후 김씨 사이에는 자식이 없었고, 그 대신 8명의 첩과 15남 8녀를 두었다. 그중 유씨가 정종의 맏아들 불노를 낳았다.

본래 유씨는 고려 우왕의 충신 임견미의 사위 반복해가 데리고 있던 첩이었다. 반복해와 임견미가 이성계에게 살해된 후 이방과가 유씨를 데려왔다.

이방과는 불노를 애지중지했고 왕이 되더니, 궁에 데려다가 머지않아 세자가 될 아이라며 원자라 칭했다.

이방원이 "왕 시켜 줬더니 착각하고 있다"며 불같이 화를 냈고, 측근 이숙번, 하륜, 남재 등이 대궐에서 공개적으로 "원자가 나라의 화근"이라고 떠들었다.

그제야 정신을 차린 정종이 부들부들 떨며, 불노는 자신의 아들이 아니라고 선언하고 궁 밖으로 쫓아냈다. 이 일을 겪은 후, 정종은 다시 한번 자신이 방원의 허수아비였음을 깨닫고, 혹 야심을 부추기는 신하가 있으면 멀리했다.

허수아비 왕 노릇에 만족하기로 결심한 정종은 1399년 3월 개경의 신의왕후 한씨의 능에 참배하러 갔다 그대로 눌러앉았다. 태조가 새 술은 새 부대에 담아야 한다고 한양으로 천도했지만, 정종은 왕자의 난이 일어난 한양이 싫었다. 게다가 까마귀 떼까지 수시로 대궐에 몰려들어 항시 어수선했다. 까마귀 떼가 밤중에도 대궐 지붕 위로 몰려다녔으며, 까치까지 근정전에 둥지를 틀었다. 이에 정종은 한양의 지기가 쇠했다는 핑계를 대며 개경으로 도성을 옮긴 것이다. 이후 태종 5년(1405)에 다시 한양으로 천도한다.

정종은 이방원에게 기가 눌려 지냈지만 1399년 8월 역사에 남을 법안을 하나 내놓았다. 분경금지법으로 일종의 청탁 금지법이다. 분경은 권력자 집에 이익을 챙기러 분주하게 드나든다는 분추경리奔趨競利의 준말이다. 이런 행위를 벼슬을 돈으로 사냥한다 하여 엽관이라고도 했다. 권력자 집에 하급 관리가 가지 못하게 하고, 상하 관리의 사사로운 만남도 금지했다. 당시 조선을 개창한 세력들은 고려 멸망의 큰 원인 중 하나가 분경이라 보았다. 정종 때 만든 이 법안을 이방원이 즉위한 후에도 그대로 시행한다.

한편 이방원은 정종을 앞세워 놓고 왕위 접수 작업을 진행해 나갔다. 정종도 보신책의 일환으로 정무는 방원에게 일임하고 격구 등 오락으로 시간을 보낸다. 이 때문에 정종과 방원의 우애는 유지되었다.

다음 해 1400년 1월 방원의 바로 위 형 방간이 2차 왕자의 난을 일으켰다. 평소 야심이 있었지만 방원에게 밀려 시기심만 품고 있던 차에 1차 왕자의 난 때 공을 세운 박포가 논공

행상에 불만을 품고 방간을 찾아와 방원이 방간을 죽이려 한다고 거짓말을 한 것이다.

방간의 사병과 방원의 사병이 개경 시내에서 충돌했다. 치열한 육박전 끝에 수적으로 우세한 방원이 승리했다.

이후 방원은 왕족과 귀족의 사병을 해체하고, 모든 군권을 의흥삼군부로 집중했다. 방원이 군권을 독점하자 정안왕후가 정종에게 간절히 청했다.

"전하, 동생 눈도 똑바로 보지 못하면서 왜 왕관을 쓰고 계십니까? 한시바삐 물려주고 맘 편히 삽시다."

정종이 고개를 끄덕이고, 이방원을 왕세제로 책봉하는 절차를 밟았다. 곧바로 왕위에서 물러나며 아들 15명은 모두 출가시켰다. 즉위한 지 9개월째였다. 그래야만 목숨을 부지할 수 있다고 판단한 것이다. 상왕이 된 정종은 인덕궁에 머물며 사냥, 격구, 온천 등으로 20여 년을 즐기다가 세종 원년에 생을 마쳤다.

제3대　　**태종**

오직 결과에만
집중하라

목적 달성에 효과적이기만 하면 수단을 가리지 않았던 태종(재위 1401~1418)은 한마디로 '목적이 이끄는 삶'을 살았으며 원하는 목적을 확실히 이루었다. 태종 같은 결과 지향적 리더들은 항시 '왜'라는 질문을 먼저 던진 다음 그 해답으로 '어떻게'를 찾는다. 즉 과정은 목적을 이룰 수 있을 때만 가치가 있다는 것이다.

마오쩌둥과 장제스가 서로 다툴 때였다. 소련의 스탈린은 어느 한쪽으로 힘이 실리는 것은 원치 않아, 1948년 양쯔강을 경계로 두 개의 중국을 만들고자 했다. 하지만 이듬해 마오쩌둥이 스탈린의 허를 찔렀다. 한밤중에 인민해방군을 이끌고 양쯔강을 건너 파죽지세로 국민당을 대륙에서 몰아내 버린 것이다. 마오쩌둥은 스탈린에게 이런 말을 남겼다.

"주석은 내가 양쯔강을 넘지 않길 바랐겠지만 나는 넘었소. 승리한 자는 아무도 비난할 수 없소."

결과 중심의 리더는 기회가 오면 인품에 매이지 않고 승리를 쟁취

한다. 조선 왕 중 도덕성과 능력을 겸비하고 성공한 경우는 세종과 정조뿐이다. 그나마 정조도 미완의 군주로 남았다. 리더의 현실적 성공과 인격은 차이가 많이 난다. 하지만 역사의 승자가 되면 그 이면에 깔린 피비린내 나는 이전투구를 미화할 힘을 갖는다.

조선에서 유감없이 왕권을 휘둘렀던 임금은 태종, 세조, 연산군, 숙종 정도이다. 그중에서도 가장 강력한 군주가 바로 태종이다.

태종은 첫째, 목적에 부합하는 기회를 선점하는 데 탁월했으며 무엇보다 핵심을 짚을 줄 알았다. 그래서 태조의 날개인 정도전도 꺾은 것이다.

둘째, 어떤 비난도 감수할 줄 알았다. 리더가 좋은 소리만 들으려 해서는 안 된다. 왕의 기본 책무는 가치 평가에 따른 방향 제시다. 이를 실행하다 보면 본의와 달리 찬반이 생겨난다.

그럴 때 2 : 2 : 6(지지자 20, 반대자 20, 중간 지대 60)을 염두에 두어야 한다. 이것이 조직 관리의 황금비율이다.

태종은 태조를 도와 가족주의를 중시하는 유교의 나라를 열어놓고도 골육상쟁을 일으켰다. 어쩌면 비난 감수는 새 세상을 여는 리더의 숙명일 수 있다.

셋째, 무엇보다 행동력이 탁월했다. 어떤 문제든 과거의 감정이나 인연, 명분에 휘둘리지 않고 신속하게 결단했다. 어디에 가도 기필코 승자의 자리에 올라설 사람이었다.

태종처럼 결과 중심의 리더십이 필요한 때가 있다. 오래된 지배층의 교체와 동시에 불교적 가치관이 유교적 가르침으로 대체되는 조선의 건국 초기 같은 시기이다. 이런 대혼돈 시기에 태종은 유약한 성군보다 강인한 악군을 자처하며 조선의 기틀을 닦았던 것이다.

그 위에서 세종의 성세가 꽃피며 조선이 롱런할 수 있었다. 건국은 했으나 태종처럼 수성의 기틀을 닦아주는 왕을 만나지 못해 망한 나라도 부지기수다. 500년 춘추전국시대를 끝내고 중원을 차지한 진秦 제국은 겨우 15년간 존속했고, 300년 남북조시대의 혼란을 끝낸 수隋도 겨우 37년간 유지됐다.

혼돈의 시기에는 결과 중심의 강력한 리더십이 필요하다. 그래야만 수성의 기반을 마련할 수 있다. 이런 리더의 마지막 덕목은 무엇일까? 후계자를 잘 선정하는 것이다. 태종이 그러했다. 그 결과가 조선 최고의 성군 세종이었다.

같이 갈 수 없다면 제거하라

태종은 기회가 오면 주저하지 않고 과감하게 행동으로 옮겼다. 기회가 왔을 때 활용하는 것이 옳으냐 그르냐를 따지는 사람은 수도사는 될지언정 난세의 영웅은 될 수 없다. 1차 왕자의 난을 일으켰을 때 태종의 나이는 스물여섯이었다.

태종은 충효를 주요 가치로 삼은 유교의 나라를 열어놓고도 그 가치를 뒤집는 골육상쟁도 마다하지 않았다. 자신의 목적에 맞지 않으면 어떤 것도 좌시하지 않았던 것이다.

이성계가 위화도 회군을 감행한 때는 1388년 5월. 그런데

왜 4년이나 흐른 다음에야 조선왕조가 출범했을까? 바로 이
성계 때문이었다. 이성계는 의외로 온화한 인물이었다. 당시
이방원과 정도전 등 역성혁명론자들이 왕으로 거듭 추대했
지만 거절했다. 그 바람에 고려의 충신 정몽주가 정국의 주도
권을 쥐게 된 것이다.

그 후로 이성계는 여러 번 위기를 만났다. 그중 최고의 위
기는 해주 사냥에서 낙마로 중상을 입고 누워 있을 때, 정몽
주가 이성계의 핵심 인물들을 귀양 보낼 때였다.

위기를 감지한 이방원이 중상을 입은 이성계를 서둘러 개
경으로 모셔온 후 정몽주가 병문안차 찾아오자 〈하여가〉로
심중을 떠보았다.

이런들 어떠하며 저런들 어떠하리
만수산 드렁칡이 얽혀진들 어떠하리
우리도 이같이 얽혀져 백년까지 누리리라

정몽주는 〈단심가〉로 응대했다.

이 몸이 죽고 죽어 일백 번 고쳐 죽어
백골이 진토되어 넋이라도 있고 없고
임 향한 일편단심이야 가실 줄이 있으랴

이방원은 비록 칼잡이였지만 열일곱 살에 과거에 급제할 만큼 시문에도 능했다. 시조로 넌지시 정몽주에게 함께 새 왕조를 만들어 부귀영화를 누리자고 권했으나 정몽주가 단칼에 거절하자 더 이상 살려둘 수 없었다.

이 소식을 접한 이성계는 분노했다. 그만큼 정몽주를 존경했던 것이다. 이성계와 달리 이방원은 가야 할 길에 장애가 되면 누구를 막론하고 제거했다.

결정적 순간마다 이방원은 머뭇거리지 않고 해결해 냈다. 그런데도 정도전은 왕위 계승자로 이방원을 제쳐놓고 신덕왕후 강씨의 아들을 밀며, 이방원의 책사 하륜을 충청도 관찰사로 보내려 했다. 하륜이 임지로 떠날 때, 이방원에게 이대로 당할 수 없으니 먼저 난을 일으켜야 한다며 안산군수 이숙번을 추천했다.

그 시각 정도전도 남은의 첩이 사는 집에 측근들과 모여 신의왕후 한씨가 낳은 왕자들을 제거할 궁리를 하고 있었다. 정보를 입수한 이방원이 먼저 손을 써, 간발의 차이로 승리를 거두었던 것이다.

지략의 우월을 가늠하기 어려울 때는 누가 먼저 상대의 허를 찌르느냐가 승패를 좌우한다. 이방원이 하륜의 충고를 받아들여 즉시 손을 쓰지 않았다면 정도전에게 먼저 당했을 것이다.

이성계의 책사 정도전이 재상 중심의 왕도王道정치를 바랐다면, 이방원의 책사 하륜은 패도霸道정치를 지향했다. 그래서 하륜은 태종 즉위 후 왕권 강화책을 주도한다. 각 판서가 왕에게 직보하는 6조 직계제를 도입한 것이다. 이로써 재상들의 권한은 축소되고 판서들의 권한이 강화된다.

패도정치에서 군주는 신성한 존재로 통치를 위해서라면 공신과 친척은 물론 가족도 죽일 수 있다. 이것이 군주가 힘으로 백성을 제압하는 이력복인以力服人이며, 이와 달리 성리학자 정도전은 덕으로 백성을 감복시키는 이덕복인以德服人의 정치를 원했다. 이렇게 차이가 나는 이방원과 정도전은 같이 갈 수 없었던 것이다.

대의명분은 오로지 목적을 위해 필요한 것

정도전이 아들 이방원에게 비명횡사한 것을 본 태조는 다스릴 의욕을 잃고 왕위에서 물러난다. 이방원은 주위의 옹립 움직임을 만류하고 둘째 형 이방과를 정종으로 세웠다.

왕위에 오른 정종은 자신이 이방원으로 가는 징검다리임을 잘 알고 처신한다. 이런 상황을 분별하지 못하고 왕의 꿈을 꾼 사람이 방원의 바로 위 형인 방간이다.

방간이 2차 왕자의 난을 일으켰을 때 모질고 독한 방원도 잠시 망설였다. 방간과는 같은 시기에 한 어미의 젖을 먹으며 자랐다. 방원이 평소답지 않게 주저할 때 부인 민씨가 갑옷을 입혀주며 격려하는 바람에 이 난을 평정할 수 있었다.

　태조를 찾아가자 노쇠한 태조가 자리에서 벌떡 일어났다.

　"네 이놈, 한 번도 아니고 연달아 골육지친을 살해하느냐. 삼한의 많은 귀가貴家와 대족이 얼마나 비웃겠느냐. 심히 부끄럽다, 이놈아."

　그래도 이방원은 조금도 뉘우치지 않았다. 태조도 포기하고 정종과 이방원을 데리고 신암사로 갔다. 두 아들이 올리는 헌수獻壽를 읽더니 종이에 이렇게 썼다.

　　달빛이 주렴에 가득한데 나 홀로 서 있도다
　　저 산과 강은 변함없건만 인물은 다 어디로 갔단 말이냐

　개국 과정의 동지들로 이방원의 칼에 유명을 달리한 정도전, 남은을 그리워하는 마음과 동지들이 다 떠나고 홀로 된 자신의 처지를 표현한 것이다. 태조는 이 시를 방원에게 주며 일렀다.

　"비록 네가 문과에 급제했다 하나 이런 시를 짓기는 어려울 게다."

　이방원은 이성계도 어쩔 수 없을 만큼 전권을 장악한 후 사병 혁파에 착수했다. 병권을 통합해야만 나라가 안정된다는 명분에서였다.

　고려 말기 권문세가들은 적게는 수십에서 많게는 수천에

이르는 사병을 거느렸다. 물론 이성계나 이방원도 강력한 사병 덕에 야망을 이룰 수 있었다.

위화도 회군 이후 고려 귀족들이 매사를 사병의 힘으로 해결하려는 분위기가 확산되었다. 이런 무법천지를 해결하고자 정도전은 사병 혁파를 시도했으나 이방원 등 왕자들과 공신들의 반대에 부딪혀 포기해야 했다.

당시 이방원은 무기를 숨기면서까지 자신의 사병을 지키고자 했다. 그랬던 이방원이 군권을 장악하자, 바로 모든 귀족의 사병을 없애버렸다. 이방원에게 대의명분이란 위상에 따라 달라지는 것이었다. 강을 건너기 위해 놓았던 다리를 목적지에 다다른 다음 불살라 버리는 격이다.

역동적인 사회일수록 대의명분을 수정할 때, 시의적절했고 주도력이 있으면 혁명가로 인정받고 그렇지 않으면 변절자로 낙인찍힌다.

이방원의 사병 혁파는 호랑이가 먹이를 순식간에 덮치듯, 속전속결로 진행되었다. 귀족들의 사병은 모두 무기를 버리고 집으로 돌아가야 했다.

반발하는 자들은 가차 없이 징계당했다. 이방원의 최측근 조영무, 태조의 사위인 이거이도 반발했다가 유배당했다. 귀족 등의 사병이 혁파되자 왕궁은 물론 조선 천지에 이방원을 거역할 힘을 가진 집단이 모두 사라졌다. 정종도 더는 왕위에 머무를 수 없어, 태상왕 태조의 허락을 받고 이방원에게 왕위를 넘겨주었던 것이다.

태조에게 옥새를 받아내다

조선 역사상 가장 카리스마 넘치는 태종 이방원은 목적을 위해서라면 이복형제는 물론 동복형제도 가차 없이 내쳤다. 이런 이방원에게 환멸을 느낀 태조가 옥새玉璽를 품고 함흥으로 가버렸다. 불효자인 태종을 왕으로 인정하지 않겠다는 표시였다.

태종은 왕권의 정당성 확보와 민심 안정을 위해서라도 태조를 환궁케 해야 했다. 자신의 아버지인 데다가 조선의 창업 군주가 인정하지 않는다면 어떻게 왕 노릇을 계속하겠는가?

태종이 태조에게 귀성을 청원하는 차사를 계속 보냈으나, 야사에 따르면 모두 이성계의 화살에 맞아 쓰러졌다. 여기서 '함흥차사'라는 말이 나왔다. 그 후 차사로 보낼 만한 사람도 없었고, 혹 보내도 태조의 화살에 맞을까 봐 도중에 도망쳤다.

그러나 태종이 여기서 멈출 리 없다. 누구를 보낼까 물색하다가 태조가 왕위에 오르기 전 함께 전쟁터를 누비던 박순을 보냈다. 그 와중에 1402년 11월 안변부사 조사의가 반란을 일으켰다. 1차 왕자의 난 때 죽은 세자 방석 형제와 그 어머니 강씨의 원수를 갚겠다는 것이었다.

《태종실록》을 보면 조사의는 강비족속康妃族屬이다. 조사의의 난에 함경도민들이 많이 참여한다. 그 때문에 이 지역 출신 이성계가 반란의 후원자라는 설이 나돌았다.

당황한 태종은 반군을 달래라며 박순과 송류를 보냈으나 반군은 이들을 죽이고, 계속 남하했다.

태종이 직접 4만 군대를 이끌고 청천강에서 반군과 대치했다. 수천 명에 불과한 반란군 병사들은 관군의 수에 위축되어 탈영하기 시작했다. 얼었던 강물까지 녹아 후퇴하던 반군 수백이 익사하며 조사의의 난은 평정되었다.

이 난 후에 태종은 이성계의 환궁이 더 다급해졌다. 그대로 함경도에 머물면 여진족들까지 계속 태조를 이용해 도모할 가능성이 컸다. 고심 끝에 태종이 무릎을 쳤다. 바로 무학 대사를 보내는 것이었다.

무학대사는 석왕사에 머물던 중 소문을 듣고 태조를 찾아온 것처럼 행동했다. 태조도 별 의심 없이 오랜만에 벗이 찾아왔다며 반가워했다. 지난 이야기를 주고받으며 며칠을 보내고 마침내 무학대사가 떠나야 할 날이 되었다. 서운해하는 태조에게 무학대사가 조심스럽게 입을 연다.

"임금의 심기가 불안하면 만백성에게 여파를 끼칩니다. 자고로 임금의 자리란 하늘이 맡긴 것인데 너그럽게 용서하십시오. 그래야 백성이 편안하고 왕조도 길이길이 보존되옵니다."

그제야 태조는 맺힌 응어리를 풀고 무학대사를 따라 한양으로 향했다. 교외까지 나가 부왕을 기다리는 태종에게 하륜이 조언했다.

"태상왕의 노여움이 또 치솟을 수 있으니 대비해야 합니다. 천막 기둥을 굵은 나무로 세우소서."

역시 하륜의 말처럼 이성계는 곤룡포를 입고 서 있는 태종을 보자 화가 치밀어 화살을 날렸다. 순간 태종이 기둥 뒤로 몸을 숨겼고 동시에 화살이 기둥에 깊이 박혔다. 지금껏 천하제일의 명궁인 이성계의 화살을 피한 사람은 없었다. 그런데 이방원만이 피했던 것이다. 이성계도 허탈하게 웃으며 옥새를 내놓았다.

살곶이 다리
마중 나온 아들 이방원에게 분이 풀리지 않아 화살을 쏘았으나 태종 이방원이 재빠르게 피했고 그 화살은 허공을 가르다가 기둥에 꽂혔다. 그것을 본 이성계가 "모든 것이 하늘의 뜻이다"라며 태종을 인정했다고 한다. 화살 꽂힌 벌판이라는 뜻에서 줄여서 살곶이벌, 또는 '살곶이'라고 불렀다고 한다.

"하늘의 뜻인가 보구나. 이제 네가 바라는 것을 주겠다."

부왕 앞에 태종이 엎드려 울면서 세 번 사양하다가 받았다. 이때의 눈물을 태종의 측근들은 '효심의 눈물'이라 하고, 태종을 싫어한 쪽은 '포획자의 눈물'이라 했다.

양위 파동은 충성도 테스트

태종은 걸림돌이 될 만한 사람을 식별하는 데 민감했다. 세종과 정조의 성향이 덕승재德勝才라면, 태종과 세조는 재승덕才勝德이었다. 사람들에게 사랑받으려 노력하는 것보다 두려워하는 사람이 되는 것이 훨씬 안전하다고 여겼던 것이다.

이들에게 공존이란 승리 후 베푸는 시혜일 뿐, 어중간한 상태의 상호 의존은 아니다. 제휴나 연대도 자신을 강하게 할 기회로 여겼으며, 결코 값싼 동정에 휘둘리지 않는다.

원경왕후 민씨와 처가의 도움이 없었으면 태종의 왕위 계승은 불가능했다. 민씨는 태종보다 두 살 많았다. 1차 왕자의 난 직전, 이방원이 이성계 곁에서 숙직하고 있을 때 민씨가 달려와 정도전의 동정이 수상하다며 갑옷까지 입혀주고, 사병들에게 숨겨둔 무기를 꺼내주며 거사를 종용했다.

민씨의 두 동생 민무구, 민무질도 두 번의 왕자의 난 때 목숨을 내놓고 싸웠다. 이 때문에 태종의 1등 공신에 하륜, 이숙번 등과 함께 민무구, 민무질이 올랐다.

그 후 태종은 왕권을 행사하는 데 가장 큰 걸림돌은 개국 공신과 자신이 세운 공신들이라는 것을 경험한다. 이들이 막 강한 세력을 형성하고 있었던 것이다.

공신 세력을 흔들기 위해 태종이 택한 방법이 선위禪位 파동이었다. 왕위를 아들에게 넘기겠다며 신하들의 반응을 떠보는 것이다. 태종이 이 방법을 사용한 후, 후대 여러 왕이 차용한다.

첫 번째 선위 파동은 1608년에 일어난다. 그 배경에는 민씨 형제가 있었다. 태종은 자신의 권위에 흠집을 낼 것 같으면 누구도 용서하지 않았다. 처가 쪽도 예외가 아니었다. 형제들과 살육전 끝에 등극해서 얻은 자식들은 그런 비극을 반복하지 않길 원했기 때문이다. 무엇보다 가족을 지켜줄 만한 아들에게 왕위를 주고자 했다. 그 아들이 누구일까?

태종은 민씨와의 사이에서 양녕, 효령, 충녕, 성녕 4남과 정순, 경정, 경안, 정선 4녀를 두었다. 왕위 1순위는 당연히 장남 양녕이었고, 태종도 기대를 걸고 양녕을 세자로 책봉했다.

그런데 양녕세자가 방탕한 기질을 드러냈다. 어린 시절 외가에서 자라며 친하게 지낸 두 삼촌 민무구, 민무질과 어울려 망신스러운 일만 저지르고 다녔다.

더 가관은 민씨 형제였다. 양녕보다 총명한 충녕을 노골적으로 경계하더니 태종에게까지 건의했다.

"충녕이 양녕세자보다 총명하니 미리 없애야 합니다."

태종은 속으로 경악했다.

'저런 놈들과 어울리는 양녕이 왕이 되면 나머지 아들들은 살아남지 못하리라.'

개국정사좌명삼공신회맹문(開國定社佐命三功臣會盟文)
태종 이방원과 개국공신, 정사공신, 좌명공신이 함께 황천상제와 종묘사직·산천백신의 영 앞에 나라의 군신과 붕우의 관계를 집에서의 부자·형제의 관계와 같이 충신성각(忠信誠慤)으로써 할 것을 다짐한 군신회맹문이다.

이때부터 민씨 형제는 더 이상 처남이 아니라 제거해야 할 대상이었다. 이 때문에 태종이 양녕에게 왕위를 양위한다고 선언한 것이다. 일종의 양위 쇼였다. 태종의 속을 모르는 민씨 형제는 만면에 화색을 띠었다. 이를 눈여겨본 태종은 신하들의 만류에 못 이기는 척하며 양위를 거두었다.

얼마 후 협유집권挾幼執權 혐의로 민씨 형제를 탄핵하는 상소가 올라왔다. 어린 세자의 집권을 획책했다는 것이다. 이로써 민씨 형제는 유배지 제주에서 자결해야 했다. 물론 양녕도 쫓겨났고 충녕이 세자가 되었다.

태종은 여기서 그치지 않았다. 외척 권력 분산을 이유로 원경왕후 민씨의 친정집을 폐가시키고 후궁까지 늘렸다. 이에 노골적으로 불평하던 민 왕후는 투기죄로 몰려 폐비될 위기에 놓인다. 그러나 태종은 자식들을 생각해 민씨의 왕비 자리만큼은 지켜주었다.

태평성대를 위해 악역을 자처하다

첫째 양녕을 세자로 책봉하고 14년을 지켜본 태종은 그가 풍류가객으로 살 인물이지 결코 왕 노릇에 맞지 않다고 판단했다. 다음 둘째 효령은 '산 부처'라 할 만큼 불심이 깊어 승려나 훈장에 맞았다. 셋째 아들 충녕이 왕의 재목이었다.

나무도 쓰임새가 있듯 사람도 쓰임새가 다르다. 장남이라도 왕 자질이 없으면 왕이 되어서는 안 되는 것이다.

양녕을 세자에서 내친 태종은 효령을 제치는 작업을 시작했다. 한번 돌아서면 끝인 태종은 양녕의 측근들을 잘라냈다. 양녕을 폐위할 때 황희나 이직이 결사적으로 반대했지만 태종은 어진 이를 선택한다는 택현擇賢의 논리로 강행했다.

충녕을 세자에 앉히고 3개월 후 왕위까지 물려주었다. 신하들 모두가 태종은 죽을 때까지 군림하리라 여겼으나 빗나간 것이다. 태종은 권력욕이 강했지만, 왕권 안정과 왕조 흥성을 더 중시했다. 자신이 건재할 때 충녕에게 왕위를 물려주어야 왕자 간 분쟁을 막고, 노회한 신하들로부터 왕권이 농락당하지 않으리라 여겼다.

태종은 비록 마상馬上에서 권력을 잡았으나 이성계의 여덟 아들 중 유일하게 문과에 급제할 만큼 문에도 밝았다. 자기 시대로 무치를 끝내고, 문치가 열리길 바랐다. 자신과 아버지 태조가 무력으로 창업했다면 아들 충녕은 덕으로 조선을 다스리길 바랐던 것이다.

태종은 충녕을 왕에 올리기 전, 치밀하게 정지 작업을 했다. 조선 창업 이전부터 주요 인물의 동향을 파악했고, 즉위 후에도 그러했다.

태종 16년(1416)에 큰 가뭄이 들어 조정에서 매일 대책을 세우느라 분주했다. 그런데도 이숙번이 병을 핑계로 몇 달째 나타나지 않았다. 이숙번은 1차 왕자의 난 때부터 태종과 역경을 함께 헤쳐왔다. 태종 집권 동안 왕족 이상의 총애를 받다 보니 심복도 많이 생겨 큰 세력을 형성했다. 그러자 자신도 모르게 거만해지고 무례해졌다. 그런 이숙번을 태종은 말없이 주시하는데, 이숙번이 민씨 형제가 죽고 난 후 양녕을 자주 만나 대사를 도모하는 듯한 움직임을 포착했다는 정보가 들어왔다.

태종이 화를 벌컥 냈다.

"이런 신하가 있으니 하늘이 비를 내리겠는가?"

한번 돌아서면 끝인 태종은 1417년 3월 초 평생 심복이던 이숙번을 함양으로 유배 보냈다. 이듬해 6월 양녕을 세자에서 폐위하고 충녕을 그 자리에 앉혔다. 그리고 3개월 만에 상왕으로 물러났다. 상왕이 되었지만 병권만큼은 쥐고 있었으며 왕권에 도전하는 자들은 그냥 두지 않았다. 여기에 세종의 처가까지 걸려든다.

세종의 즉위 후 장인 심온이 왕위 교체를 알리는 사은 주문사로 명나라로 출발한다. 얼마나 많은 사람이 전송 나갔는지 도성이 텅 빌 정도였다. 그만큼 심온의 영향력과 세도가 하늘을 찔렀던 것이다. 이 상황을 보고받은 상왕 태종은 불쾌감을 드러냈다.

얼마 후 병조참판 강상인이 의금부에 끌려왔다. 죄명은 금위禁衛의 군사를 나누면서 상왕에게 아뢰지 않고 세종에게만 알렸다는 것이었다. 며칠 동안 태종이 직접 국문했다. 고문을 참지 못한 강상인이 심온을 핑계 댔다.

"날짜는 기억 못 하나 석양에 심온에게 군사는 마땅히 한 사람이 맡아야 한다고 했더니, 심온도 옳다고 하였습니다."

이로써 '강상인의 옥사'가 시작되었다. 강상인이 관련자들과의 대질신문에서 "고초에 못 견뎌 모두 무함誣陷했다"라고 밝혔으나 소용없었다.

세종과 소헌왕후까지 여러 차례 상왕에게 선처를 구했다. 그러나 심온은 죽고 그 가족까지 천민으로 전락했다. 딸을 국모로 둔 죄였다. 소헌왕후의 심정이 어떠했을까.

일부 신하들이 소헌왕후도 폐비해야 한다고 했으나 태종은 "과거 연좌로 폐비한 일이 없고, 이미 아들 셋과 딸을 낳았다"라며 거절했다. 소헌왕후는 슬픔을 속으로 삭이며, 일절 내색하지 않았다. 이런 왕후를 태종도 끝까지 지켜주었다. 세종도 아내가 들어오고 나갈 때면 일어났고, 수시로 자식들과 더불어 명산대처를 찾았으며 아내가 어머니를 만나도록 배려해 주었다.

태종이 사람을 제거하는 원칙은 첫째 통치 구상에 방해되느냐, 둘째 핵심 인물이냐였다. 다른 임금처럼 삼족을 멸하지는 않았던 것이다. 정몽주를 죽일 때도 자손은 놓아두었다. 정도전, 남은 등도 마찬가지였다. 태종은 세종 즉위 후 4년을 더 살았는데, 그 기간에 상왕으로서 지엄한 위세를 유지했다.

태종의 업적 중 가장 빛나는 것은 세종을 왕으로 세운 일이다. 만일 양녕이나 효령이 왕이 되었다면 한글은 창제되었을까? 여하튼 조선의 모습이 많이 달라졌을 것이다.

태종은 원칙주의자로, 학자처럼 원칙을 따졌다. 그중 하나가 자기 후대에 문치 시대를 여는 것이었다. 그래서 학문과 사람을 좋아하던 충녕을 택했다.

충녕은 태종보다 태조를 많이 닮았다. 태조는 평소 과묵해도 자주 좌중을 웃겼다. 세종도 그러했다. 토론 때는 군림하지 않고 반대 의견도 스스럼없이 내도록 했다.

이렇듯 세종이 사람이 좋았기에 태종은 더욱 왕권에 위협이 될 만한 공신과 외척을 제거해 나간 것이다. 세종의 성세는 이러한 태조의 치세가 뒷받침되어서 가능했다.

세종도 아버지가 자신을 위해 손에 피를 묻혔음을 잘 알았기 때문에 '강상인의 옥사'로 장인 심온 등 처가가 풍비박산된 후에도 변함없이 수강궁의 태종에게 매일처럼 문안 인사를 드렸다.

강자에게 강하게, 약자에게 약하게

태종은 등극 이전, 치세 초반, 그리고 후반에 세종이 선정을 펼칠 여건을 조성하기 위해 위협이 될 만한 세력을 미리 제거하면서도 여러 업적을 남겼다.

등극 이전 고대 삼국시대부터 천년 이상 내려온 사병을 혁파한 것이야말로 이방원이 아니면 해내기 어려운 쾌거였다. 또한 모든 군무는 삼군부가, 정무는 의정부가 담당하도록 군정 분리까지 이루어냈다. 이렇게 태종은 태조에 이어 조선의 기틀을 닦았던 것이다.

태종은 등극 이후 수도를 개성에서 한양으로 다시 옮겼다. 하지만 경복궁으로 가지 않고 조준의 집에 머물렀다가 창덕궁을 지은 다음에 입궁했다. 정도전이 지은 창경궁이 싫었던 것이다.

태종은 왕권 강화책으로 의정부의 권한을 축소한다. 1414년부터 왕명이 의정부를 거치지 않고 6조로 바로 가도록 했던

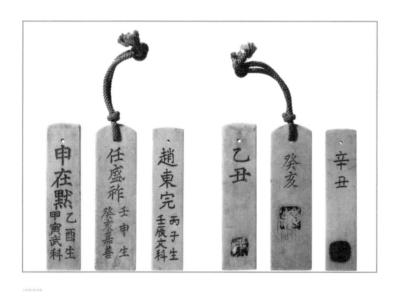

호패는 신분을 증명하기 위하여 16세 이상의 남자가 가지고 다녔다. 직사각형의 패 앞면에 성명, 나이, 태어난 해의 간지를 새기고 뒷면에는 해당 관아의 낙인을 찍었다.

것이다. 왕이 직접 모든 정사를 챙기겠다는 뜻이다. 사병 혁파에 이어 6조 직계제를 실시함으로써 비로소 조선왕조가 안정되었다.

태종은 강한 권력자들과는 피바람을 일으켰으나 백성들에게는 선정을 베풀며 각양의 편의 제도를 만들었다. 조선을 팔도로 분할했고, 호구 수와 인구수를 정확히 파악해 유민 방지용인 호패법을 만들었다. 종로 네거리에 신문고를 설치해 억울한 백성이 북을 두들겨 왕에게 직접 호소할 수 있도록 했다. 조선의 변방 지역도 안전하게 보호했다. 동시에 왜인들도 무역할 수 있도록 부산포와 제포를 열어주었다. 그 대신 왜인 범죄논결법을 만들어 범죄 행위는 철저히 처벌했다.

이 외에도 김제 벽골제를 증축하는 등 전국적으로 수리사업을 펼쳐 홍수와 가뭄 피해를 줄였다. 조선은 '농자천하지대본'를 내세우는 농업 국가로, 모내기철인 4~6월에 필요한 만큼 비가 내려야 한다. 이때만 되면 태종은 "내가 죽으면 하늘에 올라 비를 내리게 하겠다"며 애타는 심정으로 해갈을 기원했다. 과연 그가 죽은 5월 10일에 비가 흡족히 내렸다. 이후 모내기철에 내리는 비를 '태종우'라 한다.

인재 등용에서도 귀족 위주보다 실력과 능력 위주로 바꾸었다. 특히 명유名儒를 좌우에 두고 치도의 근원을 삼고자 했다. 이를 위해 유학과 경학에 밝은 권근에게 유교 중심의 인재 양성 제도를 만들도록 했다.

이처럼 조선의 개국 이념을 확고히 다지는 한편 고려의 종교였던 불교는 억압했다. 공인 사찰 이외의 사찰은 없애고 승려 자격증인 도첩제를 발행했다. 사찰노비를 공노비로 전환하고, 처녀 비구니는 환속게 했으며, 국가 행사였던 연등제와 초파일도 폐지했다. 불교와 무교가 혼합된 도참사상도 억제했다.

당시 어려운 나라 재정을 백성에게 전가하는 대신 억불 정책으로 보완하려 했다. 고려는 사찰이 전 국토의 8분의 1을 차지했으며 사찰은 부역과 조세 부담도 지지 않았다. 세속적인 것은 다 누리면서 면세 특권까지 행사했던 것이다. 이를 태종이 대대적으로 개혁한다. 전국 사찰의 토지와 노비를 10분의 1로 줄이니 환속 승려와 노비도 새로이 조세와 부역을 지게 되었다.

태종은 왕조의 안정과 백성의 편익을 위한 제도를 많이 만들었지만 몇 가지 악법도 생겨났다. 대표적으로 서얼금고법庶孽禁錮法과 삼가금지법三嫁禁止法이 있다. 이들 법을 만든 이유가 있다. 이성계가 출세한 후 고려 귀족 강윤성의 딸을 두 번째 부인으로 맞은 후 조강지처인 신의왕후 한씨를 홀대했다. 이때부터 한씨의 소생 6남 2녀가 강씨를 미워했다. 그런 데다 한씨는 조선 개국도 보지 못하고 죽었다. 그 대신 강씨가 조선의 첫 번째 국모가 되더니 아들 방석을 세자에 앉혔다. 이 때문에 1차 왕자의 난이 일어났던 것이다. 이런 기억 때문에 태종은 첩의 자손은 아예 과거시험에 응시하지 못하게 했다.

또한 왕비의 소생은 대군, 공주로 부르는 것과 달리 후궁의 소생은 군, 옹주로 낮춰 부르게 했다. 태종이 얼마나 신덕왕후 강씨를 미워했던지, 등극 후 강씨를 왕비의 제례가 아니라 서모庶母의 제례로 했고, 능과 정자각도 파헤쳤다.

삼가금지법이란 양반댁 과부의 재혼을 금지하는 것이다. 그런데도 재혼해서 자녀를 낳으면 첩의 자녀처럼 천대받아야 했다. 1가는 여자가 태어난 집, 2가는 시집, 3가는 재혼한 집이다. 한마디로 재혼녀와 그 자녀들은 조선에서 인간 대접 받기 어려운 법을 만든 것이다.

제4대 　세종

군주는 누구를 위해
존재하는가

세종(재위 1418~1450)은 조선뿐 아니라 전 세계의 왕 중 최고의 명품 리더십을 펼쳤다. 권력욕의 화신인 태종이 세자로 세운 지 3개월 만에 양위할 만큼 출중한 자질을 보였다.

이 책에서는 세종을 위민의 리더로 분류했지만 사실 세종은 그보다 더 뛰어난 리더였다. 프랑스 인류학자 레비스트로스가 《야생의 사고》에서 언급한 부족사회의 문화 제작가 '브리콜뢰르bricoleur'라 할 수 있다. 이들은 손재주가 좋아 발견된 재료와 한정된 도구를 활용해 무엇이든 고치고 만드는 해결사다.

세종대왕, 레오나르도 다빈치, 구글의 래리 페이지, 애플의 스티브 잡스, 맨유의 전 감독 퍼거슨이 브리콜뢰르 리더십을 구사했다.

그중 퍼거슨 감독을 살펴보자. 맨유를 2부 리그로 떨어질 위기에서 구해 초우량 왕국으로 건설하고 떠났다. 《파이낸셜타임스》는 비결을 다음 7가지로 정리했다.

'조직과 자신의 정체성 일치, 자기 강점을 극대화한 강력한 카리스마 발휘, 원활한 의사소통, 사방의 정보를 취합하는 능력, 조직 장악력, 상황과 관계없이 일관된 원칙, 자만 없는 도전정신.'

퍼거슨 감독을 맞은 맨유가 만년 이류에서 벗어나 역사상 최고의 팀이 되었듯 조선도 세종 성세를 맞아 일본, 여진 등 주변국의 조공을 받았다.

왕조 사회에서는 누가 왕이 되느냐에 따라 세상이 완전히 달라진다. 왕이 무엇을 소중히 여기느냐에 따라 신하들의 의식과 행동이 변하기 때문이다.

독선에 찬 왕 아래서라면, 신하들이 제 한 몸 지키기도 바빠 백성을 돌볼 여력이 없고, 결국 나라가 쇠락한다. 왕이 덕치를 추구하면 신하도 백성과 더불어 무엇인가를 이루려 하며, 사회적 공감대와 신뢰 분위기가 형성된다.

왕의 진정한 힘은 사회적 신뢰의 크기로 가늠한다. 신뢰받는 왕은 그 자체로 자부심도 있거니와, 백성의 자발적 단합으로 어떤 과제도 해결해 낼 수 있다. 그러나 왕이 이기적이거나, 측근 몇 명만 야합하는 정치를 할 때 사회적 신뢰는 하락한다.

세종은 신하는 물론 백성이 공유할 수 있는 가치를 추구했다.

"조선의 하늘은 백성이고, 백성의 하늘은 밥이다."

이것이 세종의 통치철학이었다.

백성이 있어야 나라가 있고 나라가 있어야 왕도 있다

세종 이도는 두 살 때부터 1차 왕자의 난을 겪는 등 냉혹한 정치 현장을 겪으며 비교적 젊은 나이인 스물두 살에 왕이 되었다. 왕조 탄생이 30년이 채 안 된 때였다. 오랜 가뭄으로 강이 마르고 조선 농토의 절반이 황무지가 되었고, 백성의 3분의 1이 유랑민이 되었다. 이런 난국에 즉위한 세종의 첫 일성은 "어진 정치를 펴겠다"는 것이었다. 자신이 왕 노릇 하는 이유를 백성의 행복에서 찾았던 것이다. 그 후 32년 치세 동안 이 약속에 충실했다.

만약 왕이 자신의 정체성을 국가와 일치시킨다면? 프랑스 루이 14세처럼 '짐이 곧 국가'가 되어, 백성을 위한 왕이 아니라 왕을 위한 백성이 된다. 그랬던 루이는 시민 혁명으로 단두대에서 생을 마쳤다. 루이와 달리 세종은 백성과 자신의 정체성을 일치시켰다.

백성이 있어야 나라가 있고 나라가 있어야 왕도 있다. 세종이 말한 백성은 양반만을 의미하지 않는다. 조선에 살고 있는 모든 사람이었다. 당시는 엄연히 신분 사회였다. 신분 계급은 원시 부족사회가 고대국가로 통합되어 가는 과정에서 출현했다. 패배한 부족은 노예가 되었다. 처음에는 단순했던 신분 구별이 고조선을 거쳐 삼국시대가 되면서 왕족, 귀족, 평민, 노비 등으로 세분화했다.

신분 사회에서 노비는 우마 취급을 받았고 이를 당연하게 여겼다. 오히려 차별하지 않으면 이상하게 보았다. 노비를 벌을 주든, 죽이든, 팔든, 주인 마음대로였다.

이런 문화에서 세종은 형조에 지시해 삼복법三覆法을 만들었다. 설령 노비가 죽을죄를 지었다 해도 반드시 3심을 거치라는 것이다. 이후로 주인이라도 자신의 노비를 함부로 학대하거나 근거 없이 벌을 내리면 처벌받았다.

노비의 출산 휴가도 이전에 7일에 불과했던 것을 100일로 늘렸다. 노비의 남편에게도 아이 양육을 돕도록 30일 휴가를 주었다.

세종에게는 천민도 양민도 모두 '하늘이 낸 백성'이었다.

"임금이란 만물을 차별 없이 다스려야 하거늘 어찌 양민과 천민을 구별해 다스리겠느냐."

그래서 여든 넘은 노인들을 초청해 장수 축하 잔치를 벌일 때도 천민까지 불러 똑같이 공경했다. 사면령도 자주 내렸고, 징발된 군인들도 전쟁의 위험이 없을 때는 임기를 채우기 전에 귀향 조치했다. 그럴 때면 신하들이 만류하고 나섰다.

"임금이 너무 관대하면 백성의 기강이 무너집니다."

세종은 가능하면 힘없는 백성들을 어루만지려 했다. 말로만 그친 것이 아니라, 왕 스스로가 무척 검소했다.

신하들이 당뇨에 양고기가 좋다고 권해도 조선에 없는 양고기를 무리하게 먹을 수 없다며 받아들이지 않았다. 기근이든 어느 해에는 경희루 근처에 초가집을 짓고 백성의 삶이 윤택해질 때까지 2년간 머물렀다. 조선의 영화榮華라 불리는 세종의 업적은 왕과 백성의 정체성을 일치시켰기 때문에 가능했던 것이다.

천것도 내 백성이다

세종은 백성의 삶이 좋아질 수만 있다면 반상의 구별 없이 인재를 등용했다. 이런 파격적 인사정책에 신하들의 반대가 극심했다.

그래도 왕은 의지를 꺾지 않았다. 인재 발탁 기준은 오직 하나, 그 일을 해낼 수 있느냐였다. 어느 가문인지, 어느 학파인지, 어느 지방 출신인지 따지지 않았다.

세종 시대의 농토는 거의 천수답이었다. 농사철에 가뭄이 지속되면 농부가 할 수 있는 일은 호미나 쟁기로 땅을 찔러 물기가 어느 정도인지를 알아보는 정도였다. 이를 극복하려면 과학적 영농법을 개발해야 했다.

이런 시기에 경상도 동래현만큼은 가뭄이 들어도 풍년 농사를 지었다. 세종이 알아보니 동래현 노비 장영실(1390~1450)이 만든 농기구와 물길 때문이라는 것이다. 장영실의 아비는 원나라 소주 출신이며 어미는 기녀였다. 어려서부터 손재주가 좋아 관청 내 무기는 물론 농가의 농기구까지 못 고치는 것이 없었다.

장영실은 비록 천민이었지만 세종이 간절히 찾던 인재였다. 즉시 장영실을 불러 벼슬을 내리려는데 신하들이 극력 반대했다. 관노는 대감집 개보다 못한 푸대접을 받던 세상이니 그럴 만도 했다. 세종의 아버지 태종까지 '천것'에게 벼슬을 줄 수 없다고 했다.

시골의 한 노비에게 벼슬을 내리는 것을 신료는 물론 상왕까지 반대할 만큼 조선은 경직된 신분 사회였다. 세종도 이 상황을 미리 짐작하고 있던 터라, 상왕을 잘 설득한 끝에 장영실에게 왕의 옷과 궁중의 금은재물을 책임지는 '별좌'라는 벼슬을 내렸다. 이로써 장영실은 늘 세종 곁에 있게 되었다.

세종은 역사 공부를 하면서 신분과 역량은 별개임을 잘 알았다.

주 문왕은 강가의 늙은 낚시꾼 강태공을 얻어 천하를 손에 넣었고, 유비도 초야의 제갈공명을 삼고초려 끝에 곁에 두어 천하를 도모하지 않았던가. 임금이 신분에 매여 유능한 사람을 고르지 못하면 나라가 발전하기 어렵다. 세상 모든 일은 사람이 한다. 그래서 왕에게는 '인사가 만사'다.

왕 주변 인물을 보면 왕이 어떤 사람인지 알 수 있고, 그 나라의 성패도 가늠할 수 있다.

만일 세종이 장영실을 부르지 않았다면 장영실과 후손들은 동래의 노비로 살다 죽었을 테고 세종 역시 과학 문명의 황금기를 누리지 못했을 것이다. 장영실은 세종 덕분에 가문의 운명이 하루아침에 바뀌었으니 얼마나 감격했겠는가.

장영실은 혼신의 힘을 기울여 보답했다. 세종 24년(1442) 세계 최초로 측우기를 개발했다. 200년이나 지난 1639년에야 로마에서 측우기가 나왔다. 천문시계 혼천의, 금속활자인 갑인자, 해시계, 물시계, 휴대용 시계를 발명했으며 천체 관측 기구도 만들었다.

세종은 측우기를 한양과 각 도의 군현에 설치하고, 빗물의 양을 보고받았다.

청계천에도 수표를 세워 물 깊이를 재고 장마 때마다 반복되는 하천의 범람을 예방했다. 세종 때 장영실 외에 여러 천민이 등용되었다. 개국공신 황희석의 노비 박자청도 그중 한 사람이다. 박자청은 군졸로 궁문 입직入直을 설 때 태조의 이복동생 이화가 임금의 허락도 받지 않고 입궁하려 하자, 구타당하면서까지 막아냈다. 이를 가상하게 여긴 태조가 호군護軍으로 발탁하고 보니, 건축 재주가 좋아 정2품 공조판서를 맡겼다. 한양 설계는 정도전이 하고, 도성의 토목과 건축은 박자청이 했다. 이런 박자청을 세종은 정1품 의정부 참찬에 임명했다. 사대부들이 노비 출신을 어떻게 1품까지 올리느냐고 비난했지만, 세종은 "시기하지 말라"며 일축했다.

이처럼 세종의 인재 등용은 신분 차별은 물론, 개인감정의 벽도 뛰어넘었다.

세종이 조선 최고의 성군이라면 최고의 정승은 황희다. 세종과 황희는 처음에 악연으로 만났다. 세종이 충녕대군이던 시절, 세자로 책봉될 때 황희가 가장 반대했다.

왕자가 왕 될 기회를 방해한 자들은, 그 왕자가 왕이 되면 살아남지 못한다. 그러나 세종은 황희에게 명재상이 될 기회를 주었다. 어머니가 노비였던 황희는 출신도 좋지 못했다. 황희의 과거 행적 또한 파렴치했다. 2차 왕자의 난 때 황희가 역적 박포의 아내와 간통했으며, 대사헌에 재직할 때 금품 수수 혐의까지 받았다는 이야기도 있다. 어쩌면 간교한 소인배로 끝났을 황희를 세종이 발탁해 20년이란 기록적인 최장수 영의정이 되게 했고, 청렴한 정승으로 거듭나게 했다.

세종은 출신보다 능력을, 과거보다 잠재력을, 개인적인 악연보다 공적 성취 가능성을 높게 쳐줬다. 이런 리더십 때문에 세종은 명군이 될 수 있었다.

왕의 낯빛을 살펴 발언하지 말라

세종은 정책 결정에 앞서 여론을 충분히 살폈다. 그 과정은 '의논'과 '수렴' 그리고 '결단'으로 이어졌다. 왕 독단의 정치가 아니라 공론의 정치를 펴나간 것이다.

어떻게 가능했을까?

왕 주변엔 '문고리 권력'이 기승을 부리게 되어 있다. 이들이 왕에게 특정 의견만 접하게 하면 공정성을 상실할 수 있다. 세종은 이를 방지하려 윤대법輪對法을 만든다. 문무백관이 매일 교대로 왕과 만나 정사를 논하는 것이다.

세종처럼 왕이 지혜가 있으면 윤대법으로 옥석을 가릴 수 있다. 세종은 천성도 공정했거니와 타고난 책벌레였다. 신하들 중 대학자인 변계량 정도나 토론이 가능할 정도였다.

이 정도 실력 있는 왕은 신하의 말을 무시하거나 듣는다 해도 참고 수준에 그친다. 그러나 세종은 달랐다. 부족한 신하들의 견해도 끝까지 들었다. 설령 신하가 왕의 말을 이해하지 못해도 나무라기는커녕 충분히 이해할 때까지 토론했다. 토론에서 자기 소신과 다른 결론이 나면 그대로 따랐다.

집권 후반기에 세자가 국정을 대리해 운영하는 첨사원詹事院 제도를 만들려 할 때였다. 이사철이 정갑손, 허사문 등과 함께 반대 상소를 올렸다. 세종이 이사철을 불러 반대 이유를 들으며 토론했다. 그제야 이해가 가자 이사철에게 첨사원의 동첨사를 맡겼다. 이런 사례가 《세종실록》 곳곳에 나온다.

태조와 태종이 말 위에서 세운 조선을 세종은 문화의 나라로 만들어갔다. 문화란 개성을 자유로이 표출할 수 있을 때 발전하는 것이다. 그래서 세종은 신하들에게 수시로 현안이 절실하면 임금이 싫어해도 강직하게 주장하고, 그렇지 않다면 임금이 좋아해도 반대하라는 '절실강직切實剛直'을 주문했다. 달리 말해 임금의 낯빛을 고려하지 말라는 뜻이다.

특히 세종은 회의 때면, 신하가 임금의 의중을 살피는 것을 싫어했고 면전에서 과감하게 쟁간하는 신하를 좋아했다.

조선 왕들의 일과는 기상 후 미음이나 죽을 먹고, 바로 윗전에 문안을 드리는 것으로 시작한다. 그다음, 약식조회를 겸해 경연에 참석한다. 그 후에 국정을 돌본다. 왕에 따라 경연을 자주 열기도 하고 아예 열지 않기도 했다.

세종은 재위 32년간, 경연 횟수가 한 달 평균 2회 이상, 총 2,000회가량이다. 가급적 경연을 자주 열어 신하들과 함께 국정에 필요한 학식을 갖추고자 했던 것이다. 국정을 논할 때면 세종은 서두에 당부했다.

"내 맘대로만 결정할 수 없으니 경들의 의견을 말해보라."

신하들이 무슨 말을 하든 끝까지 경청한 후 맞장구쳐 주었다.

"그대의 말이 참 좋도다."

생사여탈권을 쥔 절대군주가 이렇게 반응하면 어떤 신하가 성심을 다하지 않겠는가.

세종은 신하의 말이 옳으면 자기 의견도 기꺼이 내려놓았다.

1424년 2월 6일 어전회의에서 세종이 청주에 귀양 간 양녕대군을 이천으로 옮기는 안을 내놓았다. 형 양녕이 청주의 누추한 초가집에 거처하는 게 안쓰러워 이천에 저택을 지어주고 편히 살기를 바랐던 것이다.

좌의정 이원과 이조판서 허조가 이구동성으로 아뢰었다.

"전하의 우애가 극진하오나, 양녕은 종사에 죄를 지어 경전에 따라 궁벽한 고을에 폐처한 것입니다. 오늘날 옛 버릇을 고친 듯하나 이천으로 오면 한양에 드나들며 예전 짓을 반복할 것이옵니다. 대소신료가 반드시 법에 따르려 하는데 왕께서만 정으로 어찌하시렵니까? 양녕을 이천으로 오게 함은 불가하옵니다."

이후 세종은 같은 사안을 다시 꺼내지 않았다. 형에게 베풀고 싶은 사사로운 정마저도 공공성에 위배된다면 포기한 것이다. 그래서 신하들이 부담을 갖지 않고 발언했다.

회의 시 발언은 문제 삼지 않는다

세종식 소통의 특징은 수평적 의사소통에 있다. 세종이 진노하는 경우는 2년에 한 번 있을까 말까였다. 그것도 사적이 아닌 공적인 일이었다. 신하가 불손한 발언을 한다며 화낸 적은 없다. 신하 중 이조판서를 지낸 허조가 제일 고집이 셌다. 한 번 옳다고 생각하면 심지어 왕이 나서도 바꾸지 않았다.

"참 고집불통이구려."

세종은 그렇게 혀를 차면서도 끝까지 감싸주었다. 허조가 사심이 없었기 때문이다.

신하들도 토론 자리에서만큼은 신분의 고하에 구애받지 않았다. 그래서 이 시대에 왕궁에서 왕조 역사상 가장 치열한 논쟁이 벌어졌다. 세종 치세 33년 중 초반 4년은 상왕 태종이 군사권과 주요 결정권을 갖고 있었고, 후반 7년은 신병 때문에 문종에게 대리청정을 맡겼다. 세종이 전적으로 통치한 20년간, 몇 번의 반란과 두 번 대규모 방화가 있었지만 누구도 역모로 처벌하지 않았다. 그 대신 방화범만 처형했고 한국 최초의 소방서 금화도감禁火都監을 설치했다.

물론 세종도 화를 내야 할 때는 냈다. 신하들이 사리사욕으로 법과 제도를 변경하려 할 때, 내시들이 의사소통 과정을 왜곡할 때 등 공적인 분야에서는 냉정했다. 나라의 보존에도 단호했다.

여진족이 북방에 수시로 출몰하자, 신하들이 쓸모없는 땅이라며 포기하자고 했을 때 세종은 무섭게 화를 냈다.

"조종의 강역은 마땅히 지켜야 한다. 한 치도 물러서서는 안 된다."

평안도 절제사 이천을 불러 만주에 있는 여진족 홀라온을 치게 했다. 이후 홀라온의 족장들이 조공을 바치러 왔고 일부는 아예 귀순했다.

세종은 학문을 좋아했으나 그렇다고 백면서생의 나라가 되는 것은 원치 않았다. 학문을 위한 학문, 토론을 위한 토론이 아니라 생산적 결과를 원했다. 지식만 과시하는 현학주의를 싫어했던 것이다.

어느 날 경연장에서 세종이 한 신하에게 의심나는 바를 물었다. 그 신하가 대답을 못 하고 멋쩍어하자 이렇게 일렀다.

"어리석은 자가 누구냐? 다 아는 것처럼 떠드는 자들이다. 무릇 식자란 모를 때는 모른다고 하는 것이다."

세종이 자유 토론을 하는 원칙은 분명했다. 질서를 깨뜨리자는 것이 아니라 공선후사의 결론을 도출하자는 것이었다. 이 원칙을 인사, 재정, 국방 등 국정 전반에 적용했다.

조선에서 이런 공감과 소통의 정치가 펼쳐지자, 북쪽 강 건너의 여진족과 남쪽 현해탄 밖의 왜인들까지 조선에서 살겠다며 무리 지어 넘어왔다. 마치 춘추전국시대에 백성들이 선정을 베푸는 나라로 이동해 가듯 조선으로 귀순하는 자들이 나날이 증가했다. 신하들 사이에 더 이상 환대는 어렵지 않느냐는 논란이 일 정도였다. 하지만 세종은 즉위 19년째인 1437년 9월 9일에 이민포용정책을 지속한다는 교서를 내린다.

"귀화인을 접대하는 예도는 후하고 넉넉해야 한다."

조선이 동아시아에서 가장 살기 좋은 나라로 소문나자, 가장 난처한 이는 조선보다 조금 앞서 개국한 명나라 영락제였다.

영락제도 세종처럼 명나라의 전성기를 열었다. 하지만 조카 건문제의 제위를 찬탈한 데다 매우 잔인했다. 총애하던 조선 여인 현인비 권씨가 급사하자 영락제가 직접 조사에 나섰다. 후궁들이 질투해 독살한 것으로 드러났을 뿐만 아니라 여러 궁인이 환관들과 간통한 것까지 밝혀졌다. 이성을 잃은 영락제는 직접 2,800여 명을 처참하게 처형한다. 그 자리에서 한 궁녀가 영락제를 꾸짖었다.

"네 양기가 부족하여 환관과 간통한 것을 누구를 탓하느냐."

명나라는 이 사건이 극동에 알려지지 않도록 극도로 경계했다. 그러나《세종실록》에 실릴 정도로 소문이 번졌다. 그래서 요동의 많은 백성이 조선으로 떼 지어 귀화한 것이다.

최초의 국민투표

세종은 통치의 요체란 애민이며, 애민의 시초는 바른 제도라는 신념이 강했다. 그러면 어떤 제도가 바른 것인가? 맹자에 따르면 인정仁政은 조세제도에서 시작된다.

이에 세종은 세법을 개정하고자 한다. 그에 앞서 신료와 백성, 중앙과 지방의 여론을 골고루 들었다. 그 후 통계를 확인해 가며 꾸준히 토론하고 과거시험에도 출제해 조야의 주의를 환기했다.

고려 말부터 조선 초까지의 조세제도는 답험손실법踏驗損實法이었다. '답험'이란 문자 그대로 관리가 논밭에 나가 소작물 현황을 파악해 과세하는 것이다. 공전公田은 수령이, 사전私田은 전주가 답험했는데 수령과 전주가 뇌물을 받고 세금을 줄여주는 일이 잦아지면서 부자보다 가난한 자들의 납세 비율이 훨씬 높아졌다.

세종은 바로 이런 폐단을 없애고자 세법 개정을 구상하면서 선비부터 시작해 백성의 의견을 차근차근 수렴해 나갔다.

세종 9년(1427) 문과 시험의 책문은 '공법'이었다.

"예부터 제왕의 정치는 일대一代의 제도를 마련하는 것이다. 그러면 전제田制의 법은 어느 시대에 시작되었는가?"를 묻고 왕조마다 시행했던 세법을 열거해 주었다. 그다음 조선이 산과 습지가 많은 답험을 해야 했는데 그 폐단이 심하다며, 이를 없애려면 어떤 제도가 필요한지 답하게 했다.

"비록 내가 덕이 적으나 그대들은 간절한 뜻을 숨김없이 진술하라. 장차 선택해서 시행하겠노라."

이처럼 세종은 새로운 조세제도를 마련하기 전, 젊은 선비들에게 현행 징세 제도의 대안을 마련해 보게 했다.

여론 조성 방식에는 하향식top-down과 상향식bottom-up이 있다. 열린 사회는 기층에서 일어난 여론이 대세를 형성할 수 있으나 왕조처럼 닫힌 사회에서는 주로 하향식이 사용된다. 왕이 결정하면 층층시하로 내려가면서 시행하는 것이다. 이런 시대에 세종은 여론을 상향식으로 수렴했다. 즉 과거에 조세를 출제한 그해부터 3년간 꾸준히 세법 개혁의 여론을 모았다.

드디어 세종 12년(1430)에 답험손실법을 폐지하기로 했다. 고을 수령들과 땅 부자들이 농간을 부릴 여지가 있기 때문에 이 법안이 성공하려면 백성들의 열화와 같은 지지가 뒷받침되어야 했다. 그래서 누구도 상상하지 못한 어명을 내린다.

"신조세법의 가부를 6조와 각도의 수령은 물론 여염閭閻의 가난한 백성에게까지 물어라."

이 어명에 따라 3월 5일부터 전국에서 관리들이 백성의 집을 가가호호 방문했다.

납세 의무가 없던 노비와 여자를 제외하고, 여론조사에 응한 백성만 17만 명이었다. 인구 규모와 관리 앞에서 속맘을 잘 드러내지 않던 백성의 정서를 감안하면 엄청난 수였다.

백성은 툭하면 관청에 불려가 곤욕을 치르던 때였다. 억울해도 왕에게 호소할 수단이 없었다. 그런데 관리가 왕명을 받들어 의견을 듣겠다고 찾아오니 백성들은 어리둥절할 뿐이었다. 이때 유행한 노래가 〈봉황음鳳凰吟〉이다. 봉황은 태평성대를 이룬 성군을 상징한다.

> 이 나라 천리에 아름다운 기운이 가득하구나.
> 금빛 궁궐에 임금이 일월처럼 빛나시니
> 신하들이 구름처럼 모여 임금을 모시도다.
> 밝고 즐거운 풍속이 봄날 같으니
> 만백성이 잘사는 것은 나라를 잘 다스려 주심이로다.

백성이 자발적으로 좋아해야 유행가가 된다. 왕의 통치를 백성이 얼마나 만족하는지 구구절절 배어 있다. 드디어 8월 10일 세종이 다섯 달 동안 취합한 여론을 받아보았다.

전라도, 경상도, 경기도 등 비옥한 평야 지대에서 찬성이 절대적이었고, 강원도, 함경도, 평안도 등 척박한 산지에서는 반대가 많았다. 전체적으로 찬성 9만 657명, 반대 7만 4,148명으로 찬성 여론이 높았다. 우리나라 최초의 국민투표 결과였다.

그 후 1962년 11월 5일이 되어서야 전 국민을 대상으로 투표를 실시했다. 무려 530년 전 왕조시대에 세종이 첫 국민투표를 실시했던 것이다. 그런데도 과반이 찬성한 것은 관료들이 답험손실법을 빙자해 서민의 고혈을 짜냈다는 것을 보여준다.

여론을 본 세종은 무리하게 밀어붙이지 않는다.

"반대가 심한 지역의 백성을 고려해 보완해야 한다."

불만이 큰 산악 지역의 의견을 수렴하여 다시 보완책을 내놓는다. 그 결과가 세종 18년(1436)에 설치한 공법상정소貢法詳定所다. 이곳에서 각도의 토지를 3등급으로 차등해 세율을 정했다.

여기서도 몇 가지 결함이 발견되어 또 보완한 후, 1443년에 공법을 확정했다. 핵심은 전분6등법田分六等法 및 연분9등법年分九等法으로, 토지의 비옥도별로 6등급, 작황에 따라 9등급으로 나누어 세금을 부과하되, 풍수재해를 입었을 때는 면제한다는 내용이었다. 세종이 공법을 추진한 지 15년 만이었다.

그동안 황희가 줄기차게 반대 의견을 냈다. 처음 호조가 내놓은 개혁안은 논밭 1결당 1가마, 즉 10말을 걷는 것이었다. 황희는 이런 과세가 공평한 것 같지만 실상은 부익부빈익빈을 더 심화한다고 보았다. 부자 양반들이 비옥한 토지를 소유한 반면 가난한 백성들은 척박한 땅을 일구고 있기 때문이다. 그래서 조세의 공평성에 부의 재분배 성격을 가미한 전분6등법과 연분9등법을 제정했던 것이다.

세종은 황희 등 반대자들을 신조세법의 허점을 파악하고 보완하는 레드 팀^{red team}으로 활용했다. 공법 시행의 책임은 정인지가 맡았다. 전국의 토지에 공정하게 등급을 매겨나갔다. 공법이 정착된 후 의정부에 이런 보고가 올라왔다.

"각 고을의 이속^{吏屬}들이 더 이상 간교한 짓을 못 합니다."

백성과 소통하는 도구를 허하라

삼국시대 이래 왕과 신료, 백성이 함께 가장 행복을 누린 때가 세종 치세였다. 당시 조선인들은 세종을 '해동의 요순'이라 칭송했다.

그럴 수밖에 없었던 것이 세종은 백성을 '어리석지만 신명^{神明}한 존재'로 보았던 것이다. 백성은 어리석어서 글을 모르지만 신하들이나 왕보다 더 현명하다는 것이다. 세종은 바로 그 백성의 소리를 듣기 위한 방책을 강구하기 시작한다.

한문이 한반도에 전래된 이래 삼국시대, 고려, 조선 초까지 신라시대에 발명한 이두^{吏讀}문자를 지방 관청 등 극히 일부에서 사용했을 뿐, 그 외는 모두 한자를 사용했다. 이런 한자를 백성은 교육받을 여유가 없어, 한자가 통치 집단만의 의사소통 수단이 되었다.

세종이 아무리 개혁적인 왕명을 내려도 백성이 글을 모르는데 무슨 소용이 있으랴. 그렇다고 임금이 백성들을 일일이 만날 수도 없다. 어떻게 해야 사대부 안에만 맴도는 정보가 천하에 유통할 수 있을까. 백성과 더불어 사용할 문자는 한자보다 훨씬 배우기 쉽고, 누구나 쉽게 사용할 수 있어야 한다.

그래서 언문諺文을 만들겠다고 결심했다. 그 후 10여 년이 흐른 1446년 9월에 가서야 훈민정음 28자를 반포했다. 과연 정보 소통의 혁명적인 도구였다.

세종 26년(1444) 2월 20일 최만리가 올린 상소를 구심점으로 정보를 독점하던 사대부들이 거세게 반발했다. 이들은 다음과 같은 요지를 들어 한글 사용을 반대한다.

첫째, 사대모화事大慕華에 어긋난다. 조선이 중국과 문자가 다르면 몽골, 서하, 여진, 일본처럼 이적夷狄이 된다. 둘째, 용음합자用音合字(소리로써 글자를 합하는 것)가 옛것과 반대된다. 신라 설총의 이두는 한자를 익히는 데 도움이 되지만, 언문은 전혀 그렇지 못하다. 그러나 속셈은 사대부들이 지식과 정보를 독점하기 위해서였다. 그만큼 표음문자인 한글이 표의문자인 한자보다 훨씬 읽고 쓰기 쉬웠던 것이다.

세종은 자신과 다른 생각으로 격렬히 저항하는 신하들을 어떻게 대했을까?

논리적 설득과 일시적 격리를 병행했다. 우선 최만리의 반대 상소에 적극적으로 반론을 폈다.

"용음합자가 옛글에 위배된다고 하나 설총의 이두 역시 음이 다르다. 이두가 백성을 편리하게 만든 것처럼 언문도 그렇다. 너희가 이두를 옳다면서 임금이 하는 일은 그르다 하는 까닭이 무엇이냐?"

이런 논리로 반박하여 소모적 논쟁을 막은 다음, 최만리, 정창손, 김문에게 구류 처분, 또는 파면 등 징계를 내렸다. 그러나 다음 날 모두 복직토록 했다.

세종은 평소에도 신하들에게 "임금이란 백성을 위한 존재이다. 한 명이라도 억울한 일이 없도록 돌보아야 한다"라고 했다. 이런 세종의 통치 관점이 훈민정음에도 반영되어 있다.

훈민정음 28자를 조합하면 세상의 모든 소리를 표기해 낼

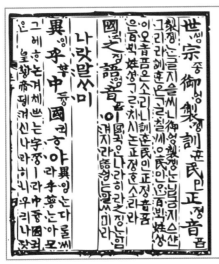

훈민정음
임금이 정음 28자를 처음으로 만들어 예의(例義)를 간략하게 들어 보이고 '훈민정음(訓民正音)'이라 하였다. 28자로써 전환(轉換)하여 다함이 없이 간략하면서도 요령이 있고 자세하면서도 통달하게 되었다. 그런 까닭으로 지혜로운 사람은 아침나절이 되기 전에 이를 이해하고, 어리석은 사람도 열흘 만에 배울 수 있게 된다. 이로써 글을 해석하면 그 뜻을 알 수가 있으며, 이로써 송사를 청단(聽斷)하면 그 실정을 알아낼 수가 있게 된다. 《세종실록》, 세종 28년 9월 29일)

수 있다. 현재는 모음 아래아·와 자음 옛이응ㆁ, 반시옷ㅿ, 여린히읗ㆆ이 사라지고 모음 10개, 자음 14개의 24자로 줄었다. 이 24자만으로도 만 개 이상의 소리글자를 만들 수 있는 데비해 한자는 글자마다 각기 뜻이 달라 적어도 5,000개는 익혀야 의사소통이 가능하다. 효율성 면에서 한문은 한글과 경쟁이 되지 않는다.

한글의 탄생으로 통치 대상인 백성이 역사의 주체가 될 통로가 열렸다. 사대부와 백성 간 정보의 비대칭도 어느 정도는 해소되었다. 세종은 한자 발음 연구소로 정음청을, 한글 표기소로 언문청을 세웠다.

향리를 뽑을 때 시험 과목에 훈민정음을 포함했다. 이후 한문 교육을 제대로 받을 수 없었던 왕실의 대비나 왕후, 궁녀, 사대부 가문의 여자들도 한글을 사용했으며, 대비가 내리는 교서에도 한글이 많이 쓰였다. 그런 이유로 사대부들도 한글을 한문과 병용하기 시작했다.

세종도 소헌왕후가 숨을 거둔 다음 해인 1447년에 직접 한글로 찬불가《월인천강지곡》을 지어 왕후의 명복을 빌었다.

한글 덕분에 조선은 상향식 여론 형성과 수렴이 가능해졌다.

세종 옆에서 고집을 부리며 충성했던 허조가 눈을 감을 때 이런 유언을 했다.

"여한 없는 인생을 살았다. 조선의 임금은 세종이지만, 나라의 주인은 바로 나였다. 대왕께서는 우리가 간하면 잘 듣고

행해주셨다."

유능한 인물은 탁월한 리더를 원한다

유능한 신하는 훌륭한 왕을 필요로 한다. 신하가 아무리 유능해도 왕이 어리석다면 부질없다. 갤럽 조사에서도 '탁월한 인재들은 훌륭한 리더를 필요'로 하는 것으로 나타났다.

왕이 어리석으면 아무리 유능한 신하도 실력을 발휘하기 어렵다.

조선의 어느 시기인들 왜 인재가 없었겠는가. 그런데도 세종과 정조 때 유달리 많은 인재가 부각된 것은 두 왕의 구심력이 뛰어났기 때문이다. 인재가 인재를 부르는 인력의 법칙이 작동한 것이다. 구체적으로 두 왕 주변에 인재가 많았던 이유는, 우선 본인들이 영민했기 때문이다.

굳이 왕이 최고의 지식과 재주를 겸비할 필요는 없다. 누가 최고의 재주를 가졌는지 정확히 파악하고 등용하면 된다.

영민하다는 것은 '포용력'과 '방향 설정력'이 있다는 뜻이다. 인재일수록 까다로운 경우가 많다. 이들을 포용하고, 이들의 역량이 긍정적 결과 창출에 집중되도록 방향을 설정할 수 있어야 한다는 것이다.

이런 측면에서 세종과 정조는 충분히 준비된 왕이었다. 타인의 강요가 아니라 본인들이 통치자의 자질을 갈고닦았다.

세종의 생애를 살피다 보면 노벨경제학상 수상자인 에드먼드 펠프스가 떠오른다.

학창 시절 펠프스는 도서관의 책을 A부터 Z까지 차례차례로 반복해 읽으며 대번영의 조건^{Mass Flourishing}을 발견해 냈다. 특히 대전환의 시기일수록 획일주의를 버리고 누구나 혁신의 주체가 되는 다원주의로 간다는 것을 깨달았다.

세종은 건국 첫 세대였다. 왕조 출범 5년째에 태어났으며, 어려서부터 두 형과 달리 배우기를 좋아했다. 양녕대군은 술과 여자, 잡기, 매 사냥을 즐기는 바람에 세자에서 밀려났다. 효령대군도 늘 웃기만 할 뿐 일처리를 못했다.

두 형과 달리 충녕대군은 서예와 예기에 정통했을 뿐만 아니라 음주를 무익하게 여겼다. 하지만 외국 사신을 만나면 분위기상 한두 잔은 마시면서도 언사에 권위가 있었다.

이런 충녕의 모습을 태종이 가상히 여겼다.

'술을 좋아하지 않으면서도 적당히 마시고 그칠 줄 안다.'

하지만 양녕과 효령은 달랐다. 양녕은 술잔만 잡으면 인사불성이 되었고, 효령은 한 모금도 입에 대지 않아 술자리를 어색하게 만들었다. 충녕은 매사를 알맞게 처신하고 지나치지 않았다. 극단적인 태종은 이런 충녕이 마음에 들었던 것이다.

게다가 충녕은 추위와 더위를 아랑곳 않고 밤새워 독서에 몰두했다. 건강을 해친다며 태종이 밤에 책을 보지 못하도록 할 정도였다.

충녕은 왕실 내의 경서, 역사책, 외교 문서까지 섭렵하고 심지어 태종 왕의 책도 가져다가 습득했다. 그렇게 습득한 지식을 정책 제안에 활용했다. 충녕이 헌의하는 사안은 태종이 미처 생각지 못했으나 합당한 것이었다. 태종은 충녕이 비록 자기 아들이지만 경외심마저 들 정도였다. 유학을 나라의 근본으로 삼은 터라, '함흥 무장 집안' 출신 태종은 학문에 약간의 자격지심이 있었다. 이를 말끔히 없애준 자식이 충녕이었다. 태종이 노회한 신하들과 시구詩句 잇기 게임을 할 때도 충녕덕분에 난해한 경전 구절을 자유자재로 인용해 이겨낼 수 있었다.

왕이 영민하려면, 타고난 것도 있어야겠지만 의도적인 반복 학습과 경험이 필요하다. 보통 1만 시간 정도 거듭하면 뇌가 최적화된다. 그때 '누적 효과'가 나타나는 것이다.

충녕이 학습에 몰두한 이유를 파고들면 유년 시절 겪은 두 차례 왕자의 난이 있다. 냉혹한 권력 다툼의 현장인 궁중에서 자기 연마의 중요성을 절감했던 것이다.

사실 궁궐은 어린 왕자들에게 어울리지 않는 공간이다. 어려서부터 권력 구도의 전개 방향에 따라 달리 바라보는 주위의 시선을 경험해야 했다. 이래서 양녕은 '일반 백성처럼 살고 싶다'며 세자에게 맞지 않는 짓을 저지르다가 급기야 남의 아내를 겁탈하는 일탈 행동을 하여 폐위되었다.

이런 궁중 현실에 효령은 눈을 감고 불교에만 심취하며 견며 내었다. 이와 달리 충녕은 역사서를 탐독하며 살벌한 세태를 분별하는 지혜를 배웠고, 경전을 읽으며 예법을 익혔다. 그리고 태종이 중대한 결단의 기로에서 망설일 때마다 명쾌하게 소견을 밝혔다.

이렇게 하여 세종은 태종의 뜻에 따라 왕이 되긴 했지만, 두 형을 제쳤다는 정통성 시비에서 편치 않았다. 또한 맹수 같은 상왕과 노신들을 배려해야 했고, 흉년까지 겹쳐 민심마저 흉흉했다. 이런 고뇌를 독서 삼매경으로 이겨내며 책 속에서 현실 문제와 유사한 사례를 보았고, 그 문제를 풀 신하가 누구인지도 짚어냈다.

인물은 발견하고 기르는 것

사마천은 《사기》에서 재승덕하지 말고 덕승재해야 결과가 좋다고 했다.

역발산기개세力拔山氣蓋世(힘은 산을 뽑을 만큼 세고 기개는 세상을 덮을 만큼 웅대하다)의 능력을 지닌 항우가 재승덕을 대표한다. 항우는 자신의 재주를 과신해 타인을 믿지 못했다. 천하제일의 책사 범증마저도 자꾸 의심하여 떠나게 만들고 끝내 사면초가를 자초했다.

왕은 재주보다 덕이 많아야 한다. 항우와 4년 전쟁을 벌여 천하를 통일한 한고조 유방이 그러했다.

"내 계책은 장량보다 못하고, 행정은 소하보다 못하며, 전투는 한신에 미치지 못한다. 하지만 나는 이 셋의 능력을 이용해 천하를 제패했다."

개인 능력으로야 항우가 유방보다 훨씬 앞섰다. 그러나 덕이 없어 책사들이 곁에 있지 못했다. 그 결과 항우는 자결했다. 이것이 능력 있는 독불장군의 비극이다.

나라의 성패는 인물의 확보와 그 인물의 적재적소 배치에 달려 있다. 어느 왕이든 항우처럼 용렬하면 간신만 남게 된다. 유방처럼 덕이 있어야 능력자들이 모인다. 왕의 그릇, 즉 포용력이 커야 인물이 모인다. 그래서 옛말에 '하늘이 인물을 만들려면 먼저 그릇부터 만든다'고 한 것이다. 왕은 인물됨이 우선이고 재주가 그다음이다. 이 순서가 바뀌면 안 된다.

세종은 영민했지만, 그릇은 더 컸다. 세종 때 인재 산실은 집현전集賢殿이었다. 집현전은 고려 때부터 수문전修文殿, 보문각寶文閣과 더불어 존재해 왔으나 모두 유명무실해졌다. 이름뿐인 세 기관을 세종이 집현전으로 합쳤다.

이로써 집현전이 조선의 기틀인 유교 제도와 의례, 문풍의 진작을 맡게 되었다. 그 대신 천문학 등 과학은 서운관書雲觀(훗날 관상감)으로 합쳤다. 분야별로 선택과 집중을 한 것이다.

그 후 세종은 기관들을 수시로 들렀다. 이에 용기를 낸 장영실이 서운관에서 측우기, 물시계 옥루, 해시계 앙부일구 등 세계적 발명품을 만들었다.

세종은 편전 옆에 흠경각欽敬閣을 짓고 장영실의 발명품을 설치한 후, 친히 천체를 관찰하며 농사 절기를 백성들에게 알렸다.

집현전에는 많은 연구 도서를 비치하고 젊고 학식 있는 관원을 학사로 임명해 연구하게 했다. 학사들이 연구에 매몰되어 추상적 담론에 빠져 현실과 유리되지 않도록 두 가지 조치를 취했다.

첫째, 학사들을 시관, 사관, 서연관, 경연관 등의 직책을 겸하게 했다. 둘째, 학사들에게 경비를 넉넉히 주어, 주로 산사

장영실이 만든 해시계 앙부일구
인류 최초의 시계이자 최초의 휴대용 시계다. 솥 모양 그릇 안쪽에 24절기를 나타내는 눈금을 새기고, 북극을 가리키는 바늘을 꽂아 이 바늘의 그림자가 가리키는 눈금에 따라 시각을 알 수 있었다.

로 휴가를 보냈다. 유학 중심의 연구에 몰두하던 학사들이 절에서 학문을 통섭할 여유를 갖게 한 것이다.

학사들의 관직을 변경할 때도 왕이 일방으로 하지 않고 본인의 의견을 참작해서 평소 연구와 관련 있는 자리로 보냈다.

집현전에서 출간한 책은 유학 외에도 법률, 무학, 역사, 지리, 어학, 의학, 천문, 역학 등 다양했다. 세종은 홀로 극비리에 한글을 창제하고 반포한 직후에, 집현전 학자들에게 두 가지 어명을 내렸다. 한자발음 사전《운회韻會》를 한글로 번역할 것과 한글 보급에 앞장서라는 것이었다.

"조선이 말은 있으되, 글은 중국 것이니 어찌 자주국이라 할 수 있겠는가."

당대 최고 학자들인 집현전 학사들이 한글 확산에 앞장섰다. 이에 따라 정인지 등 집현전 학사들이 1445년에 한글 창제 후 최초의 한글 문헌인 〈용비어천가〉를 지어 바쳤던 것이다.

그 가사대로 한글을 갖게 된 조선왕조는 '어떤 바람에도 쉬 흔들리지 않고 꽃피고 열매 맺는 뿌리 깊은 나무'처럼 500여 년이라는 장구한 세월을 유지했다.

집현전은 세종 초기에 학문 연구와 법제 정비의 중심이었다가 차츰 국가 정책을 창안해 왕에게 알리고 간쟁, 탄핵하는 언론 활동도 수행했다.

단점을 버리고 장점을 취하라

인물은 인물을 알아본다. 뛰어난 왕은 누가 인물인지 잘 알아낸다. 10퍼센트에 해당하는 인물을 알아볼 수 있는 리더는 10퍼센트에 불과하다. 그만큼 인물을 알아보는 리더가 많지 않다. 인재를 알아보고 활용해야 탁월한 성과를 낸다.

세종은 인물을 알아보고, 인물을 길러준 왕이었다. 세종 29년(1447)에 몸소 출제한 과거시험 문제를 보자.

> 인재는 천하 국가의 지극한 보배인데, 왕이 인재를 쓰지 못하는 세 경우가 있다.
> 첫째, 인재를 알아보지 못해서요,
> 둘째, 인재의 필요성을 느끼지 못해서요,
> 셋째, 왕과 인재의 뜻이 맞지 않아서이다.
> 결국 인재 활용은 왕에게 달려 있다. 이럴진대 과인이 인재를 구해 쓰는 방법은 무엇이겠는가?

이 시험에 응시한 강희맹은 아래와 같이 썼다.

> 흥하는 시대는 인물이 있고, 쇠하는 시대는 인물이 없기 때문입니다. 군주가 바른 도리로 구한다면 인재는 늘 있습니다. 세상에 완벽한 사람은 없으니, 적합한 자리를 주어 재주를 기르

고, 전능한 사람도 없으니 일을 시켜 능력을 기르게 해야 합니다. 단점은 버리고 장점은 취하신다면 그 인물이 탐욕스럽든 청렴하든 부릴 수가 있습니다.

산의 나무도 어떻게 깎느냐에 따라 용도가 달라지듯, 신하도 왕이 어떻게 다루느냐에 따라 인재가 되기도 하고 둔재가 되기도 한다는 것이다. 따라서 왕은 인재가 없음을 탓하지 말고, 평범한 사람도 인재로 만들어가야 한다는 뜻이다.

또한 강희맹은 나라의 운명을 맡길 만한 인물과 내쳐야 할 인물도 언급했다. 전자는 심지가 굳되 절도에 얽매이지 않고, 성실하되 명예욕이 없는 경우이고, 후자는 능력이 아무리 많아도 돈과 정욕에 빠져 수치를 모르고 정의감 없이 무자비한 경우이다. 후자처럼 독충과 같은 인물 외에는 모두 교화 대상이다. 즉 누구든 교육과 적재적소의 직임을 맡겨 단련케 하면 나름대로 인재가 될 수 있다.

의견이 같았던 세종의 눈에 들어 강희맹이 과거에 장원 급제했다.

사실 세종의 고민은 인재를 못 구하는 것이 아니었다. '인재는 없지 않으나 인재의 종류가 너무 많아' 분간하기 쉽지 않았던 것이다. 진나라 시황제는 인재를 너무 많이 추천받는 바람에 효과적으로 인재를 활용하지 못해 제국의 멸망을 앞당겼다. 오죽하면 시황제가 추천 서류를 저울로 헤아려야 했을까. 이 전례를 잘 아는 세종은 신하들에게 당부했다.

"어찌 나 홀로 이 많은 사람을 창졸간에 파악할 수 있겠는가. 경들이 정청에 물러가 침착하게 되풀이해서 살피라. 나도 다시 보고 선택하겠다."

세종의 인물 활용 기준은 '어짊'과 '능력'이었을 뿐, 왕의 비위를 맞추느냐와는 무관했다. 그래서 세종 치세에 간신이 드물고 직언하는 신하들이 많았다. 그중 고약해가 압권이었다.

사사건건 바른말 하는 것은 물론, 세종의 말을 중간에 끊고 째려보다가 회의장을 뛰쳐나가기까지 했다. 세종은 괴로웠지만 다른 신하들의 직언을 막을까 봐 그대로 두었다. 오죽하면 세종이 난제를 만나면 "에이 고약해. 고약한시고"라고 했을까.

세종이 중시하는 인성은 과거가 아니라 미래지향적이었다. 그래서 황희를 변함없이 중용할 수 있었다. 사실 황희는 양녕 폐세자와 충녕 책봉을 반대하다 남원으로 4년간 귀양 다녀온 인물이다. 이 때문일까? 태종이 죽기 전 세종에게 황희를 중용하라 했지만 세종이 듣지 않았다.

5년 후 강원도에 대흉년이 들어 토지 절반이 황폐해지고 도민 3분의 1이 유민이 되었다. 강원도 관찰사 이명덕은 세종의 총애를 받는 인물이었지만 속수무책이었다. 이때 세종이 관찰사를 황희로 교체했다.

강원도로 간 황희가 관청 창고를 열어보니 장부 기록과 달리 텅 비어 있었다. 아전들이 수령의 묵인하에 곡물을 빼먹고 거짓으로 기록해 놓았던 것이다. 황희는 이들을 모두 숙청하고, 힘껏 구호를 펼치며 가뭄을 극복해 냈다. 이때부터 황희는 세종의 신임을 받으며 좌의정까지 올라 정승이 되었다.

어느 날 황희 정승의 사위 서달이 온양 온천에 다녀오던 길에 사고를 쳤다. 온천 길에 만난 고을 아전이 자신을 무시하자 기분이 상한 서달이 아전을 두들겨 패 죽였던 것이다. 이 사건이 관아에 접수되었다.

황희는 우의정 맹사성에게 사건을 무마해 달라고 부탁했다. 맹사성이 서달의 형 형조판사 서선과 만나 이 사건을 서달의 종이 일으킨 것으로 조작했다. 보고를 받은 세종은 이상한 느낌이 들어 사헌부에 재조사 명령을 내렸다. 결국 전모가 드러났다.

황희와 맹사성, 서선이 파직되어 의금부에 갇혔다. 그 후 20일도 채 못 되어 황희와 맹사성이 복직했다. 대사헌 이맹균이 "형벌이 너무 약하다"며 반대 상소를 올렸다.

세종은 "그 말이 옳다"면서도 대신의 진용퇴출進用退出을 가벼이 할 수 없다며 거절했다. 황희, 맹사성 투톱 시스템을 유지하기 원했던 것이다. 이성계가 정도전, 이방원이 하륜을 중용했다면 세종은 황희와 맹사성을 중용했다. 비록 두 정승이 잠시 인정에 끌려 잘못을 했지만 근본이 청백리임을 잘 알았기 때문이다.

두 정승은 성품이 전혀 달랐다. 황희는 명확하고 강직하여 이조, 병조 등의 일에 적합했고, 맹사성은 예술가 스타일로 부드럽고 어질며 섬세하여 예조, 공조 등의 일에 능했다. 이처럼 상반된 사람을 부릴 줄 아는 리더는 흔치 않다. 세종은 이처럼 이질적인 신하들이 협력하도록 했기에 태평성대를 이룰 수 있었다.

권한 위임과 후속 관리

조직이 클수록 리더는 권한 위임과 결과에 따른 피드백을 원활히 해야 한다. 조선의 왕들도 이 과정을 잘한 왕은 성군이 되었고, 아니면 폭군이 되거나 세도정치에 휘둘리는 무능한 군주가 되었다.

왕이 혼자 모든 것을 할 수 없어 권한을 위임하는 것이다. 물론 직무와 담당자의 재능이 맞아야 한다. 일단 위임했으면 간섭을 자제하고, 결과를 놓고 공정하게 평가해야 하는데, 만기친람형 왕일수록 이와 반대로 한다.

세종이 벼슬을 줄 때는 그 일을 실제로 할 수 있느냐를 보았고 벼슬아치에게는 과연 그 일을 해냈느냐를 물었다. 전자가 인재 등용의 실사구시實事求是라면, 후자는 인재 활용의 무실역행務實力行이다. 이 두 가지는 연속적이어야 한다.

세종은 사실을 토대로 인물을 골라 실속 있게 실행하도록 했다. 과학도 이론을 실제와 접목했다. 서운관에서 별을 관찰하고 기록했다면, 그것을 기초로 장영실 같은 기능인이 백성의 실생활에 도움이 되는 물건을 만들도록 했다.

왕이 실속 있는 과학기술을 장려하니 장영실도 자부심을 갖고 성과를 속속 내놓았다. 집현전 학사들도 장영실과 협업해 농사 기술을 연구했다. 집현전 학자 정초는《농사직설》간행을 주도했다.《농사직설》은 기상, 토질, 수리 등 환경 조건에 따라 어떤 작물 재배가 좋은지, 각 지방의 독특한 재배법과 농민들의 체험담을 수록한 책이다.

이러한 노력의 결과 조선시대 최고의 농업 생산성을 달성했다. 정부 비축미가 세종 때에 이르러 500만 석이 넘었다. 이는 선조 때 50만 석에 비하면 어마어마한 양이다.

경제적으로 풍요해지니 뒤따라 문화도 흥성했다. 박연이 악기를 제작하고 악보를 정리해 아악의 부흥을 선도했다. 세종은 문화적 융성과 과학기술의 발달을 동시에 추구했다. 과학기술이 주는 풍요와 인의예지신이 함께 어우러진 나라를 만들기 위해서였다. 국력 신장을 이루어가는 한편 꾸준히 영토를 확장했다.

즉위 후 부산포와 내이포의 왜관을 폐쇄한 후, 사나운 왜인들은 죽이고 591명은 감금하여 왜인과 대마도 사이의 연락을 끊었다. 대마도 토벌을 위한 사전 정지 작업이었다.

거제도 견내량에 수군 1만 7,285명이 집결했다. 이들이 이

종무의 지휘 아래 배 227척을 나눠 타고 하루 만에 대마도에 상륙했다. 열흘간의 치열한 전투 끝에 대마도 도주가 항복했다. 원래 대마도는 신라인들이 많이 살던 지역인데 왜인들이 슬그머니 들어오더니 고려 말부터 한반도 침략의 발판으로 삼고자 했다.

세종 이후 대마도는 조선의 영토로 취급되었다. 영조 26년 (1750)의 〈해동지도〉에도 "조선은 북고남저 지형이다. 백두가 머리라면, 척추는 태백산맥이고, 영남의 대마도와 호남의 탐라가 두 발이다"라고 기록되어 있다. 그러나 애석하게도 고종 5년(1868), 일본이 대마도를 자국 영토로 편입했다. 당시 일본은 탈아론을 외치며 중국 대륙으로 진출하려면 조선을 정복해야 한다는 정한론을 주장했다. 그런데도 조선은 쇄국 정책에 매몰되어 대마도에 관심조차 두지 않았다.

세종은 대마도뿐 아니라 북방도 정벌했다. 즉위 14년(1432) 여진족의 기마병이 압록강을 넘어온 것을 기회로 최윤덕 장군을 보내 여진족을 내쫓고 사군, 즉 여연, 무창, 자성, 우예를 설치했다. 다시 3년 뒤 김종서를 두만강 유역으로 보내 조정 신하들이 불가능하다던 6진(경원, 경흥, 온성, 종성, 회령, 부령에 설치한 진)까지 개척했다.

이로써 압록강과 두만강, 그리고 대마도까지 확실히 조선 영토가 되었다. 이에 율곡 이이는 조선이 세종 덕분에 일련의 위기를 극복하고 만년의 기틀을 닦았다고 평가했다.

아닌 것은 아니다

세종도 통치 초기, 태종이 왕권 강화용으로 만든 6조 직계제를 이어받아 국정을 직접 관리했다. 그러나 세종 19년(1437)에 의정부 서사제로 전환했다. 왕에게 집중된 권한을 분산한 것이다.

세종은 일단 등용하면 믿어주었다. 왕이 신하를 믿어주면 불신할 때보다 역량을 3배 정도 더 발휘한다. 같은 신하도 왕이 누구냐에 따라 현명해지거나 어리석어질 수 있다.

권한 위임을 할 경우에도 그 한계는 명확히 했다. 월권하면 단호히 제지했다. 조정 신료가 사적 이익을 도모하거나 담합해서 공적 대의를 저버리는 경우에도 단호하게 대처했다.

"경들이 합심해 간하니 매우 가상하다. 하나 그 말은 따를 수 없다."

이처럼 권한을 위임해야 할 부분과 왕이 지켜야 할 부분을 잘 분별했다. 그랬기에 덕 있는 군주가 빠지기 쉬운 유명무실에 매몰되지 않았다.

세종이 극비리에 훈민정음을 완성한 후 각본해서 발표했을 때다. 최만리를 중심으로 신석조, 김문, 정창손, 하위지, 송처검, 조근 등 7인이 언문 반대 상소문을 올리고, 관료들까지 집단으로 반대하고 나섰다.

"언문을 만드는 것은 풍속을 바꾸는 큰일입니다. 재상으로

부터 모든 신하에 이르기까지 함께 의논해야 마땅합니다. 모두가 옳다 해도 세 번 더 살펴보고 시행해야 합니다. 그러함에도 공장工匠 수십 인을 동원해 언문을 각본까지 하고 급하게 반포하시니 옳지 않습니다. 더불어 이리 쉬운 언문으로 입신출세할 수 있다면 누가 어려운 성리학을 공부하겠습니까? 그래도 신라 설총이 만든 이두는 한자의 어조를 빌려 표기한 것이라 한문 흥기에 도움이 되었습니다. 하지만 언문은 야비하고 상스럽고 무익합니다. 어찌 이런 야비한 문자를 만드셨나이까?"

조선은 성리학의 나라인데 그 근본을 흔들 수 있는 언문을 왜 신하들과 의논도 하지 않고 일방적으로 발표하느냐는 항의였다. 하지만 세종은 흔들리지 않았다.

"너희가 운서를 아느냐? 사성칠음에 자모가 몇인 줄 아느냐? 내가 운서를 바로잡지 않으면 누가 할 것이냐? 내가 언문으로《삼강행실도》를 번역해 민간에 반포하면 모두 쉽게 깨달아 충신, 열녀가 반드시 무리 지어 나올 것이다."

운서란 음운체계를, 사성은 평성, 상성, 거성, 입성 등 소리의 높낮이이며, 칠음은 설음, 치음, 순음, 후음, 아음, 반설음, 반치음 등 발성의 위치를 말한다.

이처럼 세종은 이미 음운학에 통달해 있었다. 그만큼 깊이 연구했기 때문에 천년 이상 통용해 온 한자를 대체할 한글을 과감하게 내놓을 수 있었다.

세종이 한글 창제 과정에서 보여주듯 권한을 위임했어도 비공개로 추진해야 할 일이 있다. 매사를 공론화하는 것은 바람직하지 않다. 공론의 장에는 상대가 있다. 이 상대가 공론을 형성할 자질이 부족한지, 공론을 의도적으로 왜곡할지도 분간해야 한다. 가능하면 소통을 원칙으로 하되 비공개로 해야 결과가 모두에게 이로울 일이 있다. 이것이 왕이 짊어져야 할 '고독의 몫'이다.

만일 세종이 한글 창제 이전에 공청회를 열거나 조선 팔도를 상대로 의견 수렴을 했다면? 결코 성공하지 못했을 것이다. 사대주의에 물든 사대부와 그들과 연계된 명나라까지 반대했다면 조선의 글은 탄생하기 어려웠을 것이다.

세종은 이를 간파하고, 조용히 언어학에 해박한 지식을 갖추었다. 신하들이 설총은 옳으나 세종은 틀렸다고 한 것에도 왜 이율배반인지를 설명해 나갔다.

"백성을 편하게 하려 이두를 만든 설총이 옳으면, 역시 백성을 이롭게 하려고 한글을 만든 임금도 옳다."

이에 신하들은 한마디도 반박하지 못했다. 세종은 일단 이들을 모두 하옥해 혼을 내준 후 풀어주었다.

세종의 박학다식은 경연장에서도 종종 드러났다. 신하들의 상소문에서 틀린 표현을 고쳐주기도 했다. 세종은 신하들을 지식으로 압도했지만 글귀로만 공부하는 것만큼은 경계했다.

"경서를 문자로만 공부하는 것은 도움이 안 되니 반드시 마음으로 익혀야 한다."

세종의 지혜는 외교에서도 빛났다. 명나라가 조선에 말 2만 필과 막대한 금은을 요구했으나 감당할 여력이 없어 고민에 빠졌다. 세종이 신하를 명의 수도 남경으로 보내 금강산 인삼의 효능을 소문내도록 했다. 머지않아 명나라가 말과 금은 대신 인삼을 보내달라고 했다.

세종의 외교는 실리 중심이었다. 책봉과 조공에서는 사대적인 것 같았으나 영토 확장과 문화 창달에서는 자주적이었다. 그 때문에 조선 외교사에서 세종 시대는 사대적인 동시에 가상 자수석이라는 역설적 평가를 받는다. 성군 세종도 옥에 티 같은 정책을 펼쳤다.

하나는 1846년의 분영갱상이다. 도화원이 소장한 고려 역대 왕과 후비의 초상화를 소각한 것이다.

다음이 후계자 선정으로, 심신이 허약한 문종을 세운 것이다. 태종과 달리 권력의 생리인 암투를 잘 몰랐고 권력 선용에만 능했던 것이다.

세종은 균형감각을 유지하는 가운데 일을 맡긴 신하에게 '힘을 실어주되', 왕의 주견을 가지고 필요한 정책을 힘 있게 추진했다.

제5대　**문종**
제6대　**단종**

군주의 약함도
죄다

왕이 갖추어야 할 자질은 여러 가지이다. 자신감, 동기부여 능력, 스트레스 회복력, 관계 구축력, 조직 감각력, 통찰적 지향성, 사후 확인성, 추진력, 판단력 등이 필요하지만 이 모든 자질은 공감^{compassion}이 바탕이 될 때 신뢰를 얻는다.

공감은 같이 느끼는 것이다. 다시 말해 군주는 백성과 함께 웃고 울어야 한다. 그러려면 군주의 몸과 마음이 강건해야 한다. 그래야만 백성을 보살필 수 있다.

그와 달리 왕의 몸과 마음이 병들어 있다면? 물론 왕도 일시적으로 아플 수는 있다. 그러나 빨리 회복해야만 한다. 그래서 조직이 크면 클수록 리더는 아플 자유도 없는 것이다.

왕이 백성의 걱정을 덜어주기는커녕 백성이 왕을 걱정하고 연민하면 나라는 갈 길을 잃는다. 자기 심신도 관리 못 하는 왕이라면, 외부의 사태를 직면할 힘을 내기가 어렵기 때문이다. 현안을 직면하지 못하는데, 시대를 통찰하고 지향점을 찾아내기는 더더욱 어렵다.

문종(재위 1450~1452)과 단종(재위 1452~1455)은 우애가 깊고 성실하며 명석했다. 그러나 한 가지, 심신이 강인하지 못해 이들 부자가 통치한 6년 내내 두 왕을 염려하는 백성들의 눈에서 눈물이 마를 날이 없었다. 문종은 어질기만 했고 단종은 약했다.

자기 한 몸 추스르기도 벅차니 왕으로서 중심을 잡을 수가 없었다. 그 바람에 왕족들이 왕권 탈취에 눈이 멀어 설쳤던 것이다.

이처럼 리더가 연민을 유발하는 상태가 지속되면 그 조직에 '퇴보적 대응regressive coping' 현상이 나타난다. 리더가 선두에 나서지 못하니 구성원들도 뒷걸음질 치는 것이다.

물론 왕도 신하와 백성의 감성적 지지가 필요하지만 연민이 아닌 성실과 능력에서 야기된 것이어야 한다. 또한 리더와 구성원의 관계라면 기본적으로 리더가 구성원을 위무해야 한다. 이 원칙이 거꾸로 되면 조직의 추진력이 현저히 약화된다. 그래서 왕이 신하와 백성을 위무해야 한다는 원칙을 잊어서는 안 된다. 또한 왕이 백성을 대하는 마음가짐은 한결같아야 한다.

"그대들이 나보다 더 훌륭한 왕을 만날 수도 있었겠으나, 나는 어떤 왕보다 그대들을 더 사랑하는 왕으로 남고 싶소."

리더는 사랑받기보다 사랑을 주어야 하며, 위로받기보다 구성원의 고뇌를 위로해 주고 해결해 주어야 한다.

동서고금 어디에도 만년 태평성대는 없다. 하지만 문종과 단종이 왕으로서 중심만 잡았어도 수양의 찬탈은 없었을 것이고, 연산 같은 폭군도 나오지 않았을 것이다.

리더는 강해야 한다. 체력적 강함과 신념적 강함을 겸비해야 진정한 리더십을 발휘할 수 있다. 이 자명한 사실을 문종과 단종은 역설한다.

백면서생 문종의 애잔한 애정사

산이 높으면 골이 깊은 법. 선대왕이 부족했다면 후대 왕이 조금만 잘해도 인정받지만 세종 같은 출중한 성군이 아닌 한 그늘에 묻히기 마련이다. 문종이 그러했다.

문종은 세종이 충녕대군일 때 태어나 원자는 아니었다. 원자는 현재 임금 노릇 하는 자의 맏아들로 태어나야 한다. 하지만 문종이 세종의 장자이기 때문에 정통성에는 하자가 전혀 없었으며, 8세 이후 28년간 왕세자 노릇을 했다. 그중 1442년부터 1450년까지 8년간 대리청정을 했으니 왕 수업은 톡톡히 받은 셈이다. 말년에 자주 병상에 누운 세종이 왕세자에게 정무를 맡겼던 것이다. 대리청정 기간에 문종은 측우기 제작 등에 참여하는 등 세종의 성세에 많은 기여를 했다.

세종 28년(1446), 둘째 아들 수양대군의 집에 머물던 소헌왕후가 갑자기 열이 나더니 중태에 빠졌다. 왕자들이 산사를 돌며 팔을 지지는 소신공양까지 드리며 기원했으나 소헌왕후는 숨을 거두었다.

국모로 29년을 지내며 조선 왕비 45명 중 가장 많은 한을 품어야 했던 소헌왕후. 태종 치하에서 아버지 심온은 처형되고 어머니 안씨를 포함해 혈족이 모두 노비로 전락하는 것을 지켜보아야 했던 왕비의 마지막 길에 처음으로 상여가 등장한다.

그동안은 소나 말이 끄는 수레로 시신을 운반하는 중국식 유거柳車 풍습을 따랐다. 예조에서 유거 풍습이 산과 내가 많은 조선에 맞지 않다며 국장도감을 맡은 영의정 황희에게 상여를 어깨에 메도록 건의한 것이다.

소헌왕후가 세상을 떠나자 세종은 불교에 심취해 상심을 달래며 수양대군에게 《석보상절》을 편찬토록 했다. 세종은 이 책을 보고 《월인천강지곡》을 만들었다.

세종은 영응대군 사저에서 승하했다. 그 바람에 문종의 즉위식은 근정전이 아니라 궁궐 밖 영응대군 사저에서 거행되었다. 꽃샘추위가 기승을 부리던 1450년 2월 22일이었다.

조선 개국 후 정종, 태종, 세종까지 변칙 승계가 이루어졌던 것과 달리, 문종은 최초로 적장자로서 왕이 되었다.

왕복을 입은 문종이 휘장으로 만든 행궁에서 즉위식을 마치고 바로 상복으로 갈아입는데 얼마나 슬피 울었던지 소매가 얼어붙어 있었다.

이렇게 세종의 그늘이 걷히자 그때부터 수양대군, 안평대군 등이 뛰쳐나와 활개를 치기 시작한다. 하지만 문종은 그들을 놓아두었다. 그만큼 우애가 깊었던 것이다. 문종은 성리학, 천문, 역상曆象 등을 파고들어 모르는 것이 없을 만큼 해박했다. 인품도 백성과 신하가 모두 존경할 만큼 훌륭했다. 그러나 왕 노릇 하기에는 연약했다. 심지가 약한 정종과 달리 문종은 몸이 약했던 것이다.

그런데도 무리하면서까지 군사 훈련을 감독했으며, 활을 쏘면 백발백중일 만큼 무예도 가다듬었다. 문종에게 아쉬운 것은 건강과 가정이었다.

문종이 세자 시절 결혼한 휘빈 김씨는 시기가 많아, 문종이 궁녀 만나는 것을 참지 못했다. 그런 휘빈에게 시녀 호초가 사랑을 독차지하는 압승술壓勝術 두 가지를 알려주었다. 총애받는 궁녀의 신발을 태운 재를 문종에게 먹이거나 교접하는 뱀의 정액을 닦은 수건을 차고 다니라는 것이었다. 휘빈 김씨가 문종이 총애하는 효동과 덕금의 신발을 태운 재를 술에 타서 문종에게 마시게 하려다가 발각되었다. 세종이 직접 국문한 끝에 전모가 드러나, 호초는 효수당하고 휘빈 김씨는 쫓겨났다.

이어 세자빈으로 들어온 순빈 봉씨는 자유분방했다. 책상 앞에 앉아 온종일 책 속에 묻혀 살기 좋아하는 문종이 좋아할 리 없었다. 게다가 순빈 봉씨는 동성애자였다. 동성애를 조선에서는 대식對食이라 했다. 순빈 봉씨는 여종 소쌍과 대식 관계를 맺다가 세종에게 들켜 본가로 쫓겨나야 했다.

세 번째가 현덕왕후 권씨로, 훗날 단종이 되는 홍위를 낳은 지 3일 만에 별세했다. 이처럼 문종의 가정은 불행의 연속이었다. 그런 가운데서도 지극한 효자인 문종은 세종이 당뇨 합병증으로 고생하자, 제 몸을 돌보지 않고 섭정을 했던 것이다.

문종이 섭정할 때 동생들이 설치기 시작했다. 문종 바로 아래가 수양대군, 다음이 안평대군이다. 안평은 감성적이며 사람을 무시하는 경향이 있었다. 수양은 직선적이며 무인 기질이 넘쳐 일부러 큰 소맷자락을 펄럭이며 다녔다. 말을 탈 때도 굵은 팔뚝을 과시했고 내릴 때는 날렵하게 뛰어내렸다.

세종을 닮아 착하고 어질기만 한 문종은 이런 동생들을 보면서도 대수롭지 않게 여겼다. 하지만 세종은 마음이 편치 못했다. 특히 수양의 야심과 냉혹성이 걱정되었다.

어느 날 세종은 어린 단종을 품에 안고 집현전 뜰을 거닐다가 성삼문, 신숙주를 만나 신신당부했다.

안견, 〈몽유도원도(夢遊桃源圖)〉
안평대군이 꿈에 도원경을 거닌 이야기를 듣고, 당대 최고 화원 안견이 그린 산수화이다. 안평대군은 세종의 셋째 아들로 태어나 학문을 좋아하고 시문에 능했으며 서법이 당대 제일이라는 평을 들었다. 그러나 그의 학문과 인망이 화를 불렀을까. 문종 승하 후 수양대군과 대립하여 김종서, 황보인과 행동을 같이하다 결국 서른여섯에 강화섬에서 사약을 받는다. 안평대군은 꿈에 본 도원경으로 뜻을 펼칠 수 없었던 자신의 처지를 달랬을 것이다.

"이 아이의 앞날을 부탁한다."

그만큼 대군들의 거친 성정에 심려가 컸지만 양녕대군을 정리한 태종처럼 세종은 모질지도 못해 걱정만 했던 것이다. 임종하는 자리에서까지 세종은 세손의 손을 만지며 문종에게 세손을 보필할 신하로 김종서, 성삼문을 지명했다.

문종은 등극 후 무장 출신 김종서와 집현전 학사들에게 힘을 실어준다. 하지만 문종이 집권 2년 3개월 만에 요절하는 바람에 어린 단종은 정치적 기반을 닦지 못했다. 그날 신하들은 모두 목이 쉬도록 통곡했고, 거리의 행인들도 눈물을 닦으며 다녔다.

단종 좌우의 고명대신 대 수양대군의 기 싸움

단종은 열두 살 나이로 즉위했다. 이처럼 어린 나이에 왕이 되면, 할머니 대왕대비나 어머니 대비가 일정 기간 수렴청정을 한다. 그러나 단종에게는 그렇게 해줄 왕실의 어른이 없었다.

어머니 현덕왕후는 단종 출생 시, 조모는 단종이 여섯 살 때 세상을 떠났다. 단종을 키워준 세종의 후궁 혜빈 양씨는 내명부의 궁인 출신으로 궁궐에 늦게 들어와 아무런 힘이 없었다. 궁궐 안에 단종을 지켜줄 사람은 없고 주위에 야망을 불태우는 숙부들만 있을 뿐이었다. 이들에게 둘러싸인 어린 단종이 친정을 해야만 했다.

임종 직전 문종도 이를 걱정해 영의정 황보인, 좌의정 남지, 우의정 김종서 등 삼정승을 불러 유지를 남겼다.

"어린 내 아들이 왕 노릇을 잘할지 걱정이오. 홀로 남은 어린 왕을 잘 지켜주오."

이들 고명顧命대신이 모여 단종 즉위를 앞두고, 즉위 교서에 분경금지 조항을 넣기로 한다. 정종 때 실시했으나 유야무야된 분경금지령을 수양을 비롯한 대군들의 야욕을 막기 위한 방편으로 다시 거론한 것이다.

단종이 즉위하는 날 교서를 받아본 수양은 깜짝 놀랐다. 의정부 당상관과 모든 대군의 집에 분경금지령이 내려졌던 것이다. 벌써부터 분경을 막는다는 명분으로 대군들의 집을 감시할 군졸들이 배치되고 있었다.

제일 먼저 수양대군이 발끈했다. 안평대군을 데리고 영의정 황보인을 찾아가, 대군들의 분경금지를 굳이 즉위 교서에 넣은 이유가 무엇이냐고 따졌다. 대군들이 이런 의심을 받고 어찌 세상에 얼굴을 들고 다닐 수 있겠느냐고도 했다.

수양대군이 워낙 드세게 항의하자 겁을 집어먹은 황보인이 벼슬아치들의 분경은 계속 금지하되 대군들은 분경금지에서 해제했다. 이로써 분경금지의 본디 목적은 사라지고 수양대군의 위상만 높아졌다.

이후 단종을 가운데 두고 고명대신과 대군들이 서로 보필하겠다며 대치했다. 대군들의 분경금지만 해제하지 않았더라도 단종의 왕위가 쉽게 흔들리지 않았을 것이다.

그만큼 고명대신들의 정치 감각이 수양대군보다 뒤떨어졌다. 큰 둑도 작은 틈을 방치하면 결국 무너진다.

기가 세고 세몰이에 능한 수양대군은 작은 기회도 도약대로 만들었다. 하지만 고명대신들은 절호의 기회도 가볍게 여기는 경향이 있었다. 대군들의 분경금지 해제 정도로 무슨 후유증이 있겠느냐고 가볍게 여겼던 것이다.

믿는 구석이 있었다. 의정부의 삼정승이 '황표정사'를 하고 있었던 것이다. 관리 임명안이나 정책 결정안 중에 노란색으로 표시해 준 것만 단종이 결재했다. 한마디로 고명대신들은 절차적 정당성을 확보했다. 하지만 이들이 간과한 것이 있었다.

절차적 정당성이란 세력이 뒷받침되지 않으면 언제든 무시당할 수 있다. 쿠데타가 대표적이다.

황표정사에 맛 들인 고명대신들이 왕권을 능가하는 신권에 취해 있을 때였다. 분경금지령에 묶인 대신들에게 줄을 댈 수 없었던 사람들은 대군들에게 몰려갔다. 그렇게 해서 수양대군과 안평대군이 가장 큰 세력을 형성한다. 블랙홀이 된 양대 축을 중심으로 정국이 돌아가기 시작했다.

수양대군 주위에는 무인들이, 안평대군 주위에는 문인들이 몰려들었다. 안평대군은 자신보다 세력이 강한 수양대군을 누르기 위해 고명대신들과 연대한다.

머지않아 양대 축이 충돌했다. 이것이 1453년에 일어난 계유정난으로, 수양대군이 고명대신을 참살하고 안평대군을 유폐한 사건이다. 그리고 영의정에 올라 전권을 장악했다.

그 후 수양대군은 단종 주위의 금성대군과 여러 종친, 궁인, 신하도 모두 죄인으로 몰아 유배 보냈다.

단종은 수양이 자기 측근을 하나씩 쳐내자 심적 압박을 견디다 못해 열다섯 살에 왕위를 내놓았다. 단종은 왕실 내 확고한 기반이 없기는 했지만 그렇다고 어린 나이 탓만 하기에는 너무나 무기력한 모습을 보여주었다. 성종은 열세 살, 숙종도 열네 살에 즉위했다. 하지만 이들은 왕권을 강하게 행사했다.

단종 애사哀史는 사실 문종 때부터 예견된 것이었다. 이미 문종 때 세종과 비교해 왕권이 위축된 데다가, 수양과 안평의 월권이 빈발했다. 언관들의 탄핵이 잇따랐음에도 우애가 깊은 문종이 방치했던 것이다.

〈월중도(越中圖)〉제2폭 〈청령포도(淸泠浦圖)〉
노산군으로 강등된 단종의 유배지인 영월 청령포를 그린 산수화이다.

제7대 　세조

오직 목적 달성만 중시할 뿐

조선을 14년간 통치한 세조(재위 1455~1468)는 결과 중심적 리더였다. 이런 인물 중 나르시시스트가 많다. 사회적 가치와 자기 욕망이 충돌할 때면 사회나 타인에게 책임을 전가하며 자신의 욕망 추구를 합리화한다. 그 결과 과정의 정당성을 묻지 않고 승리의 쟁취에 전념한다.

제2차 세계대전 때 일본에 원자폭탄을 투하한 트루먼 대통령은 말했다.

"모세가 홍해를 건너고자 했을 때 여론 조사를 했더라면 결코 건너지 못했을 것이다."

역사적 성공과 왕의 성품이 일치하지 않는 경우가 비일비재하다. 결과를 위해 과정을 무시하는 왕들이 성공한 사례가 더 많기 때문이다. 그렇더라도 역사의 승자가 되면 권력으로 자신의 행적을 미화하여, 이면의 피비린내 나는 이전투구를 희석해 버린다.

태종의 아들 세종은 조선 최고의 성군이었지만 세종의 아들 세조는 태종처럼 가족을 제거하고 왕이 된 패륜의 군주였다.

태종과 세조는 여러모로 닮았다. 둘 다 장자가 아니라 왕위 계승에서 밀렸지만 개인의 지략과 집념으로 왕이 되었다. 두 왕 모두 권력욕의 화신이라 할 만했다.

그러나 권력 장악과 유지가 욕심만으로 성취되는 것은 아니다. 개인의 역량이 있어야 한다. 세조는 쿠데타를 일으켜 집권했지만, 창조적 상상력과 위기관리 능력이 있었고, 특히 인재 식별력과 기회 포착력이 탁월했다.

리더에게 절호의 기회는 쉽게 오지 않지만, 설령 왔다고 해도 자기 몫으로 만들어야 가치가 있는 것이다. 세조는 작은 기회small opportunity를 도약의 기회big chance로 만드는 재주가 있었다.

단적인 예로 다음 두 가지를 들 수 있다.

첫째, 단종 즉위 직후 국내 정세가 수양대군에게 불리하게 돌아가는데도 모두의 예상을 깨고 명으로 가는 사은사를 자청한다.

둘째, 출신이 미천한 한명회를 천하의 인재로 단박에 알아보았다.

"내 비록 운우지정을 나누는 중이라 하더라도 그대가 오면 버선발로 나가 맞으리라."

이랬던 수양을 위해 한명회가 고비마다 책략을 내놓았다.

세조는 당시 제도하에서 비정상적으로 왕이 되긴 했지만 나름대로 많은 업적을 세워 세종의 태평성대를 지켜나갈 수 있었다.

진흙에서 찾은 보배, 한명회

태종이 즉위 과정에서 형제를 없앴다면, 세조는 동생과 조카를 없앴다. 왕 자리에 있거나 앉을 대상을 미리 제거한 것이다. 이런 일을 수행하려면 엄청난 지략을 갖춘 책사가 필요한데, 태종에게는 하륜이, 세조에게는 한명회가 있었다.

이들은 주군의 등극을 위해 기존 풍속은 물론 법과 제도까지 뛰어넘는 파격적 구상을 내놓았다. 그래야만 비정상적 왕권 찬탈이 가능했기 때문이다.

세조는 세종이 국정 전반을 의논할 정도로 출중했지만 장자가 아니라 정상적 등극은 불가능했다. 그런데 세자 문종은 병약했고 세손은 너무 어려, 세종의 18명 아들 중 수양과 안평이 왕위를 꿈꾸었다. 문종이 즉위한 후에도 두 대군은 문종이 오래 못 가리라 보고 경쟁적으로 세를 확장해 궁정 주변이 흉흉할 정도였다. 과연 얼마 못 가 문종이 죽고 단종이 왕위에 올랐다.

어린 단종을 보필할 왕족 대표로 수양대군, 금성대군이 선정되었다. 금성은 수양의 동생이지만 일찍이 태조의 여덟째 아들 방석의 양자로 입적되었다. 가법상 수양의 당숙뻘이 되는 셈이다.

다행히 금성은 정권욕도 없고 담백했다. 하지만 수양은 달랐다. 단종 즉위년인 1452년 8월 10일, 수양이 자택 앞을 지나는 신숙주를 보고 "어찌 내 집 앞을 지나가면서 들르지 않는가"라며 들어오게 해서 자신의 야심을 은밀히 내비쳤다. 신숙주가 단박에 알아채고 맹세했다.

"아녀자 품에서 편히 죽기 바라는 장부는 세상 물정을 모르는 바보입니다. 대군의 뜻을 받들겠습니다."

야심가 수양의 개입을 차단하고자 고명대신들은 두 가지 책략을 고안한다. 하나는 의정부 권한을 강화하는 황표정사였고, 다른 하나는 안평대군과 연대하는 것이었다.

정국이 이렇게 흐르자 표면상 수양이 위축되는 분위기였다. 수양은 단종 즉위 전부터 기회만 있으면 세력을 규합했다. 세종이 국방 강화 목적으로 수양에게 《역대병요》를 편찬토록 할 때도, 함께 일하던 집현전 교리 권람을 자기 사람으로 만들었다.

그 권람이 한명회를 당대의 기재라며 수양에게 장자방(한나라 건국 공신)으로 삼으라고 권했다. 권람과 한명회는 지위, 재산 등을 묻지 않는 망형우忘形友 관계였다.

한명회는 몰락한 가문에서 태어나 과거에 거듭 떨어진 낙방거사로, 겨우 음서로 경덕궁 문지기로 일하고 있었다.

이런 한명회를 만난 수양이 등을 두드렸다.

"자고로 영웅의 처세는 쉽지 않다. 벼슬의 높낮이가 무슨 소용이 있겠느냐. 그대가 세상에 뜻이 있다 하니 말해보라."

"지금은 강력한 군주가 필요한 시대입니다. 여기에 맞는 분은 대군뿐입니다."

한명회의 노골적 주장을 수양이 부담스러워하는 듯했다.

"안평대군이 왕위를 노려 고명대신들과 결탁한 것은 천하가 알고 있습니다. 역모의 증거를 모으는 한편 허점을 공격하여 단번에 전멸해야 합니다."

그제야 수양이 고개를 끄덕였다. 못생긴 데다 왜소해 사대부들에게 '칠삭둥이'로 놀림받고 서른이 다 되도록 낭인 신세였던 한명회가 드디어 역사의 전면에 발을 디디는 순간이었다.

사마천은 《사기》에서 "남자는 자기를 알아주는 사람을 위해 목숨을 바치고, 여자는 사랑하는 사람을 위해 화장을 한다"라고 했다. 한명회도 자신을 알아준 수양을 위해 목숨을 바치고자 했다.

김종서 등 고명대신들이 명망가 중심으로 모양새 있게 뭉쳐 있는 동안 수양은 과거에 낙방했으나 재능이 있는 인물, 과거 합격 후에도 출세하지 못한 인물들을 모았다. 그중 한명회에게 거사 총책임을 맡겼다. 한명회는 조직 내 각 분야의 역할을 분담할 인재 포섭에 나섰

한명회 서명
한명회는 수양대군을 도와 김종서를 비롯한 대신들을 차례로 죽이고 단종을 몰아내는 데 공을 세웠다.

고, 필요 자금과 병장기까지 조달하기 시작했다. 물론 은밀히 했지만 소문이 파다했다.

수양 측과 고명대신 측의 신경전이 살벌해진 가운데 갑자기 수양대군이 명나라에 사은사로 다녀오겠다고 선언한다. 명나라가 단종의 즉위를 인정한다는 고명을 보내왔는데, 조선도 답례로 사은사를 보내야 했던 때다.

측근들은 수양의 사은사행을 반대했다. 수양이 가면 조선은 고명대신들의 세상이 된다는 것이었다. 그러나 수양의 속셈은 다른 데 있었다. 일단 고명대신들의 경계를 누그러뜨려 방심하게 한 다음 그 틈을 노리겠다는 것이었다.

아니나 다를까 수양이 명나라에 가자 안평대군과 김종서가 크게 안도하며 수양에 대한 경계를 게을리한다.

살생부와 천지개벽

1453년 3월, 명나라로 떠났던 수양이 7개월 만에 귀국했다. 그동안 한명회는 궁지기 시절의 인맥인 무인 양정, 홍달손, 유수 등 30여 명을 포섭해 두었다.

귀국 후 수양은 왕권 강화의 명분으로 단종에게 황표정사를 폐지하도록 했다. 순진한 단종은 수양 숙부야말로 충신이라며 그에게 더 의지한다. 고명대신들의 인사권과 정책 결정권이 단종에게로 넘어갔다. 일거에 수양이 고명대신에 비해

명분과 힘에서 우위를 확보한 것이다.

뒤늦게 그런 사실을 깨달은 안평대군이 황표정사를 회복하려 노력했지만 소용없었다. 수양이 계유정난을 일으킨 것이다.

이 난을 일으키기 직전 수양은 측근을 후원에 모아놓고 궁술대회를 열었다. 그 자리에서 수양이 힘껏 활시위를 당기며 처음으로 거사하겠다는 뜻을 밝혔다. 일부가 기겁을 하며 수양의 옷자락을 잡고 만류했다. 심지어 슬금슬금 북문으로 도망가는 자들까지 있었다. 수양이 실망하며 한명회에게 물었다.

"대다수가 불가하게 여기니 장차 어찌해야 하는가?"

"길가에 집을 짓는 데도 3년 이상 걸립니다. 하물며 큰일은 어떻겠습니까? 이미 모의가 정해졌으니 여기서 그만둘 수 없습니다. 공이 분연히 일어서면 모두 따르게 됩니다."

한명회가 거사를 종용하자 수양은 노한 목소리로 외쳤다.

"갈 놈들은 가서 일러바치고, 나를 따를 자는 따르라. 더이상 너희를 의지하지 않겠다. 이 한 몸에 나라가 달렸으니 죽음을 겁내랴. 운명은 하늘에 맡길 뿐, 천둥번개가 귀를 가리지 못하듯 군사는 신속함이 제일이다."

석양이 지고 있었다. 수양이 중문을 열고 나가니 부인 윤씨가 갑옷을 입혀주었다. 병력 일부는 경복궁으로 보내 궁을 장악하고, 일부는 데리고 김종서를 찾아가 제거했다.

그다음 단종의 누나 경혜공주의 집으로 갔다. 단종이 와 있다는 첩보를 이미 입수했던 것이다. 수양이 단종에게 "나라에 변란이 났으니 한시바삐 입궁하여 모든 대신이 즉시 입궐하도록 초패招牌를 돌리시라"라고 강요했다.

단종이 새파랗게 질려 그대로 따랐다. 신하들이 허겁지겁 달려와 궁궐 문을 들어서는 순간, 한명회가 작성한 '살생부'에 오른 자들 중 일부는 철퇴를 맞아야 했다. 영의정 황보인, 이양, 조극관, 민신, 윤처공 등이 머리가 깨져 쓰러졌다. 죄명은 "김종서와 함께 안평대군을 추대하려는 역모를 꾸몄다"는 것이다. 하룻밤 사이에 세상이 뒤바뀌었다.

실록에는 그날 달빛도 사라진 밤하늘에서 유시流矢가 떨어졌다고 한다. 화살이 무수히 쏟아졌다는 것이다. 제대로 싸워보지도 못하고 수양에게 당한 고명대신의 잔존 세력이 홧김에 마구잡이로 쏜 것으로 보인다. 수양의 위사들이 놀라 웅성거리자 이계전이 수양에게 나팔을 불어 진정시키기를 청했다. 그러나 수양이 호탕하게 웃었다.

"무어 그까짓 것으로 놀라나? 조용히 진압하거라."

수양이 명나라에 다녀온 지 겨우 6개월 만이었다. 그 후 수양은 영의정부사와 이·병조 판서, 내외병마도통사 등에 올랐다. 백관에 대한 통솔권과 병마권을 장악한 것이다. 이처럼 수양은 상대를 안심하게 해놓고 빈틈을 보이는 순간 단숨에 제압했다. 그런 다음 자신을 포함해 43명을 정난靖難공신에 올렸다.

1등 공신은 수양, 정인지, 한확, 이사철, 박종우, 김효성, 이계전, 박중손, 권람, 홍달손, 최항, 한명회 등 12명, 2등 공신은 신숙주, 권준, 유수, 유하, 홍윤성, 양정, 전균, 윤사윤, 봉석주, 곽연성, 엄자치 등 11명이었다.

3등 공신 20명에 성삼문도 포함되었는데, 성삼문이 고명대신들이 월권한다고 비판하던 것을 수양이 알고 공을 인정한 것이다. 훗날 2등 공신 양정, 봉석주, 엄자치와 3등 공신 성삼문, 김처의, 최윤 등 6명은 삭탈된다.

공신들은 거대한 전답과 노비, 백금 등을 하사받은 것은 물론 치외법권을 누릴 정도로 엄청난 특권을 누렸다. 그들의 초상화를 건 전각과 공적비까지 세워주었다.

대세 장악 후 이미지 고양과 즉위

본디 조선 왕실의 종친은 관직에 오를 수 없다. 삼국시대는 물론 통일신라시대까지만 해도 주요 벼슬을 왕족이 차지했지만, 고려 때부터 왕자들을 배제하기 시작했다.

조선 건국 이후 태조는 재내제군소在內諸君所가 왕자와 종친을, 이성제군소異姓諸君所가 외척과 부마를 돌보게 했다. 세종에 이르러 재내제군소를 종친부로 변경하고, 종친들을 충분히 예우하되 과거 응시를 금지해 정치에 관여하지 못하게 했다.

이 법을 수양대군이 깨트리고 힘 있는 벼슬은 모두 독차지했다. 그 후 성종 때에 종친 벼슬 금지법을 《경국대전》에 다시 명문화하여 왕의 적실嫡室은 4대, 서실庶室은 3대가 지나야 가능하게 고쳤다.

조정을 장악한 수양은 자기 미화 작업에 돌입했다.

먼저 집현전에 명을 내려 자신을 주나라 주공에 비유하며 찬양하는 교서를 반포하게 했다. 기원전 1046년 주공은 형 무왕을 도와 은나라를 치고 주나라를 세웠다. 어린 조카 성왕이 즉위한 후에도 관숙, 채숙의 반란을 진압하는 등 끝까지 조카를 지켜주었다. 이로써 주나라 800년 왕조의 기틀을 세웠다. 이런 주공을 공자는 성인으로 추앙했으며, 유학자들은 꿈에서라도 보기 원할 정도로 흠모했다.

다음, 큰아버지 양녕대군을 대동하고 단종을 찾아가 왕비를 맞도록 했다. 단종이 즉위한 지 1년째인 1453년 5월 18일이었다.

단종은 부친 문왕의 3년상이 지나지 않았다며 거절했지만 수양의 강요에 따라야 했다. 전국에 금혼령을 내린 후, 풍저창부사 송현수의 딸을 간택했다. 그녀가 정순왕후로 다음 해 1월 25일 단종과 백년가약을 맺었다.

수양대군은 왜 단종이 싫다는 혼례를 강행했을까?

두 가지 인상을 심어주려는 속셈이 있었다. 자신이 어린 왕을 생각하는 왕실 어른이며, 단종이 상중에 결혼한 불효자라는 인상을 심어주고자 한 것이다.

수양은 자기 미화 작업을 하면서 동시에 내시 엄자치, 수양의 넷째 동생 금성대군 등 단종 주변 인물들을 하나씩 제거했다. 그럴 때마다 단종이 불안해하면 "모두가 조카를 위한 일"이라며 달랬다.

결국 단종의 마지막 보루인 혜빈 양씨, 상궁 박씨, 매부 정종도 유배 가라는 교시를 받았다. 이제 단종 주변은 모조리 수양의 사람들뿐이었다. 계유정난이 일어난 지 1년 9개월째인 1455년 6월 11일, 단종은 내시 전균을 불러 수양에게 양위한다는 뜻을 밝혔다.

문무백관 200여 명이 경회루 대청에 도열한 가운데 수양이 엎드려 울먹였다.

"양위받을 수 없나이다. 거두어주소서."

하지만 단종이 거듭 건네는 옥새를 받고, 근정전으로 가서 조선 7대 임금으로 즉위했다.

세조의 즉위를 도운 46인이 좌익佐翼공신으로 책봉되었다. 1등 공신은 한명회, 권람, 신숙주, 윤사로, 계양군 이증, 익현군 이곤, 한확 등 7명, 2등 공신은 정인지, 홍달손, 최항, 양정, 내시 전균, 강맹경, 윤형, 권반, 이계린, 이계전, 정창손, 윤암, 이사철 등 13명, 그 외 3등 공신이 26명이었다.

왕이 된 세조는 8월 16일, 양녕·효령대군과 4대 공신을 대동하고 창덕궁에 있는 상왕 단종을 알현했다. 4대 공신이란 조선 개국공신, 1차 왕자의 난 때 공을 세운 정사定社공신,

2차 왕자의 난을 진압한 좌명佐命공신, 수양대군 때의 정난·좌익공신이다. 이들의 명단인 맹족盟簇을 단종에게 바치고 잔치를 벌였다.

풍악이 울리니 양녕대군이 비파를 연주하고 권근이 징으로 장단을 맞췄다. 흥이 오른 공신들이 춤을 추고 세조도 덩달아 춤을 추었다. 이 광경은 단종의 눈에 맹수들의 광란으로 비쳤을 것이다.

사육신과 생육신

세조는 조부 태종을 많이 닮았다. 권력 구도에 장애가 되는 인물은 과감하게 제거했다. 차이점도 있다. 태종은 거시적 관점에서 최측근도 버린 반면, 세조는 측근 중심으로 정치했다.

수양의 세력으로 한명회, 권람 등 모사 그룹과 홍달손, 양정 등 무사 그룹이 있었다. 이 두 세력이 수양대군 좌우에 포진하여 계유정난을 성공으로 이끌었다.

이후 수양은 김종서의 잔존 세력인 함길도 절제사 이징옥을 파면하고 박호문을 임명했다. 이징옥이 반발해 박호문을 죽이고 대금황제大金皇帝라 칭했지만, 이 난은 곧 진압되었다.

그래도 민심은 여전히 상왕에게 있었고, 절개를 목숨처럼 여기는 충신도 있었다. 충신들이 모여 '단종 복위 운동'을 도모한다. 세조 2년(1456) 창덕궁 광연전에서 명나라 고명칙사의 송별회를 앞둔 때였다. 이 잔치에 세조와 문무백관은 물론 상왕도 참석할 예정이었다.

세조의 경호 책임자는 성삼문의 부친인 성승과 유응부였다. 집현전 학사 출신 성삼문, 박팽년, 하위지, 이개, 유성원 등과 유응부, 성승 등 무인들이 모여 이 기회를 활용하기로 했다. 이 모임에 김질도 뒤늦게 동참했다. 이들은 유응부와 성승이 호위 신하가 차는 운검雲劍으로 세조를 죽이고, 곧바로 한명회, 권람, 정인지를 제거하기로 모의했다.

드디어 송별회가 열리는 아침, 눈치 빠른 한명회가 세조에게 운검 취소를 건의했다. 세조가 허락했고, 이 때문에 당일 거사 계획에 차질이 생겼다.

성삼문이 유응부를 만나 모사가 누설된 것 같으니 거사를 미루자고 했다. 유응부가 "한번 결정한 일, 대장부답게 그냥 밀고 나가자"라고 했으나 성삼문이 극구 반대해 결국 미뤘다.

그날 행사는 아무 일 없이 끝났지만 김질이 지레 겁을 먹고 장인 정창손에게 털어놓았다. 정창손은 바로 세조에게 달려가 자신의 사위 김질까지도 모두 극형에 처해야 한다고 아뢰었다.

세조는 뉘우치고 고변한 김질은 놓아두라 명한 다음 한명회에게 형틀을 마련하라 지시했다. 성삼문과 관련자 전원이 압송되어 세조에게 한 명씩 친국당하기 시작했다.

제일 먼저 심문당한 성삼문은 담담했다.

"나리, 내가 이번 일의 총지휘자이외다. 이번 일이 어찌 역적모의란 말입니까. 단종의 신하 된 당연한 도리입니다."

성삼문의 인품과 학문을 아끼던 세조는 이방원이 정몽주를 타살하기 전 지은 시조 〈하여가〉를 읽어주며 회유했다. 이에 성삼문도 시조로 불사이군不事二君의 충절을 내비쳤다.

> 이 몸이 죽어 가서 무엇이 될꼬 하니
> 봉래산 제일봉에 낙락장송 되어서
> 백설이 만건곤할 제 독야청청하리라

회유에 실패한 세조는 직접 인두로 성삼문을 지지면서 추궁했다. 극한 고문에도 성삼문은 도리어 세조를 추궁했다.

"나리께서는 주공과 자신을 곧잘 비유했는데 주공도 어린 조카의 왕위를 찬탈했소?"

성삼문은 수양을 계속 나리라 칭했다. 세조를 왕으로 인정하지 않는다는 뜻이었다.

세조가 형졸에게 소리쳤다.

"저놈의 주둥이를 문질러 버려라."

모진 고문 끝에 성삼문은 한강 새남터 형장으로 끌려가 '절명시'를 읊었다.

둥둥 울리는 북소리가 목숨을 재촉하는구나
고개 돌려 보니 석양이로구나
저승길엔 주막 하나 없다는데
오늘 밤은 어디서 머물꼬

비장감을 넘어 죽음도 초월한 기개가 가득하다. 성삼문과 함께 박팽년, 하위지, 이개, 유응부, 유성원도 처형당해 사육신이 되었다. 이들 가족 중 남자는 모두 죽임을 당했고, 여자들은 관비가 되었다. 사육신 이외에도 역모에 연루되었다고 의심받은 김문기, 권자신 등 70여 선비가 처형되었다.

역모 사건이 마무리된 후, 세조는 42명의 공신을 책록했다. 그중 김시습, 조려, 원호, 이맹전, 성담수, 남효온은 단종에게 충절을 지킨다며 세조의 공신 책록을 거부했다. 이들 '생육신'은 낭인처럼 평생을 절간이나 움막을 전전하며 살았다.

이시애에게 역모로 몰린 한명회와 신숙주

단종의 충신들까지 없애고 나서도, 단종에 대한 백성의 열망이 좀처럼 식지 않자 세조는 1457년 6월, 단종을 상왕에서 노산군으로 강등해 도성에서 멀리 떨어진 영월 청령포로 유배 보낸다.

청령포는 나룻배 없이는 드나들 수 없는 감옥 같은 곳으로, 서강이 동남북 삼면에 흐르고 서쪽은 험준한 암벽이 막고 있었다.

영월까지 단종을 압송해 간 의금부도사 왕방연은 어린 임금을 유배지에 두고 귀경하는 길에 〈절의가節義歌〉를 지었다.

> 천만리 머나먼 길에 고운 임과 이별하고
> 내 마음 가눌 곳 없어 냇가에 앉으니
> 저 물도 내 맘처럼 울며 밤길에 흐르는구나

청령포에 홀로 남은 단종은 어떤 소식도 들을 수 없이, 근처 농민들이 정성으로 바치는 음식으로 나날을 보내야 했다.

그해 9월 계유정난 후 수양대군을 비난한 죄로 경상도 순흥에 유배 갔던 금성대군이 반란을 일으켰다. 순흥에서 소백산맥만 넘으면 바로 영월이다. 집현전 출신 순흥부사 이보흠이 단종의 강등 소식을 듣고 금성대군과 단종 복위를 도모한 것이다.

세조는 이리될 줄 짐작하고 있었다. 아무리 냉혹한 세조라도 금성대군이 대죄를 범하지 않는 한 없애기 어려워, 일부러 순흥으로 유배 보내고 관노를 시켜 감시하게 했다. 관노는 금성대군의 시녀를 매수했다.

아니나 다를까. 금성과 이보흠은 매일같이 울분을 토하더니 역모를 꾸미고 격문까지 만들었다. 관노는 시녀가 건네준 격문을 품고 한양으로 달려가는데 풍기현감이 눈치채고 관노를 쫓아가 목을 베었다. 관노의 품에서 격문을 꺼낸 풍기현감은 그대로 세조에게 달려가 바쳤다. 세조는 기다렸다는 듯이 금성대군과 관련자를 일망타진했다.

몇 달 동안 주동자들과 순흥 안씨 수천 명이 살육되며, 소수서원 앞 죽계의 물이 피로 물들어 '피끝마을'로 불릴 정도였다. 이 반란 사건으로 큰 도시였던 순흥부가 해체되고 영천, 풍기, 봉화에 분산 배치되었다. 이와 더불어 영남 사대부 세력도 크게 위축된다.

대신들은 노산군을 없애야만 세상이 편해진다고 주장하고 나섰다. 세조는 마지못해 신하들의 청을 들어주는 척했다.

한양에서 다시 금부도사 왕방연이 단종을 찾아와 사약을 전달했다. 약사발을 든 단종을 왕방연은 차마 바라보지 못하고 흐느끼기만 했다. 단종이 열일곱 해 삶을 마감하는 날이었다. 백성들은 세조가 조카와 형을 죽인 패륜 군주라고 수군대기 시작했다.

세조는 민심 통제와 민심 분리 정책을 동시에 폈다. 호패법과 오가작통법으로 통제하고 중앙 출신 우대 정책을 펴 지방 출신들과 차별했다. 이에 함길도 호족 이시애가 반감을 품고 세조 측근을 분열하는 상소를 올렸다.

"한명회, 신숙주가 강효문과 결탁해 반란을 도모하고 있으니 응징해야 합니다."

졸지에 역모로 몰린 한명회와 신숙주가 큰 고초를 겪는다. 음모로 왕위를 찬탈한 세조라, 아무리 측근이라도 믿지 못했다.

세조 측근의 이간책에 성공한 이시애가 세조 13년(1467), 길주에서 반란을 일으켰다. 이시애는 한때 함흥까지 차지하며 기세를 올렸으나 남이 장군의 3만 대군에 진압되었다. 이 반란이 끝나고 나서야 한명회, 신숙주가 혐의를 풀었다.

남이는 태종의 넷째 딸 정선공주의 아들이며 권람의 사위였다. 이시애의 난을 평정하고 적개敵愾공신에 오르고, 연달아 서북변의 여진족까지 정벌한 후 백두산 정상에 올라 시조를 읊었다.

> 백두산 돌은 칼로 갈아 없애고
> 두만강 물은 말이 마셔 없애리
> 사내 나이 스물에 나라를 평정 못 하면
> 후세에 누가 대장부라 칭하랴

역시 조선 전기 최고의 무인으로 이방원의 외손자다운 기개가 넘친다.

든든한 공신 세력과 그 후유증

세종 이후 강화된 유교를 기반으로 굴러가던 조선사회에 세조의 왕위 찬탈 사건은 엄청난 충격을 주었다. 유교의 충과 효를 정면으로 위배한 최악의 패륜 행위였던 것이다. 조선의 정체성을 어기고 왕이 된 세조는 세종 같은 덕치는 어려웠고 억압 통치를 할 수밖에 없었다.

태종이 세종의 치세를 위해 공신을 제거해야 했다면 세조는 왕권 유지를 위해 공신의 이익을 철저히 보장해 주어야 했다. 이렇게 형성된 특권층이 소위 훈구파勳舊派로 이들은 명종 때까지 득세한다.

훈구파는 충효를 내세우면서도 실제로는 족벌과 개인의 이익을 추구하여 조선에 체면치레 문화가 만연하게 된다.

세조는 충전의 본거지인 집현전과 정국 현안을 유교적 관점에서 토론하던 경연을 없앴다. 국정의 오류를 지적하는 대간의 기능도 약화하고, 의정부도 대폭 축소했다. 그 대신 국사를 승정원 중심으로 운영하고 6조가 뒷받침하도록 했다. 본디 왕의 비서실로 왕명 출납을 맡은 승정원이 비대해졌다.

승정원과 육조를 정난공신들로 채웠다. 병조판서 한명회, 예조판서 신숙주, 호조판서 조석문은 동시에 승정원에도 봉직하여 왕명 출납까지 맡았다.

왕이 공식 라인보다 비선 라인을 선호하면 '권한 행사자'와 '책임자'가 분리되어 비선의 권력 남용이 더 쉬워진다. 이로써 세종과 문종 대에 양성된 청류 관료들이 사라졌다.

세조는 철저히 의리로 뭉친 심복 중심으로 통치했다. 세조의 존엄을 건드리는 자는 누구라도 가차 없이 제거했다. 계유정난 공신인 양정이 별 뜻 없이 세조의 퇴위를 놓고 몇 마디 했다가 바로 참형당했다. 그러나 자신을 맹종하는 인물에게는 무한정 관대했다.

공신 홍윤성이 숙부를 구타해 죽이자 세조가 온양으로 행차할 때, 그 숙모가 버드나무 위에 올라가 하소연했다. 그래도 세조는 홍윤성에게 몇 마디 나무라고 말았다.

세조도 나름대로 치적을 남겼다. 신숙주를 보내 두만강 건너 야인野人을 소탕했고, 하삼도下三道(충청, 전라, 경상) 주민을 이주시켜 북방을 확보했다. 전·현직 모두에게 토지를 주던 과전법 대신 현직에게만 주는 직전법職田法으로 변경하여 국가의 재정도 늘렸다.

민생 안정을 위해 공물 대납 행위를 전면 금지했고, 궁중에 잠실을 만들어 왕비와 세자빈도 양잠을 하게 했다.

반세조의 온상이던 집현전은 폐지했지만 필요한 서적은 간행했다.

윤리 교과서 《오륜록》, 조선 역대 국왕의 업적을 기록한 《국조보감》, 단군부터 고려 말까지의 역사서 《동국통감》과 《경국대전》의 편찬도 시작했다.

이런 치적들로 세조는 집권 과정의 오점에도 불구하고 인정받는 왕이 되었다. 만일 세조가 정상적으로 왕이 되었다면 세종 못지않은 현군이 되었으리라.

세조는 왜《금강경》을 필사했는가

세조나 태종 같은 왕은 목적 달성이 중요할 뿐, 과정의 정당성이나 세간의 평가에는 개의치 않는다. 사람을 움직이는 힘도 명분이 아니라 보상과 처벌이라고 본다.

이런 관점에서《후흑학厚黑學》이 나왔다. 난세에서 이기려면 두꺼운 얼굴로 새까만 속마음을 감추는 면후심흑面厚心黑을 갖추라는 내용이다. 이런 인물이 흔히 권력을 잡는다. 특히 대중 속에서 무력감과 불안을 느끼는 개인들이 많을수록 자유보다 파시즘적 전체주의를 추구하는 경향이 나타난다. 이것이 사회 심리학자인 에리히 프롬이 언급한 '자유로부터의 도피'이다.

인류 역사는 자유를 위한 투쟁의 역사인 동시에 개인 자유의 극대화와 사회적 양극화가 일어나면 다시 집단 도피의 메커니즘이 작동하는 형태로 순환되어 왔다.

카리스마형 리더들은 바로 집단 도피의 메커니즘을 잘 이용한다. 이념이나 종교도 왕의 카리스마에 도움이 될 때만 용인한다.

과거 태종은 전국에 사찰 242개만 남겨두고 나머지는 모두 폐쇄해 토지와 노비를 국가에 귀속게 하고, 서운관에 있던 길흉 예측서인 도참圖讖을 불태웠다. 태종의 강력한 억불숭유 정책으로 숨죽였던 불교는 세종과 세조의 개인적 불심에 힘입어 조금씩 기를 폈다. 세종은 신하들의 반대를 무릅쓰고,

소헌왕후의 원혼을 달랜다며 내불당을 지었고, 세조는 유교의 나라인 조선에서 유교를 억압하고, 불경을 간행하는 간경도감을 설치하고 원각사를 건립하는 등 불교 진흥책을 썼다.

왜 그랬을까?

세조가 열두 살 때였다. 세종이 아들의 배필을 찾기 위해 감찰 궁녀를 윤번의 집에 보내 큰딸을 만나보게 했다. 그 자리에 열한 살짜리 여동생도 들어왔다. 궁녀는 큰딸 대신 동생을 범상치 않게 보고 세종에게 추천했다. 그녀가 정희왕후이다.

세조도 아버지 세종처럼 중전과 금실이 좋았다. 명색이 왕인데도 후궁을 한 명밖에 두지 않았고, 국가 행사는 물론 사냥할 때도 부부가 나란히 말을 탔으며, 모든 일을 의논했다.

세조가 왕위에 오른 지 2년째, 의경세자가 스무 살에 요절하자 훗날 예종이 되는 해양대군을 세자로 책봉했다. 백성들이 아비의 죄 때문에 벌을 받은 것이라고 수군거렸다.

태종은 세조보다 더 많은 혈족을 제거한 끝에 왕위를 찬탈했지만 아들들은 오래 살았다. 하지만 세조는 아들이 요절했고 본인도 자책감에 시달렸다.

야사에 따르면 세조는 의경세자가 죽고 나서 단종의 어머니 현덕왕후의 무덤을 파냈다. 현덕왕후의 혼령이 꿈에 나타나 침을 뱉고 괴롭혔다는 이유에서였다. 이 때문에 피부병으로 고생했다는 설도 있다.

꿈이란 무의식에 축적된 경험과 원망願望이 자아가 약해진

수면 시간에 표출된 것에 불과하다. 여기에 신성한 의미를 부여하면 종교가 되는 것이다. 그래서일까, 세조 때는 업보라는 말이 크게 유행했지만 태종 때에는 업보라는 말 자체가 거의 나오지 않았다.

자기 행동에 책임지는 방법으로 태종이 세종 시대를 여는 길을 닦는 데 주력한 반면, 세조는 불교에 귀의했다. 세조는 죽은 세자의 명복을 빈다며 《금강경》까지 필사했다.

세조가 가장 존경한 사람은 신미대사였다. 대사가 세종의 병환을 약을 써 치료한 후, 세조는 신미대사를 꼭 존자尊者라고 불렀다. 세조는 통치 후반기로 갈수록 무상감에 젖어 수시로 신미대사를 찾았다.

속리산 복천사로 대사를 찾아갈 때 청주에서 이틀을 보낸 뒤 말티재를 넘던 중 울창한 낙락장송을 보고 정2품 벼슬을 내렸다.

신미대사가 오대산 상원사를 중수하여 공덕을 쌓으라고 권하자 세조는 그대로 따랐다. 세조의 불교 친화적 행보는 신심 외에 정치적 이유도 있었다. 왕위 찬탈을 패륜으로 보는 유학자들의 정서를 세조로서는 곱게 볼 리 없었다.

그런 압박감에서 비롯되었는지 세조는 "공자는 석가의 발뒤꿈치도 못 따라간다"며 속마음을 내비쳤다가 유학자들의 항의를 받기도 했다. 이런 유학자들을 견제하는 수단으로 세조는 친불 행보를 했던 것이다.

참고로 세종의 불심은 세조와 달랐다. 세종은 수양대군이 번역한 《능엄경》을 애독했는데, 여기에 깨달음의 본질이 나온다. 인간은 다섯 가지 요소, 즉 색色, 수受, 상想, 행行, 식識으로 구성되어 있다. 색이 인간의 몸이고 나머지는 정신이다. 따라서 정신과 몸은 하나다. 이를 깨달아야 해탈할 수 있다. 이런 일원론적 세계관을 접하며 세종이 성리학의 이기이원론理氣二元論 같은 이분법적 흑백논리의 한계를 보고 불교를 가까이했다면, 세조는 평생 시달린 권력의 정당성을 확보하고 괴로운 마음을 달래기 위해 불교를 찾았던 것이다.

카리스마형 리더는 종교를 가까이할수록 현실 감각을 놓치기 쉽다. 태종은 종교를 멀리해 추상적 담론에 빠지지 않고 500년 왕업의 기초를 세웠던 것이다. 세조도 세종의 성세를 이어는 갔지만 깊은 불심으로 고뇌를 이겨내려 한 데다 공신 위주로 정치를 하는 바람에 그의 사후 조선 역사가 붕당으로 치닫는 계기를 마련했다.

세조는 즉위 14년(1468)에 원상제院相制를 도입한다. 한명회, 신숙주, 구치관이 승정원에서 세자와 함께 모든 국정을 처리하라는 것이다. 같은 해 5월 사정전思政殿에서 잔치를 벌였다. 평소처럼 신하들이 춤을 추었고 다음 기생 8명이 〈월인천강지곡〉을 부르는데, 그날따라 세조가 부왕 세종이 그립다며 한참을 흐느꼈다. 그 일이 있고 4개월 후 세조는 쉰둘의 나이로 생을 마쳤다.

심사정이 그린 것으로 추정되는 〈맹호도〉
북방 야인들은 세조의 뛰어난 무술 실력
을 보고 큰 호랑이라고 칭찬했다. 과연
세조는 조부 태종과 함께 호랑이 같은 집
중력과 집념으로 성과를 만들어내는 결
과 중심의 리더였다.

제8대 　예종

리더는 세력 구도를
파악할 줄
알아야 한다

태종이 세종을 알아본 것처럼 세조도 성군을 후계자로 세우길 원해 즉위 후 장남 숭을 의경세자로 책봉했다.

그러나 2년 후 숭이 요절하고 해양대군이 세자가 되었다. 그가 곧 예종(재위 1468~1469)이다. 즉위할 때 나이가 열아홉 살이었지만 모후 정희왕후와 세조의 공신인 원로 중신들의 섭정을 받아야 했다.

예종 즉위와 동시에 정희왕후는 대비가 되어 왕과 사대부의 나라 조선에서 최초로 수렴청정을 펼치며 여왕 이상의 지위를 누렸다.

조선시대에 정희왕후(예종 1년, 성종 7년), 문정왕후(명종 8년), 인순왕후(선조 8개월), 정순왕후(순조 3년), 순원왕후(헌종 7년, 철종 2년), 조대비(고종 2년) 등 총 6명의 대비가 8차에 걸쳐 수렴청정을 했다. 비록 예종의 치세가 짧긴 했으나 조선 최초의 수렴청정 기간인 이 시기를 제대로 이해하면 조선 사회 전반의 특징을 파악할 수 있다.

정희왕후의 탁월한 리더십은 정확한 정치 감각에 따른 결단력에서 나왔다. 섭정을 시작하면서 가장 먼저 종친 정리 작업부터 했다.

가장 막강했던 세종의 4남 임영대군의 아들 구성군을 귀양 보내고, 종친의 관리 등용을 엄금했다. 공신 세력을 약화하는 정책을 펴던 중 예종이 돌연 승하했다. 바로 그날, 정희왕후는 아들을 잃은 슬픔도 접어둔 채 한명회와 결탁해 둘째 손자 자을산군을 왕위에 앉혔다.

정희왕후의 탁월한 정세 분석과 결단력이 있었기에 조선 문물제도를 완성한 성종의 시대가 가능했다. 예종은 이런 모후의 치마폭에 싸여 왕이 되었고, 갑자기 족질이라는 석연치 않은 병으로 사망했다.

워낙 강한 모후와 공신들 때문에 예종이 치밀하게 대처하지 못했다고 볼 수도 있지만, 조선의 왕자들은 태어날 때부터 사서 등을 익히며 리더로 특별 교육을 받는다. 또한 세자 시절인 1466년부터 승명대리承命代理로 정치에 관여했다. 이때 세조의 엄한 통치 방식을 배워 언관을 좌천하거나 파직한 경험도 있다.

만약 예종이 당시 세력 구도를 정확히 파악하고 자신의 세력을 키워가며 개혁을 추구했다면 충분히 승산이 있었을 것이다. 예종은 자신을 도울 세력인 신진 세력을 없앤 후 구세력을 제거하려다가 재위 14개월 만에 요절한 것이다. 복상사라는 설도 있고, 한명회가 독살했다는 설도 있다. 이 중 두 번째 설이 더 유력하다.

조선왕조에서 서른 살을 넘기지 못하고 죽은 왕은 단종과 예종, 그리고 헌종이다. 예종은 왕이 되기 전까지 부왕 세조가 무서워 술을 마시지 않았으나, 왕이 된 후 술로 근심을 달래며 어떤 날은 식사도 거르고 술만 마셨다. 이런 수동 분노형 리더십 때문에 세력 구도를 제대로 파악하지 못했고, 목숨까지 잃었던 것이다.

왕을 보호할 신진 세력을 제거하다

세조가 성군이 되길 고대한 의경세자는 열아홉 살에 요절했다.

의경세자는 태어날 때부터 특별했다. 세종과 소헌왕후는 여러 며느리 중 특히 세조의 부인 정희왕후를 총애했다. 그 덕분에 대군의 부인은 궁 밖에서 출산해야 한다는 불문율을 깨고 정희왕후는 궁중에서 의경세자를 낳았다.

의경세자는 어려서부터 예의 바르며 학문을 좋아했다. 생활도 사치를 멀리하고 질박하여 민심을 샀다. 세조가 조부 태종을 닮았다면 의경세자는 조부 세종의 판박이였다. 세종은 어린 의경세자를 수시로 품에 안고 다녔다. 명나라에서 온 사신도 의경세자의 자상한 응대에 감탄했다. 세조도 의경세자를 공사를 가리지 않고 대동하고 다녔다. 세조는 이런 아들을 잃었던 것이다.

그 충격 때문일까. 세조가 뒤늦게 공신 세력이 지나치게 강력하다는 것을 깨닫는데, 마침 함길도에서 이시애의 난이 터졌다. 예종 즉위 1년 전인 세조 13년(1467)이었다.

이 난을 남이 장군과 구성군이 진압했다. 남이는 태종의 넷째 딸 정선공주의 아들이며 구성군은 세종의 친조카다. 세조는 이들을 적개공신으로 삼은 후 기존 공신 세력을 견제하고자 한다.

이시애는 난을 일으키기 직전 함길도 절제사 강효문과 한

〈북관유적도첩(北關遺蹟圖帖)〉 중 〈출기파적도(出奇破賊圖)〉
회령부사 어유소(魚有沼)가 이시애의 난을 진압한 이야기를 그린 그림이다.

명회, 신숙주가 공모하여 반란을 획책하기에 응징하려 한다고 유언비어를 퍼뜨렸다. 세조는 이런 이이제이 전략에 넘어갈 사람이 아니다. 하지만 이를 이용해, 한명회와 신숙주를 추국하며 혼쭐을 내고 석방했다.

이것이 태조와 세조의 차이이며 세조의 한계였다.

태조는 현직 왕인 세종의 장인을 무고하게 역모로 엮어 내쳤다. 만일 세조도 두 신하를 내쳤다면 예종의 치세가 빛을 발했을 것이다.

이 사건 후에 세조는 오히려 공신 집단과 권력을 분점하는 조치를 내린다. 원상제도를 만들어 왕이 원상들과 상의해 국정을 운영하게 했다. 일종의 집단 지도 체제로 원상의 실세는 한명회였다.

예종이 즉위한 후에도 정희왕후가 원상들과 국정을 처리했다. 원상들의 영향력에서 벗어나려는 누구라도 앞길이 위험해졌다. 세조는 태종과 달리 공신 집단을 제거하고 왕위를 물려주기는커녕 공식적 집단 지도 체제를 만들어놓아 예종의 왕권은 미약하기 그지없었다. 이들의 모체인 훈구파가 조선 중기에 사림파의 도전을 받을 때까지 정치·경제를 독식한다.

한편 한명회는 세조가 죽기 전, 보신책으로 세조와 겹사돈 관계를 맺어두었다.

먼저, 셋째 딸(장순왕후 한씨)은 해양대군(예종)과 혼인해 인성대군을 낳았지만 1462년에 산후통으로 죽고, 인성대군도 세

살 무렵 요절했다. 그 후 예종과 후궁 한씨(안순왕후) 사이에서 제안대군이 태어났다.

다음 한명회의 넷째 딸(공혜왕후 한씨)이 의경세자의 둘째 아들 자을산군과 결혼한다. 이미 의경세자가 죽은 후라 의경세자의 부인(훗날 인수대비)도 궁궐에서 나와 민가에서 살 때였다.

당시 세조는 다시 세자를 세워야 했다. '둘째 아들 예종이냐 이미 죽은 의경세자의 맏아들 월산대군이냐'로 고민하다가 어린 월산대군을 세웠을 때 자신이 조카 단종을 내쫓았던 상황이 재연될 것을 우려하여 예종을 1457년에 세자로 선택했다. 그때만 해도 한명회의 외손자 인성대군이 살아 있었다. 만일 한명회의 외손자 인성대군만 죽지 않았어도 예종이 훨씬 수월하게 왕권을 행사했을 것이다.

그럼에도 예종의 즉위 당시 원상 대신들과 맞설 세력은 있었다. 세조가 말년에 형성해 놓은 적개공신들이었다. 이들 신세력을 잘 활용해 구세력을 견제하면서 왕권을 넓혀갈 수 있었다. 특히 남이 장군은 백성들 사이에서 인기가 상상 이상이었다. 이시애의 난을 평정한 후 조선 최대의 영웅으로 칭송받고 있었던 것이다.

여기에 원상들은 자신들의 동지인 세조가 사라진 터라 위기의식을 가졌다. 더 이상 신진 세력을 방치할 수 없다고 보고 제거 수순에 들어갔다.

먼저 지중추부사 한계희를 통해 "남이의 성품이 군사를 총괄하는 병조판서에 마땅치 않다"고 왕에게 아뢰게 했다.

그러잖아도 유약한 예종은 강인한 남이를 질투하고 있었다. 세조가 생전에 기개가 넘치고 무술이 뛰어난 남이가 자신을 닮았다며 총애했던 것이다. 예종이 두말없이 남이를 겸사복장으로 좌천시켰다.

여기서 멈출 한명회가 아니었다. 신진 세력인 유자광을 매수해서 남이를 은밀히 감시했다. 남이가 어느 날 궐내에서 숙직하는데 밤하늘에 혜성이 나타났다가 사라지는 걸 보고 중얼거렸다.

"낡은 것이 가고 새것이 나타날 징조로다."

이를 전해 들은 유자광이 한명회에게 보고했다. 한명회는 유자광에게 왕을 찾아가 무고하도록 했다.

"남이가 혜성을 보고 신왕이 등극할 징조라며 거사해야겠다고 했습니다."

졸지에 역모자로 몰린 남이는 극심한 문초에도 결백을 주장했다. 그러자 유자광이 남이가 여진족을 토벌한 후 지었던 시중 '남아이십미평국 후세수칭대장부男兒二十未平國 後世誰稱大丈夫' 중 '평국'을 '득국得國'으로 변조해 예종에게 바쳤다.

결국 남이와 강순, 조경치, 변영수, 문효량 등 30여 명이 사거리에서 거열형을 당했다.

그 후 유자광은 희대의 간신답게 연산군 때 무오사화를 주도하고, 중종반정 때 1등 공신까지 되었다. 하지만 사림의 표적이 되어 귀양 가서 생을 마쳐야 했다.

신진 세력을 내친 후 적폐 청산을 시도했더니

예종은 남이의 옥사가 끝난 후 유자광, 한명회와 신숙주 등을
익대翊戴공신으로 책봉했다.

그런 연후에 구공신을 손보겠다며 파격적 정책을 내놓았
다. 대납권과 분경을 폐지하고, 이를 어기면 능지처참하겠다
고 선포한 것이다.

이 권리들은 세조가 공신들에게 부여한 최고의 특권이었
다. 분경은 인사 청탁을, 대납권은 백성의 세금을 선납하고
두세 배 더 징수하는 것을 이른다. 예종이 당대 최고의 적폐
를 청산하겠다고 선언하자 백성들이 환호했다. 예종은 이행
여부를 확인하겠다며 사헌부 관리들을 문신의 집에, 선전관
을 무인의 집에 보내 감시하게 했다.

신숙주, 우의정 김질, 병조판서 박중선, 이조판서 성임 등
의 집에서 분경자들이 속속 체포되었다. 신숙주의 집에서는
함길도 관찰사 박서창이 보낸 표범 가죽을 들고 찾아간 김미
가 구금되었다. 신숙주가 표범 가죽을 받지 않았다고 해명했
으나 예종이 김미를 친국하면서 더 엄하게 꾸짖었다.

"네 이놈, 임금은 하나이거늘 또 누구에게 진상물을 바치
느냐. 작년에도 함길도에서 한명회, 신숙주 등에게 분경한다

는 소문이 돌아 여럿이 죽었다. 네놈도 잘 알면서 또 인심을 어지럽히느냐."

국문장에서 한명회 이름까지 거론되는 등 공신 집단이 일거에 궁지에 몰렸다. 이런 상황에서 공신들도 더 이상 분경하기가 어려웠다.

즉위 1년째 되던 해 4월에는 공신들의 면책특권까지 손을 댔다.

"지금부터 종친, 재신, 공신을 막론하고 죄를 범하면 처벌하라."

감격하는 백성들과 달리 역모만 아니면 어떤 죄를 지어도 처벌받지 않았던 공신들은 더 이상 인내하기 어려웠다. 분경 금지, 대납 금지, 면죄특권 삭제는 공신의 존재 근거를 없애는 것과 같았다. 이들은 모이기만 하면 숙덕였다.

"세조가世祖家에서 왕 노릇 하는 것이 우리 덕분인데, 예종의 처사는 배은망덕한 짓이다."

왕과 공신 집단의 갈등이 극으로 치닫던 중 예종이 스무 살 나이로 병사한다. 실록에는 예종이 족질을 앓았다고 나온다.

하지만 서거하기 이틀 전 군사를 열병하고, 하루 전에도 업무를 보았다. 정희왕후조차 아들 예종의 병이 이렇게 심각한 줄 몰랐다며 경악했다. 참고로 《예종실록》은 한명회, 신숙주 등이 편찬했다. 역사는 승자에게 유리하게 기록된다. 예종의 급서에 정황상 조직적 음모가 개입했다는 증거는 충분하다.

왕이 죽던 바로 그날, 웬일인지 원상 8명이 일찍이 한자리에 모였다. 이들은 그 자리에서 멀쩡한 왕이 서거했다는 급보를 듣고도 미리 알고 있었다는 듯 조금도 놀라지 않았다. 이들은 일사천리로 한명회의 사위 자을산군으로 후계를 좁혀 놓고, 신숙주가 대비 정희왕후를 뒤뜰로 불러내 확정했다. 사관이 없는 곳에서 후계자를 결정한 것이다. 그 후 자을산군을 부르려는데 자을산군이 이미 대궐 안에 대기하고 있었다.

예종의 급서에 한명회와 의경세자 부인 한씨(인수대비)가 깊이 개입했으리라. 중전의 자리를 목전에 두고 궁궐 밖으로 나와야만 했던 한씨 부인이지만 대비 자리는 노려볼 만했다. 전제 조건은 시동생 예종의 요절이었다. 이 부분에서 한명회는 물론 마침 특권을 상실한 공신들과도 이해관계가 맞았다.

한 나라의 임금이 죽었는데도 궁궐이 이상하리만큼 차분했다. 바로 그날 한명회의 사위 자을산군이 보좌에 앉았다.

예종은 왜 적폐청산에 실패했을까? 두 가지 이유가 있다.

첫째, 개인감정 때문이었다. 남이가 부왕 세조의 총애를 독차지하는 동안 유약한 예종은 세조가 두려워 세조 생전에 술한 잔 입에 대지 못할 정도로 조심했다. 이런 개인적 질투로 정작 자기를 도울 세력이 어느 쪽인지 갈피를 잡지 못했다.

둘째, 신공신을 구공신과 똑같이 왕권 강화의 걸림돌로 보고, 아직 세력이 적은 신공신을 먼저 해체한 다음 뿌리 깊은 구공신을 해체하려 한 것이다.

여기서 예종의 미숙함이 드러났다. 신공신과 구공신을 분리 대응하지 못한 데다가 정작 큰 암초인 구공신 대신 자신의 우군이 될 세력을 먼저 제거한 것이다.

홀로 남게 된 예종이 공신 집단을 해체하려 하자 이들이 곧바로 한명회의 핏줄로 왕을 이으려는 수순에 들어간 것이다. 예종은 즉위 때부터 세조가 조성한 신·구공신 간 갈등 구도에 놓여 있었다. 어쩌면 왕권 확립에 이를 잘 활용하라는 세조의 의도였을 것이다. 그러나 예종은 이 갈등을 선용하지 못했다. 예종 통치기는 구공신과 신공신의 양축으로 정국이 움직이고 있었다.

예종이 개인감정을 접고 남이의 손을 잡았다면?

조정에 구공신의 뿌리가 아무리 깊게 박혀 있다 해도 실제 행동력을 보유한 신공신 세력으로 제어가 가능했을 것이다. 탁월한 리더는 내재 갈등을 문제 해결의 원천으로 만든다.

정희왕후가 일찍이 작고한 큰아들 의경세자의 둘째 아들 자을산군을 왕으로 지목하니, 곧 성종이다.

제9대 성종

때를 기다릴 줄 알았다

조선 역사상 전대 왕이 승하한 다음 날 바로 왕이 된 유일한 왕이 성
종(재위 1469~1494)이다. 그것도 젊은 예종이 요절하리라 아무도 예기
치 못한 상황에서였다.

조선 왕 3분의 1이 독살 의혹을 받는다.

예종, 인종, 효종, 현종, 경종, 정조 등은 독살당했을 가능성이 크
며, 문종, 선조, 고종도 역시 독살 의혹이 짙다. 그만큼 궁중 암투가
치열했다는 것이다.

성종은 1469년 11월 28일, 열세 살 나이로 왕이 되어 25년간 통
치했다.

정희왕후는 손자 성종의 등극과 함께 조선 최초로 대왕대비의 지
위에 올라 7년간 수렴청정했다. 그 기간 중 초반 2년을 제외한 5년
은 섭정의 형식만 취하며 왕권 안정의 기반을 닦았다.

섭정 기간 정희왕후는 정치 감각이 뛰어난 며느리 소혜왕후 한씨
(인수대비)에게 힘을 실어주었으며 성종도 어머니 한씨에게 의존했다.

정희왕후는 불심이 깊었지만 조선의 정체성 확립을 위해 숭유억불 정책과 더불어 동성동본 금혼정책을 강화했다. 조선 초 동성 금혼이 정해졌으나 일부 외족 간 혼인이 이루어지는 세태를 바로잡기 위해, 외가도 6촌 이내는 금혼하도록 한 것이다. 성종이 스무 살이 되던 해 정희왕후는 기꺼이 수렴청정에서 물러났으며, 이후 정치에 개입하지 않았다.

권력을 넘겨받은 성종은 기다렸다는 듯 탁월한 통치술을 발휘한다. 우선 세조 때 공신인 한명회 등으로 구성된 원상제도를 폐지했다. 왕명 출납의 결재권을 확고히 장악한 것이다. 이것만 해도 혁명적 조처인데 한 걸음 더 나아갔다. 고려 말 길재의 학풍을 이어받은 김종직을 비롯한 신진 사림 세력을 과감하게 등용한 것이다.

고려의 충신 정몽주의 제자가 길재이며, 길재의 제자가 김종직의 부친 김숙자였다. 금산에 머물던 김종직이 왕의 부름을 따르며, 그의 문하인 정여창, 김굉필, 김일손도 발탁되었다.

성종은 이들 사림 세력을 활용해 훈구파와 척신 세력을 견제했다. 이성계가 정도전의 도움으로 조선을 설계했다면 성종은 김종직을 활용해 도학 정치의 꿈을 실현해 갔다.

성종의 출현은 조선 백성에게 제2의 세종 출현과 같았다.

역성혁명 이후에도 백성들은 스스로 고려인이라 여기다가 세종 등장 이후 비로소 조선인으로 생각하기 시작했다. 하지만 세조의 찬탈 후 민심이 다시 흉흉해졌다. 바로 이 험한 민심을 성종이 가라앉힌 것이다. 그만큼 태평성대를 만들었는데, 성종이 공신들을 견제할 사림을 등용했기 때문에 가능했다.

성종과 예종의 차이가 여기에 있다.

예종은 자기 세력의 싹을 자르면서 공신들과 정면충돌했고, 성종은 세력 균형을 맞추어가며 결정적 순간을 기다렸다. 결정적 순간을 도모하는 리더십은 몇 가지 특징이 있다.

우선 리더 자신이 정체성을 규정해야 한다. 이것이 자기 규정 효과Self-Definition Effect다. 나를 어떻게 규정하느냐에 따라 상황에 대한 대응책이 나온다. 성종은 자신을 도학 정치가로 규정했다.

다음이 사전 조치 전략Precommitment Strategy이다. 도학 정치를 구현하기 위해 창업 이후 누적된 공신의 세력을 약화해야만 했다. 그 사전 작업이 사림 세력 등용, 유향소의 부활, 향교의 확산이었다.

또한 사전 조치에 따른 파생 효과 점검Derivate-Effect Check이 필요하다.

유향소가 부활하자 지방 수령의 비리는 줄어들었고 향교는 도학 정치의 기반을 전국으로 확대했다. 그렇게 해서 성종은 최적의 순간Optimal Momentum을 조성한 것이다.

너무 앞선 혁신이나 뒷북도 독이 된다. 적절한 타이밍을 조성해가다가 결정적 순간을 포착해 바로 행동하는 것, 이것이야말로 가히 리더십의 예술적 경지라 할 만하다.

정희왕후와 한명회의 밀실 담합으로 즉위하다

예종이 승하하자 재상들이 일제히 정희왕후에게 달려갔다.

정희왕후는 머뭇거리지 않고 세조의 유명遺命이라며 자을산군을 지목했다. 이미 한명회 등의 원상들과 은밀히 논의한 결과였다.

의논 과정에서 예종의 원자인 제안대군은 세 살로 너무 어리다며 제외한 후, 정희왕후가 작고한 예종의 형 의경세자의 큰아들 월산대군을 지목했다. 하지만 한명회가 대통을 잇기에는 병약하다며 반대하여 둘째 자을산군으로 정했다. 한명회를 장인으로 둔 자을산군을 세워야 왕실이 편하다고 판단한 정희왕후도 이에 동의했다.

이로써 한명회는 조선 역사에서 유일하게 예종과 성종, 두 왕의 장인이 되었다. 당시 왕위 계승 서열 3위인 자을산군이 왕이 되리라고는 누구도 예측하지 못했다. 적통은 원자인 제안대군이고, 그가 어려서 안 된다면 월산대군이 다음 순위였다. 정희왕후가 예종 승하 당일에 자을산군을 왕으로 지명한 것도, 자칫 종실이 예법에 어긋난다며 왕위 계승을 문제 삼고 나설 것을 우려했기 때문이다.

이처럼 정통성이 약한 자을산군이 왕이 되었기 때문에 정희왕후가 수렴청정을 이어갈 수밖에 없었다. 성종이 즉위하여 궁궐로 올 때, 어머니 한씨도 함께 들어왔다.

세자빈이었던 한씨는 의경세자가 죽고 세조가 마련해 준 사저인 덕수궁으로 떠나야 했는데, 둘째 아들이 왕이 되자 인수대비가 되어 궁중의 어른으로 돌아온 것이다. 궁궐을 떠난

지 12년 만이었다.

인수대비는 어린 아들 성종을 돕기 위해 시어머니 정희왕후와 힘을 합친다. 이전부터 두 사람은 한명회와 정치적 삼각관계를 형성하여 정국의 밑그림을 그려왔다. 성종 즉위 후 가장 시급한 과제는 종친들이 정통성 시비를 일으키지 않도록 하는 일이었다. 왕위 계승에서 밀려난 제안군과 월산군을 먼저 대군으로 높여 다독이면서 다른 한편으로 종친 세력을 약화하기 시작했다.

종친 세력의 중심에 세종의 친조카인 영의정 구성군이 있었다. 구성군은 문무를 겸비한 데다 남이와 함께 이시애의 난을 평성해 백성의 신망도 높았다. 종친들도 절대적으로 구성군을 따랐다. 그만큼 성종은 물론 정희왕후와 한명회에게 위험한 인물로 돌변할 수 있었다. 대간들이 정희왕후와 한명회의 의중을 읽고 구성군을 탄핵하기 시작했다. 구성군은 끝내 1470년 유배를 가야 했다.

이 외에도 정희왕후는 수렴청정 7년 동안 성종을 위한 기반을 조성했는데, 그중 하나가 도학 정치의 기풍을 만든 것이다. 유교 문화를 강화하기 위해 세조와 반대로 불교 4대 금지, 즉 도성 내 염불 금지, 사대부 부녀자 출가 금지, 도성 내 승려 출입 금지, 불교의 화장 풍습 금지 정책을 폈다. 특히 경연의 중요성을 강조했다. 바로 이 경연에서 성종이 공맹의 공론 정치를 익히며 유학의 교리를 체득했다.

구성군이 귀양 간 후 정희왕후는 세조가 허용했던 종친의 정치 참여와 관리 등용을 법으로 금했다. 한명회 등 훈구 세력도 종친이 약화되는 만큼 신권이 강화되기 때문에 '불감청 ^{不敢請}이언정 고소원^{固所願}'인 입장이었다.

정치에 관여하지 못하게 된 왕족들은 다른 소일거리를 찾아 산천 유람이나 음풍농월로 세월을 보내야 했다. 정사가 신권 중심으로 돌아가다 보니 대신들의 재물이 급증했다. 성종은 이를 말없이 주시하고 있었다. 이제 성종의 왕권 강화를 위해 제거해야 할 마지막 장애물은 바로 장인 한명회를 비롯한 훈구 세력이라는 것을 알면서도 모르는 척했다.

정중동에 능했다

성종은 정희왕후의 섭정 7년 동안 공신들이 쥐고 흔들어도 섣불리 나서지 않았다. 그 대신 공신들의 행태와 각기 성향을 파악해 두었으며, 백성들을 어루만지는 민심 유화 정책에 집중했다.

즉위 직후 민간에 대한 관청의 감시를 줄이기 위해 호패법을 폐지했다. 또 고리대금업을 관장하는 내수사^{內需司} 장리소^{長利所} 560개를 235개만 남기고 없앴다. 고위 관료는 도성에만 거주케 하여 업무에 차질이 없도록 했고, 유생들에게 전국적으로 '삼강행실'을 가르치게 했다.

지방별 특색에 맞게 산업을 장려했다. 전라도에 뽕나무, 황해도에 목화를 심도록 하는 식이었다. 농민의 땀을 왕실도 알아야 한다며 궁궐 안에 농지를 만들어 친히 경작했으며, 궁내 여자들도 누에를 치고 길쌈을 하도록 했다.

조선 왕들은 매사냥을 즐겼다. 성종도 궁궐 안에 사냥에 쓸 매를 길렀다. 성종 3년(1472) 어느 날 한 신하가 이를 문제 삼았다.

"지금 나라에 가뭄이 들어 난리입니다. 이러한데 전하께서 매나 기르고 계신다면 이는 군주의 도리가 아닙니다."

그러자 성종이 이렇게 대답했다.

"옛말에 임금은 그 허물이 일식·월식과 같아 모두 이를 보고, 그가 허물을 고칠 적에는 모두 우러러본다 했소. 매를 기르지 않겠으니 모두 날려 보내시오."

이처럼 젊은 왕답지 않게 민심을 살필 줄 알았다. 그뿐 아니라 신하들도 바로잡아 주는 힘이 있었다.

성종의 명을 받고 지방을 감찰하러 간 한 신하가 수령의 비리를 보고도 비단 열 필을 받고 덮어주었다. 이 소문이 성종의 귀에 들어갔다. 신하가 돌아와 거짓으로 보고하자 성종이 따로 그 신하만 편전으로 불렀다.

"노고가 많았소. 듣자 하니 이 물건을 매우 좋아한다기에 준비했소. 가져가시구려."

그렇게 말하고 뇌물로 받은 것과 똑같은 비단을 내놓았다.

그 순간 신하가 사색이 되었다.

"전하, 죽을죄를 지었습니다. 잠시 눈이 멀었습니다. 죽여 주시옵소서."

성종이 엎드려 있는 신하를 껴안아 일으켰다.

"잘못을 깨달았으면 되었소. 다시는 그리 마시오. 이제 돌아가시오."

성종은 시빗거리는 없애고, 신하의 잘못은 용서해 주되 재발하지 않도록 하며 충성을 다하게 했다. 백성과 신하가 칭송하지 않을 수 없었던 것이다. 이러한 성종의 야사는 《연려실기술》에 실려 있다.

성종은 권력 장악에 무심한 듯 시간만 나면 궐내에서 밭을 일구고 양잠을 했다.

이를 지켜본 훈구대신들은 희대의 명군이라고 칭찬하며 크게 안심했다. 그리고 마음껏 토지를 늘리며 가산을 불려나갔다.

하지만 성종은 훈구대신들의 권력 농단을 모르는 척 백성과 정서적 교감을 강화하며 정중동靜中動의 시기를 보냈다. 이런 성품은 어려서부터 드러났다. 아버지 의경세자가 성종이 태어난 지 두 달 만에 죽어 세조가 성종을 기를 때였다.

세조가 어린 성종과 함께 거닐 때, 마른하늘에 날벼락이 떨어져 시종하던 환관이 즉사했다. 모두가 혼비백산해 우왕좌왕하는데도 가장 어린 성종은 얼굴빛 하나 변하지 않고 의젓했다. 이를 본 세조가 "우리 손자의 기상이 태조를 닮았다"

라며 좋아했다. 이런 성품은 통치할 때도 때를 기다리며 태연
자약하는 모습으로 나타난다.

정몽주가 뿌리인 사림을 중앙 무대로

성종은 훈구 세력을 비롯해 누구에게도 심기를 일절 내비치
지 않았다. 야사를 보면 역모를 모의한 자들도 삼족을 멸하기
는커녕 관대한 처분을 내렸다. 마치 왕권에 큰 집착이 없는
듯했다.

성종이 하급 관리와 백성들을 위무하는 데 더 관심을 쏟자
공신들이 물 만난 고기처럼 전횡을 일삼았다. 그런데도 성종
은 모른 척했다.

어느 날 사관이 엎드려 기록하는 것을 보고 분부했다.

"임금의 언행을 기록하는 사관이 엎드려서 어찌 제대로 기
록이 되겠소? 앞으로 허리를 쭉 펴고 임금을 보며 가감 없이
기록하시오."

이때부터 비로소 사관이 앉아서 기록할 수 있었다.

어느 날 종묘에 제사를 드리고 돌아오는데 사방이 너무 조
용했다. 풍류 기질이 다분한 성종이 명을 내렸다.

"아무리 국기일國忌日이라도, 백성들이 풍악을 울리며 놀 수
있도록 하라."

성종이 풍류에 관대하자 곳곳의 정자마다 기생과 양반이

어울려 수시로 잔치를 벌였다. 아무리 태평성대라도 마을 정자에서 잔치하는 것만큼은 금해야 한다고 신하들이 권했지만 받아들이지 않았다. 그만큼 정치보다 풍류에 더 관심을 쏟는 것처럼 행세했다.

하지만 성종은 즉위 8년(1477) 친정을 시작하면서 달라졌다. 먼저 조정 내 세력 균점을 추구했는데, 원상의 조정 서무 결재권을 회수하고 김종직 등 사림을 등용해 권신을 견제할 세력으로 키웠다.

1486년에는 사림의 기반인 유향소까지 부활해 향청이라 했다. 지역 양반들이 향청을 구성했다. 향청은 지역을 잘 모르는 수령이 중앙에서 부임해 오면 도와주었고, 악질 향리를 규찰했다. 이로써 조선은 중앙집권제이면서도 고을마다 자치를 어느 정도 허용해 주었다.

기본적으로 사림은 고려 말 역성혁명을 일으킨 강경 사대부와 갈라선 정몽주, 이색, 길재 등 온건 사대부가 그 뿌리이다.

이들은 조선 창업과 단종 폐위를 겪으며 훈구파에게 밀려나 각지로 낙향해 자치 단체인 유향소를 만들었다. 이런 유향소는 지방 수령과 아전의 부패를 감시했고 사림이 전국적으로 성장하는 데 기반이 된다.

태조 때 유향소를 왕권 약화의 요소로 보고 폐지했는데, 세종이 지방 풍속 교화 역할만 하라며 부활했다. 그뿐 아니라 한양에 전국의 유향소를 관리할 경재소를 설치했다. 이곳에서 각지에서 올라온 중앙 관리가 연고지의 유향소를 통제하도록 했다.

이때부터 조선 향촌의 풍속이 성리학적으로 재정립되기 시작했고, 관료제에도 성리학적 목민관이라는 관점이 생겼다. 세조는 이런 유향소의 역할을 부담스러워하다가, 이시애가 함경도 각 고을 유향소를 기반으로 난을 일으킨 것을 계기로 폐지했던 것이다.

성리학적 관점에서 패륜의 군주일 수밖에 없는 세조는, 자신과 함께 쿠데타에 동참한 공신들을 보호해야만 왕궁을 유지할 수 있었다. 그 바람에 왕조차 공신들을 제어하기 어려운 지경이었다. 이들을 견제하기 위해 성종은 당시 재야 세력인 사림의 문인들을 측근으로 중용했던 것이다.

성종의 핵심 인물, 김종직

성종은 사림파의 영수인 김종직을 공신 견제의 핵심 인물로 보고 승정원의 도승지 벼슬을 주었다.

김종직이 성종의 통치 이상인 성리학적 왕도정치를 유지하기 위해 강조한 사항은 크게 두 가지다.

첫째, 가문에 매이지 않고 인재를 널리 구한다. 심지어 단종 때 절개를 지키며 세조에 반대한 인물들까지 사면해서 등용하는 것이다.

둘째, 조선 팔도가 시골까지 관학인 유학을 배우게 하는 것이다. 그 모범으로 왕이 매일 경연을 열었다. 세종 때 군·현에 설립한 향교를 더 확대해서 고을마다 설치하고, 교수를 보내 소학을 중심으로 유학의 기본 이념을 가르쳤다.

그 후 어느 고을이든 수령이 부임하면 가장 먼저 향교의 대성전에 들러 공자 등 성현에게 참배하도록 했다.

김종직을 비롯한 사림이 근왕 세력이 되면서 왕권이 한층 안정되었다. 당시 공신 등이 포진한 훈구파는 성균관 유생이나 세종이 세웠고 세조가 없앤 집현전 학사 출신이 많았다. 이들은 정치 현실에 밝았고 문장을 중시했다.

이에 비해 사림은 낙향한 학자들 중심의 재야 인물들과 그 제자들로, 시와 성리학을 중시했다. 성리학은 심성 수양으로 도를 밝히고, 이단을 물리치는 실천을 중시했다.

성종은 이들을 특성에 맞게 배치했다. 사림을 춘추관 등 학술 기관과 삼사(사헌부, 사간원, 홍문관)에 임명해 변혁 이론을 제공하고, 대신들의 부당 행위를 감찰하도록 했다. 일반 행정부서인 이조, 호조, 예조, 병조, 형조, 공조는 여전히 훈구파가 차지하고 있었다.

이 두 세력은 서로를 무시했다. 사림은 훈구파를 권모술수나 부리는 소인배라고 했고, 훈구대신들은 사림파를 고결한 척하며 날뛰는 메뚜기 같다고 했다.

양대 세력 간 미묘한 갈등이 성종 9년(1478), 마침내 도승지

'현석규 탄핵 사건'으로 표출되었다.

대간 박효원이 승정원 회의에서 현석규가 홍귀달 등 다른 승지에게 소매를 걷어붙이고 쌍욕을 했다며 비난한 것이다.

임사홍 등이 박효원에게 승정원 내부의 일을 알린 것으로 드러났다. 당시 현석규는 훈구파 중 비주류로 성종의 친위 세력이었다. 사림들이 박효원, 임사홍, 유자광이 붕당을 이루어 대간 제도를 사적으로 남용해 현석규를 제거하려 했다며 탄핵하기 시작했다.

조선의 대간은 비록 벼슬은 낮아도 풍문만으로도 탄핵을 거론할 수 있는 풍문거핵風聞擧劾 특권이 있었다. 증거가 있어야만 탄핵할 수 있다면 거대 권력은 탄핵하기 어렵다. 그 때문에 대간이 소문만으로도 왕과 벼슬아치들의 잘못을 공론화해 보라는 취지의 특권이었지만, 권력자를 탄핵하는 대간은 목숨을 걸어야 했다.

그래서 성종은 대간이 언책을 할 때, 출처를 가리지 말라고 배려했다. 이것이 불문언근不問言根으로, 이른바 취재원을 묻지 않는 것이다.

만일 대간이 왕의 역린을 건드리고 횡포를 저지른 세도가를 탄핵하려면 우선 자신부터 흠결이 없어야 한다. 더구나 대간이 당론에 휘둘리면 풍문거핵이 악용될 수 있다.

풍문거핵이 붕당에 악용된 것으로 드러나면 소문의 근원을 추적하는 경우도 있었다. 이럴 때도 올곧은 대간은 응하지 않고 처벌을 자청했다.

성종은 박효원과 임사홍, 유자광을 붕당 조성 혐의로 유배 보내고, 사림 학맥의 뿌리인 정몽주와 길재의 후손을 찾아내 후대했다. 그렇다 하여 무조건 훈구 세력을 배척하거나 사림 이라고 함부로 등용하지는 않고, 훈구와 신진 사림의 세력 간 균형을 맞추었다.

성종의 장인이며 공신의 태두인 한명회는 자의 반 타의 반 으로 은퇴해야 했다. 그 후 압구정동에 정자를 짓고 여생을 보낸다.

성종 시대를 풍미한 김종직은 사후에도 연산군 시대에 큰

〈압구정도〉
압구정은 조선 초기 권신 한명회가 만년에 서울 두모포 남쪽 언덕에 지은 정자로, 조선 말 기까지 존립하다 1884년에 헐렸다.

변수로 작용한다. 세조 때인 1457년 김종직이 여행 중 답계역에서 잠을 자다 꿈에 초나라 의제義帝를 보았다. 의제는 항우가 초나라 황제로 세웠다가 물에 빠뜨려 죽인 인물이다.

잠에서 깬 김종직은 의제를 위한 조문을 지었다. 이른바 조의제문弔義帝文으로, 은근히 세조를 항우에 비유해 놓았다. 김종직은 그로부터 2년 후인 스물아홉 살에 과거에 급제한 후, 함양군수 등 지방 수령을 지내며 김굉필, 정여창, 김일손 등에게 성리학적 왕도 정치를 가르쳤다.

이 중 김일손이 성종 17년(1486)에 장원 급제하고 사관과 언관이 되어 왕에게 직언을 아끼지 않았다. 1490년 경연장에서 "노산군(단종)이 유약할 뿐 종묘사직에 잘못한 일은 없으니 후사를 세워주자"고까지 주장했다. 성종은 "뜻은 가상하지만 가볍게 정할 일이 아니다"며 거절했다.

김일손은 이런 왕의 행적을 사초에 기록하면서 오래전 김종직이 지은 조의제문을 첨가했다. 이 부분이 훗날 무오사화의 시초가 될 줄 누가 알았으랴.

성종은 권력의 균점을 이루어 최종 조정자로 자기 권위를 확실하게 굳히는 한편 변방의 불안 요소를 제거한다. 성종 10년(1479) 윤필상을 보내 압록강 건너 여진족을 소탕했고, 성종 22년(1491)에는 허종을 보내 두만강 건너의 여진족을 정벌했다. 윤필상과 허종이 누구던가? 세조의 적개공신이다. 성종은 사림을 이용해 공신이 월권하지 않도록 견제했을 뿐 역량 있는 공신은 계속 중용했던 것이다.

주요순 야걸주

성종이 유향소를 향촌 자치 조직으로 부활한 다음, 유향소는 한양에서 내려온 수령이 토호나 향리에게 농락당하지 않도록 도와주는 역할을 했고, 향리들의 수탈도 막아주었다.

성종 치세에 백성들이 제2의 세종 시대라 할 만큼 나라가 풍요로워졌다. 덩달아 사회 전반에 유흥을 즐기는 분위기가 만연했다. 성종도 밤중에 몰래 궁궐을 빠져나와 기방을 출입했는데 어우동을 만난다는 소문까지 돌았다.

조선 최고 명문가의 며느리 어우동은 남편이 효령대군의 손자 이동이다. 이동이 기생 연경비에게 빠져 어우동을 홀로 기거하게 내치자 그녀는 신분 고하를 막론하고 마음에 드는 남성들과 만났다. 많은 중신이 어우동과 연루되어 탄핵당하는 조선 최대의 간통 사건이 터진다. 어우동과 상간한 자들 중에는 공신들뿐 아니라 사림들까지 포함되어 있었다.

이처럼 사림도 득세한 후부터 인맥, 학맥으로 얽히며 적당히 보신하려 했다. 이런 분위기에 성종도 한몫했다. 수시로 잔치를 열고, 궁녀들의 춤과 노래를 즐겼다. 그래서 세상에서는 성종을 '주요순晝堯舜 야걸주夜桀紂'라 불렀다. 낮에는 중국 고대 요순처럼 성군 노릇을 하고, 밤에는 하나라 걸왕과 은나라 주왕처럼 황음무도했다는 것이다.

조선 왕들이 평균 6명의 후궁을 둔 데 비해 성종은 12명을 두고 16남 12녀를 보았다. 한명회 딸인 성종의 원비 공혜왕후 한씨는 일찍이 자식 없이 병사했고, 2년 후인 1476년에 왕비 윤씨가 연산군을 낳았다. 윤씨는 후궁 때부터 성종의 총애를 독차지하려 했고 성종 역시 윤씨를 가장 아꼈다.

그러면서도 성종은 다른 후궁들을 두는 것은 물론 궁궐 밖에서까지 바람을 피웠다. 왕비 윤씨는 질투심으로 성종을 표독스럽게 대했다. 인수대비는 왕비 윤씨가 아들 성종을 함부로 대할까 봐 주시하기 시작했다.

어느 날 왕이 아이를 보러 왔는데, 왕비가 감춰두고 노려보았다. 마침 수라상이 들어오자 밀쳐 음식이 용포 자락에 쏟아졌다. 둘 사이에 고성이 오가며 몸싸움까지 벌어졌다.

왕이 벌컥 문을 열고 나오며, 아이를 왕비에게서 떼어놓으라고 명했다. 이 소식을 접한 인수대비가 달려와 보니, 성종의 얼굴에 손톱자국이 깊게 나 있었다.

'감히 지엄한 용안에 상처를 내다니 용서할 수 없다.'

이때부터 인수대비가 폐비를 결심한다. 한편 용안을 긁은 왕비는 불안에 휩싸여 자작극을 꾸민다. 후궁 정씨와 엄씨가 세자를 해치려 음모를 꾸민다는 익명의 투서를 성종에게 보낸 것이다. 왕비 소행임을 직감한 성종이 왕비의 방을 뒤지자 저주용 주술문을 적은 방양서方禳書와 비상砒霜을 묻힌 곶감이 나왔다. 그 즉시 왕비는 칠거지악을 범했다는 이유로 폐비되고 말았다. '말이 많고, 투기가 심해 순종하지 않았다'는 이유였다.

조선에서 성군의 표준이 세종이라면, 덕스러운 왕비의 표상은 역시 세종의 아내 소헌왕후였다. 무엇보다 궁중의 모든 여인을 총괄하는 내명부를 잘 다스렸다.

왕비는 왕처럼 품계가 없지만 후궁은 품계가 있다. 승은을 입은 궁인은 후궁이 되는데, 빈, 귀인, 소의, 숙의, 소용, 소원, 숙원으로 구분되어 있다. 그 아래로 정5품인 상궁을 비롯해 상의, 상복, 상식, 상침 등등이 있고, 마지막이 견습 나인이다. 이들 모두가 궁녀로 평균 600명 정도였다. 언제든 왕의 승은을 입을 수 있는 왕의 여자들이었다. 내명부에서는 궐내 왕족의 모든 생활을 돌보아야 한다. 이를 관리할 실권자가 바로 왕비였다.

왕비 윤씨는 투기 때문에 내명부를 잘 다스리지 못했고, 왕실 어른들까지 부실하게 대우해 중전이 된 지 3년 만에 폐비가 된 것이다. 그 후 3년 만인 1482년 성종이 보낸 사약을 마시고 피를 토하며 죽었다. 이 사건은 연산군 때에 이르러 갑자사화라는 정쟁의 불씨가 된다.

연산군은 어머니가 폐비가 되던 해 세 살이었고, 이때부터 새 중전이 된 정현왕후를 어머니로 알고 자랐다. 연산군이 열두 살 될 무렵 정현왕후가 진성대군(중종)을 출산한다.

성종은 사생활은 자유분방했지만 성리학에 심취해 있었다. 경학에 해박한 사람이 있으면 벗으로 삼았고 관리들에게 유학을 연구하라며 휴가를 주었다.

반면 불교는 멀리했다. 성종 20년(1489) 향시에서 책문으로 악질_{惡疾}을 다스리는 방법을 냈다. 한 유생이 답안지에 '부처에게

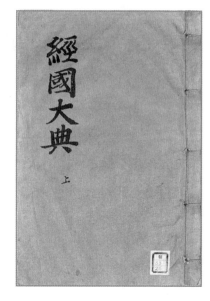

《경국대전》

빌어 물리칠 수 있다'고 적었다. 이를 본 성종이 공자의 '이단을 좇으면 해가 된다'를 언급하며 유생을 귀양 보냈다.

성종의 업적 중《경국대전》을 빼놓을 수 없다. 개국 당시 정도전이 고대 중국《육전》을 기초로 해 만든《조선경국전》에 세조가 새로운 법령을 추가해 통일 법전을 만들기 시작했다. 워낙 방대한 작업이라 성종 때 마침내 완성한 것이다.《경국대전》외에도《동국여지승람》,《동문선》,《동국통감》,《악학궤범》등 다양한 서적이 성종 때 출간됐다.

제10대 **연산군**

만백성 위에
군림한 군주

연산군(재위 1494~1506) 13년 통치와 함께 조선은 내리막길을 걷는다. 조선은 태조가 문을 열고, 태종이 기반을 닦았으며, 세종 때 가장 융성했다. 바로 그 풍요로운 기세가 세조를 지나 성종 때까지 이어졌다. 이것이 조선 초기 100년의 역사다.

태평성대가 오래 지속된 탓인지, 성종 말기에 퇴폐풍조가 조장되었다. 왕이 여색을 밝히며 비빈들끼리 갈등의 골이 깊어져 연산군 때 대학살의 빌미를 남겼다.

연산군은 조선 군주 가운데 가장 포악한 왕이었다. 권력욕의 화신 태종과 세조도 왕권을 쥘 때까지는 수단과 방법을 가리지 않았으나, 왕위에 오른 뒤에는 백성을 돌보는 데 힘을 쏟았다. 하지만 연산군은 달랐다. 왕의 자리를 욕구를 채우는 도구로만 보았다.

여기에 불을 붙인 세력이 있었다. 바로 성종이 사림 세력을 등용해 견제했던 훈구파다. 오랜 정치 경험 덕에 정략에 능했던 이들은 사림이 퇴폐 성향의 연산군에게 성군이 되라 권하며 사이가 멀어지자, 그 틈을 이용해 갑자사화를 일으켰다. 이후로 연산군의 반인륜적 광기가 나날이 도를 더해 통제를 못 할 지경에 이르렀다.

자신을 통제하지 못하는 리더는 결국 남에게 통제당하게 되어 있다. 리더의 직무는 공적인 것이다. 왕이 자기 충동에 휘둘리면, 합리적 직무 수행은 어려워진다. 업무의 경중이 공적 가치로 결정되는 것이 아니라 왕의 기분에 따라 뒤바뀌기 때문이다. 이것이 최악의 리더의 모습이다.

최악의 리더가 보이는 공통점은 무엇일까?

첫째, 조직을 자신의 소유물로 본다. 맹목적이며 수동적인 직원을 선호하기 때문에 능력보다 고분고분한 직원을 중용한다.

둘째, 소통 형식이 하향적이다. 리더의 의지만 전달할 뿐 직원의 피드백에는 관심이 없다. 한마디로 하라면 해야 하고 합리적인 이유로 변경을 요구하는 직원은 하극상이라 무시해 버린다.

셋째, 변화에 적응하려는 의지가 적다. 특히 자신의 신념에 반하는 시대적 요구나 변화의 흐름은 가치 없는 것으로 치부한다.

한때 모두가 지니고 다니던 무선 수신기 '삐삐'는 1999년 캐나다 리서치인모션RIM이 출시한 '블랙베리 850'의 애칭이었다. 2002년 전화 기능까지 내장한 제품이 나오며 오바마 전 대통령도 애용할 정도로 최고의 전성기를 누렸다. 그러나 변화를 거부하다가 애플의 스마트폰 앞에 무릎을 꿇어야 했다. 시대가 단순한 송수신뿐 아니라 게임, 동영상, 사진, 정보 등의 종합 기기를 바랐지만 이를 거부했던 것이다.

조선시대 4대 사화 중 연산군 때 무오사화(1498), 갑자사화(1504)가 발생했다.

연산군처럼 왕이 왕관의 가치를 귀히 여기지 않고 왕관을 희롱하면, 신하들도 공적 업무는 대충 하고 사적 연줄 잡기에 급급해진다. 당연히 민심이 떠난다.

왕의 영향력은 백성에게 절대적이지만, 긍정적이지 않으면 허무하게 끝나기 쉽다. 수없는 무도한 짓으로 왕관을 희롱한 연산군은 폐위되어 교동으로 안치되었다.

외로운 왕자

연산군 이륭은 대궐 안에서 태어났다. 이는 선대왕 중 단종 이후 두 번째였다. 종친과 대신들이 크게 경하했고, 성종도 경사라며 대사령을 내려 만백성과 더불어 즐거워했다. 이렇게 만인의 축복 속에 태어난 연산군은 어쩌다 희대의 폭군이 되었을까?

본래 융은 과잉 행동 성격으로 세 살 때부터 말만 보면 타려고 했다. 성종이 명마를 주고도 학식 있는 군주가 되길 바라 학자들에게 교육을 맡겼다.

그러나 10년 이상을 가르쳐도 문리를 깨치지 못했다. 고민 끝에 학자들이 교수 방식까지 바꿔보았다. 《논어》, 《맹자》, 《중용》, 《대학》의 사서를 먼저 익힌 후, 《사기》를 보게 한 기존의 방식을 깨고 먼저 《사기》를 읽게 한 것이다.

공부에 재미를 붙이게 한 조치인데도 융은 달라지지 않았으며 세자로서 사무 처리 능력도 형편없었다. 크게 우려한 성종은 임금의 도리를 가르치려 애를 쓴다.

어느 날 성종이 융을 데리고 궁전 뜰을 거니는데, 성종이 아끼던 사슴 한 마리가 나타나 융의 손등을 핥았다. 그 자리에서 융이 사슴의 배를 걷어찼다. 성종이 엄히 꾸짖었다.

"네가 좋아 그러는데, 말 못 하는 짐승이라고 함부로 대하느냐?"

융의 스승 중 대쪽 같은 조자서는 융에게 엄격했고, 허침은 대충 가르치며 융이 좋아하는 대로 따랐다. 어느 날 융이 벽에다 크게 낙서를 했다.

'허침은 대성인이며 조자서는 대소인이다.'

이 낙서를 본 조자서가 군사부일체의 가르침을 근거로 나무랐다. 이때부터 융이 조자서를 증오하는 마음을 품었고 훗날 왕이 되자 사슴을 활로 쏘아 죽이고 조자서도 제거한다.

성종도 융의 성품이 표독스러운 것이 마음에 들지는 않았지만 세자로 책봉했다. 융이 여덟 살 때인 성종 14년(1483)이었다. 아직 진성대군(중종)이 태어나기 전이라, 융이 유일한 왕자였다. 그런데도 인수대비는 폐비의 아들이 세자가 되면 후환이 클 것이라며 반대했다. 당시 융은 친모가 따로 있는 줄 몰랐으나, 왠지 할머니 인수대비와 성종이 자신을 냉대한다는 느낌을 받았다.

융은 인수대비와 성종을 싫어했지만 내색할 수 없어 참고 있었다. 그 대신 사서삼경 등 효와 충을 강조하는 경전을 혐오했고, 윤리성이 약한《시경》을 좋아했다.

그런 탓인지《연산군일기》등에는 융이 소싯적부터 누가 좋은 뜻으로 타일러 훈계하면 못마땅하게 여기는 등 무도했다고 기록되어 있다. 연산군은 어려서부터 성종과 사이가 좋지 않은 외로운 왕자였던 것이다.

융이 세자가 된 지 5년 후 정현왕후가 진성대군을 낳았다. 융을 싫어하던 인수대비가 진성은 금쪽같이 여기며 정성을 쏟는다. 이 모든 것이 융에게 응어리로 남는다.

사림파를 숙청한 무오사화

연산군은 즉위 직후 성종 말기의 퇴폐풍조를 일신하는 정책을 폈다. 세도가 자제들의 과거시험 준비 학원으로 전락한 성균관을 본래 목적인 학문 연구 기관으로 되돌려 놓으려 했다.

당시 고가인 담비 외투 등이 유행했는데, 애경사 때면 거금을 소모해야 했다. 이런 낭비 풍조를 막기 위해 사치금제절목을 만들었다. 또한 팔도에 암행어사를 보내 민심을 살피고 지방 수령들의 부패를 징계했다.

이 외에도 연산군은《국조보감》을 연속 편찬했는데, 세종이 조선의 제왕학 교과서로 삼기 위해 역대 왕들의 어진 행실을 기록하기 시작한 책이다. 이것만 보아도 연산군은 정권 초반에는 어진 군주가 되려는 의지가 있었던 것이다.

그뿐만 아니었다. 풍년과 흉년에 곡가를 조절하는 상평창常平倉, 빈민을 구호하는 사창社倉과 진제창賑濟倉을 설치했다. 신하들의 학문도 장려했는데, 치세 2년에 김일손, 이목, 남곤, 정희량, 박은 등 24문신에게 사가賜暇독서를 주었다. 학문을 장려하는 독서 휴가였다.

연산군은 즉위 초반에 선정을 베풀며 백성의 기대를 모으면서도 가끔 사나운 성격을 드러냈다. 성종이 싫었던 연산은 성종이 기르던 사슴을 잡아먹고, 성종의 영정에 화살까지 쏘았다.

이런 기질이 노골화된 것은 즉위 4년 차(1498)에 훈구파 유자광, 노사신, 이극돈, 윤필상, 한치형 등의 계략에 말려들면서부터다.

이들이 사림파를 소탕하려 노리던 중 연산군이 관례적으로 전임 왕인 성종의 실록을 편찬하라 명한다.

이에 따라 이극돈 등 훈구파가 성종 시대 사초를 정리하다가 40년 전 김종직이 쓴 '조의제문'을 발견했다. 여기에 이극돈이 전라감사 시절, 세조의 비 정희왕후의 상중인데도 기생들과 놀았다는 내용도 덧붙여 있었다. 당시 사관이던 김일손이 스승 김종직의 조의제문을 사초에 올리며 이극돈의 행실까지 기록해 놓았던 것이다.

이극돈이 화를 내며 조의제문을 들고 유자광을 찾아갔다.

유자광도 사림파에 앙심을 품고 있었다. 성종 때 사림은 유자광을 서자라 천대했고, 당시 함양군수로 부임한 김종직이 유자광이 쓴 현판을 간신의 글이라며 불태워 없앴다.

그 치욕을 잊지 않고 있던 유자광은 단순히 의제를 추모한데 불과한 조의제문을 불온 문서로 몰아간다.

김종직이 조의제문을 쓴 세조 3년(1457) 10월에 단종이 사약을 마셨으므로, 의제는 단종이며 항우는 수양을 뜻한다고 풀이했던 것이다. 이 말에 연산군이 놀아난다.

《연산군일기》
연산군이 즉위한 1494년 12월 25일부터 폐위된 1506년 9월 2일까지 11년 10개월간의 실록.

그러잖아도 연산군은 사림 세력이 도학 정치를 했던 성종과 자신을 비교하며 제발 성군이 되라고 강요하는 통에 스트레스를 받고 있었다.

친히 김일손, 이목 등을 문초한 끝에 왕의 정통성을 부인한 대역 죄인이라고 선고했다. 무오사화의 시작이었다. 김종직의 시신을 부관참시하고, 사림파 선비 수십 명을 능지처참했다. 더 많은 사림을 불고지죄로 몰아 관노로 만들거나, 곤장을 100대씩 쳐서 3,000리 밖으로 귀양 보냈다.

이후 서당에서 글 읽는 소리가 끊기고, 거리에서 선비 복장이 사라졌다.

사림 세력을 없앤 훈구파가 조정을 독점하더니, 다시 외척 중심의 궁중 세력과 의정부와 6조의 벼슬아치 중심의 부중 세력으로 분화한다. 사림의 쓴소리가 사라진 후 연산은 자행자지自行自止하기 시작한다.

권신들도 이런 왕에게 부화뇌동하며 실리 챙기기에 바빴다. 연산군이 사냥터로 지정한 고양군에 백성을 금하는 금표비까지 세운다.

궁궐 내 내원당을 북한산 흥천사로 옮기더니, 흥천사를 아예 마구간으로 만들었다. 이 절은 태조가 신덕왕후 강씨의 원찰로 지은 곳이었다. 세조가 세운 원각사(탑골공원)도 주색장으로 만들고, 전국 사찰에서 뽑은 비구니, 기생 1,000여 명, 악사 1,000여 명을 모아놓고 연산의 유흥을 돕게 했다.

연산의 흥청망청 낭비벽에 나라 곳간이 비어갔다. 돈이 궁해진 연산은 궁리 끝에 공신들에게 공신전을 내놓으라며 짜증을 부렸고, 노비까지 몰수하려 들었다.

훈구파를 버린 갑자사화

연산군은 문리에 둔했고, 그만큼 정치에도 무지했다. 부왕 성종이 왜 사림을 등용했는지도 생각해 보지 않았다.

성종은 훈구 세력의 권력 독점을 막으려 사림 세력을 키워놓고 정국을 요리했던 것이다. 현명한 리더는 견해가 다른 참모들을 둔다. 일종의 이이제이 전략으로 번갈아 양 세력의 손을 들어주며 충성 경쟁을 시킨다. 눈앞의 향락에 빠진 연산군에게는 그런 거시적 안목이 없었다.

그래도 연산군이 입바른 소리를 하는 사림을 어느 정도 살려두었더라면 이들이 훈구 세력을 견제하여 왕권이 농락당하지는 않았을 것이다.

그래서 연산군이 궁전 곳간을 채우려고 공신의 재산과 노비를 몰수하려 했을 때, 처음에 절제하라고 간청하던 공신들이 반발하기 시작했던 것이다. 이미 힘의 균형추 역할을 상실한 연산도 그제야 곤혹스러워한다.

이때 연산의 기를 살려주는 반전이 일어난다. 훈구파 중 궁중 세력이 공신 세력을 제거하고, 정권을 독점하고자 모략을 꾸민 것이다. 그 중심에 연산군의 처남 신수근과 효령대군의 손녀와 결혼한 임사홍이 있었다. 임사홍의 아들 승재와 광재도 각기 연산군의 동생 휘숙옹주와 예종의 딸 현숙공주에게 장가갔다.

임사홍과 신수근은 훈구대신들의 주청으로 발생한 '폐비 윤씨' 사건을 거론하기로 한다. 성종이 폐비 윤씨 건은 "차후에 거론치 말라"는 유명까지 했음에도 연산군에게 밀고했던 것이다. 당시만 해도 연산군은 중종의 생모인 자순대비(정현왕후)를 친모로 여기고 있었다.

진상을 알게 된 연산군이 폐비 윤씨를 모함한 성종의 후궁 엄귀인과 정귀인을 궁중 뜰로 끌어내 그들의 아들 안양군과 봉안군에게 때리도록 강요하고, 직접 철퇴로 내리쳐 목숨을 끊었다.

다시 안양군과 봉안군을 끌고 윤씨 폐출을 주도한 인수대비를 찾아가 왜 내 어머니를 죽였느냐고 항의하며 머리로 받아 기절시켰다. 이 충격으로 인수대비가 죽자 원래 25개월인 국상 기간을 25일로 대폭 줄인다.

인수대비의 국상이 끝난 어느 날, 연산군의 외조모 신씨가 연산군을 찾아와 피 묻은 적삼을 주며 "내 아들이 왕이 되거든 이 원통함을 꼭 풀어달라"라고 했다는 어머니의 유언을 전한다.

그러잖아도 포악해진 연산군이 피 묻은 적삼을 보자 이성을 잃는다. 당시 사건에 관련된 자들은 물론 방관자들까지 찾아내 살육하는 일로 나날을 보낸다.

한명회, 정창손을 부관참시하고, 윤필상, 김굉필, 이극균 등에게 사약을 내렸다. 이것이 연산군 10년 3월부터 10월까지 있었던 갑자사화다. 일곱 달 동안 벌어진 대학살 과정은 무오사화와 비교할 수 없이 참혹했다.

담금질, 살점 떼내기, 뼛가루를 바람에 날리기, 토막 내기 등 온갖 잔인한 형벌이 자행되었으며, 하도 많은 사람이 죽어 살아남은 대간과 시종이 없을 정도였다.

소통을 차단하다

무오·갑자사화로 많은 신하가 사라지고 한산해진 궁정에서 연산은 궁녀들과 노닥거리며 세월을 보낸다. 간신들이 기왕이면 전국의 기생을 징발하자고 하자 솔깃해진 연산군이 조선 팔도에 채홍사를 보낸다. 이때 불러들인 기생을 흥청興淸이라 했다. 여기서 '흥청거린다'란 말이 나왔다.

연산군은 날마다 팔도에서 올라온 기생들과 향연을 즐겼다. 이마저도 연산군이 식상해하니 간신들이 아이디어를 냈다. 기생이 아닌 여염집 여성만 모아보자는 것이다. 그래서 채청사를 궁궐 밖으로 보내 처녀는 물론 심지어 사대부 처자까지 끌어왔다. 이들을 대궐 내에 새로 만든 연방원聯芳院, 함방원들方院에 두고, 연산군이 매일 밤 돌아다녔다. 일부 대신들도 도성으로 끌려온 기생들과 몰래 어울렸다. 이를 눈치챈 연산군이 엄명을 내렸다.

"징발된 기생은 공물이니 대신들은 일절 관심을 두지 말라."

양대 사화 때 겨우 살아남은 문신들이 경연장에서 왕은 음탕한 행위를 절제하라고 충언했다. 기분이 상한 연산군이 1504년에 홍문관을 먼저 없애고 사간원, 사헌부까지 삼사를 통째로 없애버렸다. 이로써 간언 등 여론과 관련된 통로가 완전히 사라져 버렸다.

그뿐 아니라 학문의 본산인 성균관도 주색장으로 만들었다. 물론 유생들은 모두 쫓아냈다.

이런 연산군을 성토하는 벽보가 팔도에 나붙기 시작했다. 벽보가 한글로 쓰였다 하여 연산군은 언문 금지령을 내린다.

"한글로 된 책은 모두 소각하고 가르치지도 사용하지도 말라. 어기는 자는 임금의 명령이 적힌 문서 등을 손괴한 죄를 처벌하는 법률로써 다스리고, 어기는 자를 고발하지 않는 자는 곤장 100대로 다스린다."

보다 못한 내시 김처선이 죽기를 각오하고 나섰다. 세종부터 연산군까지 7대 왕을 모셔 왕족들도 조선 최고의 충신이라며 존중하던 인물이었다.

"이 늙은 몸이 여러 왕을 모셨고 경서와 사서도 조금 아옵니다만, 고금에 전하처럼 막가는 왕은 없었나이다. 제발 자중

하옵소서."

이 말이 채 끝나기도 전에 연산군의 화살이 김처선의 목을 뚫었다. 솟구치는 피를 두 손으로 막으며 그가 계속 간언했다.

"아무나 막 죽이는 전하께서 저 같은 늙은이야…… 다만 전하께서 오래 왕 노릇을 하지 못하실 것이 안타까워…….'

더 화가 난 연산이 칼을 뽑아 김처선의 혀와 다리를 잘랐다. 그러고도 분이 안 풀렸던지 모든 문서와 이름에 '처處' 자를 쓰지 못하게 했다.

그래도 죽음을 무릅쓰고 폭정을 만류하는 신하들이 줄지어 나타나, 연산은 신하들에게 다음과 같은 팻말을 옆구리에 차게 했다.

입은 재앙을 부르는 문이며
혀는 몸을 죽이는 도끼다

이제 궁중은 간교한 무리만 가득 찼다. 연산은 즉위한 지 12년 되던 1506년 5월 15일, 기이한 왕명을 내렸다.

"옷은 화려하고 아름다워야 한다. 종실부터 백관, 서인까지 의복이 남루한 자는 처벌하라."

평소에도 연산군은 의복은 깨끗하게 입어야 한다는 소신이 있었던 모양이다. 연산 10년(1504)에도 왕성에 거주하는 백성들은 노비나 시녀까지 모두 청결해야 한다며 더러운 옷을 입은 자는 모조리 검거하라고 했다.

모두를 내쫓고, 모두에게 내쫓기다

무오사화 이후 연산군 주변에는 핏줄로 연결된 친인척들만
남았다. 그러나 연산군은 이들에게마저 패륜을 저지르기 시
작했다. 처음에는 궁궐 밖 여인들을 탐했다가 다음 사대부의
유부녀를 겁탈하더니, 이제는 종실의 인척까지 유린하기 시
작했다. 급기야 성종의 친형, 즉 연산군의 큰아버지인 월산대
군의 부인 박씨를 겁탈하기에 이른다. 박씨는 자결했고, 박씨
의 오빠 도총관(군사 업무 총괄) 박원종이 앙심을 품는다.

이런 박원종에게 지략이 뛰어난 성희안이 찾아와 거사를
제의한다. 성희안은 본래 성종의 총애를 받으며 판서를 지낸
인물이다. 연산군 때도 이조참판을 지내며 연산군을 따라 양
화도에서 배 타고 유람하던 중 연산군이 시를 지어보라고 하
자 '성심원불애청류聖心元不愛清流'라 했다. 성군은 원래 청류를
좋아하지 않는다는 뜻이다.

자신을 비꼬는 시라고 여긴 연산군이 성희안을 종9품의
말직으로 좌천시켜 버렸다. 이런 모욕감을 품고 연산군을 제
거할 기회를 노렸던 것이다.

박원종과 성희안이 먼저 의기투합한 후, 덕망이 높은 이조
판서 유순정을 설득했다. 지략의 성희안과 군사력의 박원종

에다 덕망의 유순정이 힘을 합쳐 자순대비 윤씨의 소생 진성대군을 추대하기로 했다. 거사는 9월 중 연산군이 유람 가는 날로 정했다.

이 내용을 세 정승에게 은밀히 흘려 의중을 타진했다. 영의정 유순, 우의정 김수동은 찬성했는데, 연산군의 처남이면서 진성대군의 장인인 좌의정 신수근은 머뭇거렸다. 매부가 왕으로 있거나 사위가 왕이 되거나 별 차이가 없어 굳이 개입하고 싶지 않았던 것이다. 이리되면 누설 우려가 있어 거사를 9월 2일로 앞당겨 강행한다.

해가 지자 장졸들이 훈련원에 집결했다. 창덕궁 안에는 이들의 진입을 막을 세력이 없었다. 홍청이라 불리는 기생이 300명가량 있었지만, 반군을 보고 뿔뿔이 흩어졌다. 반군은 먼저 자순대비를 찾아갔다.

"임금이 혼미해 백성이 도탄에 빠졌사옵니다. 이제 민심이 진성대군에게 향하고 있으니 허락하여 주시옵소서."

사전에 내통되었던 터라 자순대비가 놀라는 기색도 없이 허락했다. 그날로 진성대군이 엉겁결에 왕위에 올랐으며 연산군은 왕자로 강등되어 강화도 교동으로 귀양을 떠나야 했다.

연산군은 고립을 자초했다. 왕은 솔로가 아니라 오케스트라의 지휘자와 같다. 기본적으로 세력 관계를 잘 형성해야 한다. 연산군은 이를 간과했다. 무오사화로 사림을 제거하고, 갑자사화로 훈구 세력을 제거했다. 이로써 조선 초기 양반 관료를 구성한 훈구파와 사림파 모두를 적으로 돌렸다. 두 세력을 적절히 이용하거나 한 세력이라도 우군으로 삼았어야 했다. 게다가 백모까지 겁탈해 왕실 세력까지 적으로 만들었다.

12년 집권 동안 연산군은 주변 세력을 다 쫓아냈을 뿐 아니라 여염집 아낙네를 빼앗고, 사냥에 방해된다고 민가를 허무는 등 폭군 노릇을 해 백성들의 환멸을 샀다.

귀족을 개혁하려면 백성의 마음을 얻든, 백성의 고혈을 짜려면 귀족을 결속하든 해야 했지만 연산군은 모두에게 신망을 잃었다. 조정 내에 세력이 없는 왕, 백성의 신뢰를 잃은 왕 연산군은 결국 홀로 남게 되었다. 여기에 훈구파와 왕실이 결탁해 반란을 일으켰던 것이다. 숨죽이고 있던 사림이 문장으로 반란을 합리화해 주자 백성까지 전폭적으로 지지했다.

연산군은 폐위되기 열흘 전, 후궁들과 후원에서 잔치를 열고, 직접 초금草琴을 불며 시 한 수를 읊었다.

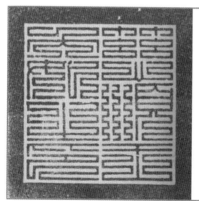

자순왕대비지인(慈順王大妃之印)
중종이 즉위하자 자순대비(정현왕후)는 불교의 위상을 복원하기 위해 연산군 때 철폐한 절들을 복구하고 몰수한 사노비 및 사전을 되돌려줄 것을 주장하였으나 반정공신의 반대로 뜻을 관철하지 못하였다.

인생은 풀잎의 이슬 같아,

다시 만나기가 어렵다

　연산도 고립무원이 되어가는 자기 처지를 보며 운명을 감지했고, 옆에 앉아 눈물을 흘리던 장녹수도 같은 심정이었을 것이다.

제11대 　중종

왕은 자신보다 큰사람도 다룰 줄 알아야 한다

연산군 이후 내리막길을 걷던 조선이 중종(재위 1506~1544)의 약 40년 치세 동안 조광조를 발판 삼아 반전의 기회를 맞았다. 그러나 중종이 이 기회를 놓치는 바람에 다시 내리막길을 걸었다. 이후 영조를 거쳐 정조 때 상승했다가 이후 다시 급전직하했다.

중종 때는 조선 군주 중 가장 포악한 연산군보다 더 많은 사람이 피를 흘렸는데 조선 4대 사화 중 세 번째인 기묘사화(1519) 때였다. 왕이 모든 걸 다 잘할 필요는 없다. 그런 팔방미인 엘리트가 좋은 리더가 되는 것은 아니다. 왕의 가장 중요한 역량은 신하가 잘할 수 있는 것이 무엇인지 파악하고 그것에 집중하도록 해주는 것이다.

따라서 리더는 자신보다 뛰어난 인물도 다룰 줄 알아야 한다. 왕에게 필요한 것은 올바른 방향 설정과 포용력이지, 특정 분야의 전문성이 아니다. 그런 전문가들을 코디네이션할 줄 아는 지략이 필요하다.

조직은 리더의 능력만큼 크는 것이 아니라 그릇만큼 크는 것이다.

다시 강조하지만 리더란 각 분야의 최고 인재를 규합해 고성과를 내도록 뒷받침해 주고 가이드하는 사람이다. 그러려면 왕 주변에 왕보다 더 뛰어난 사람이 많아야 한다.

능력 있는 인재를 관리하려면 리더는 4대 자질(분별력, 균형 감각, 명확성, 공감력)을 길러야 한다.

굳이 왕이 아니라도 지위가 높을수록 '공감 결핍증'이 심해진다. 만나는 사람도 한정되고 솔직하게 피드백을 해주는 사람도 줄어들기 때문이다. 그래서 사심 없는 직언 그룹^{True North Group}이 필요하다.

리더십이란 선장이 배가 목적지에 도달하도록(Leader + Ship) 애쓰는 행위이다. 위·촉·오의 삼국시대는 인재들의 각축장이었다. 이 중 촉나라 유비는 오나라 손권이나 위나라 조조에 비할 바 없이 초라하게 출발했다. 유비 개인도 조조나 손권에 비해 무예, 모략 등 모든 면에서 열등했다. 딱 하나, 자신보다 우월한 인재를 관리하는 그릇이 컸다.

유비라는 그릇의 밑바탕에는 측근과 백성은 물론 적에게까지 '의'가 있었다. 이 때문에 간난신고를 겪으면서도 포기하지 않았으며 그럴 때마다 제갈량이 신기한 계책을 냈던 것이다.

제나라 환공은 자신보다 뛰어난 관중을 등용해 중원의 패자가 되었고, 유방도 한신을 잘 다루어 한나라를 세웠으며, 고구려 고국천왕도 을파소에게 국정을 맡겨 나라의 기틀을 확실히 다졌다.

반대로 왕이 신하를 질투해 나라가 망한 사례도 부지기수다. 대표적으로 중종이 그렇다. 중종은 그릇이 너무 작은 데다 우유부단하기까지 했다. 그런 약점을 커버하기 위해 어이없게도 개혁의 파트너들을 형장의 이슬로 보냈던 것이다.

그중 조광조야말로 정도전에 버금가는 조선 최고의 인재였다. 그의 죽음이야말로 중종의 한계를 드러낸 최대 실책이었다. 이로써 연산 12년, 중종 38년을 합쳐 50년, 이 반세기가 조선의 미래에 그림자를 드리운다.

갑자기 씌워진 왕관

조선은 선비의 나라였다. 정도전이 그렇게 설계했다. 선비란 인, 충, 효를 중시하는 유학자들이다. 그 선비의 우두머리가 바로 왕이다.

누구든 조선의 왕관을 쓰면 바로 선비의 상징이 되어 통치를 해야만 한다. 여기서 심하게 어긋나면 연산군처럼 왕관을 강제로 벗어야 한다. 연산의 왕관을 벗긴 신하들은 진성대군 집에 몰려가 삼엄한 경비 태세를 갖추었다. 물론 사전 교감이 일절 없던 터라, 진성대군은 연산이 자신을 죽이러 보낸 군대인 줄 착각하고 자살하려 했다. 부인 신씨가 황급히 말렸다.

"만일 군마의 머리가 이곳을 향해 있다면 우리를 죽이려는 것이나, 밖으로 향해 있으면 호위하려는 것입니다. 살핀 후에 죽어도 늦지 않습니다."

하인을 보내 문틈으로 엿보니 말머리가 모두 밖을 향해 있었다. 잠시 후 박원종 등이 엎드려 진성대군을 왕으로 추대했다. 평소 정치에 관심이 없던 진성대군은 신하가 임금을 택하는 게 못마땅해 극구 사양했다. 하지만 공신들의 강요에 눌려 받아들여야 했다.

왕이 되려는 자의 기본은 무엇인가? 왕이 되고자 하는 능동적 의지이다. 그래야 나라 전체를 이해하고 어느 방향으로 가야 할지도 생각하기 때문이다. 중종은 왕이 되려는 의지가 없었다. 이렇게 수동적으로 왕이 되면, 나라의 미래보다 자기 안위에 더 급급하게 된다.

조선 왕 중 의지와 상관없이 왕이 되어야 했던 이가 많았지만, 그래도 나름의 준비 과정을 거쳤다. 중종처럼 갑작스레 왕관이 씌워진 경우는 드물었다.

중종은 일곱 살 때 성종이 죽고 나서 이복형 연산 아래서 온갖 눈치를 보며 성장했다. 그런데 반정군이 갑자기 찾아와 왕으로 추대하니 놀랄 만도 했다. 중종은 떠밀려 왕이 되었지만, 성종처럼 태평성대를 열고 싶었다. 하지만 의욕과 달리 정종은 자신의 안위가 무엇보다 중요했다. 선공후사의 자질이 부족했다. 반정 세력이 이런 중종을 앞세워 국정을 장악했다. 이들은 연산군이 폭군이라 쫓아내기는 했지만 언제든 신하가 왕을 바꿀 수 있다는 선례가 되어 중종도 전전긍긍해야 했다.

반정 주도 세력인 훈구파가 정치 전면에 나서면서 성종이 만든 훈구 대 사림의 세력 균형이 깨지고, 조선은 그 이전의 구체제로 복귀했다. 반정 세력은 중종에게 왕관을 씌우고 제일 먼저 부인 단경왕후 신씨와 이혼하기를 요구했다. '죄인의 딸'이라는 이유였다. 신씨를 지극히 사랑하던 열아홉 살 중종이 애원했다.

"그대들의 뜻이 가당한 줄 아나 조강지처인데 어찌 해야 하오?"

"사사로운 감정보다 종묘사직의 일을 더 중요하게 보셔야 합니다."

반정 공신들이 강경하게 다그쳤다. 자신들이 역적으로 몰아 죽인 신수근의 딸을 왕비로 놓아둘 수 없었던 것이다. 중종도 어쩔 도리가 없었다. 단경왕후는 왕비가 된 지 7일 만에 사가로 쫓겨나야 했다. 자기 아내도 지키지 못하는 왕이 무슨 가치가 있을까?

억지로 헤어진 둘의 사랑은 더 애틋해졌는데, 중종은 신씨가 사는 집이라도 보고자 누각 위에 자주 올랐다. 신씨도 이를 알고 매일같이 집 뒤쪽 인왕산 바위에 올라 왕비 시절 입던 분홍치마를 펼쳐놓았다.

중종반정은 세조의 찬탈이나 인조반정과는 권력을 쟁취하는 과정이 다르다. 중종은 세조나 인조와 달리 오로지 반정 세력에 의해 등극했다. 중종 개인에게 반정의 권리가 조금도 없으며, 반정 세력이 실권을 행사할 수밖에 없다는 것이다.

이후 조선의 왕권은 왕 교체의 힘을 입증해야만 했다.

어전회의 때면 중종은 반정 3대장인 박원종, 유순정, 성희안이 들어와 앉을 때까지 서 있었다. 또 이들이 물러갈 때면 자리에서 일어났다.

조선 최초의 필화사건과 조광조의 등용

중종은 반정 공신의 기세에 눌려 지내면서도 연산의 폭정으로 흉흉해진 민심을 수습하고자 노력했다. 성균관을 개수하고, 건전한 유학풍을 세우려 했다. 그러나 공신의 위세에 눌려 성공하지 못한다.

중종 5년(1510)부터 3대장이 차례로 숨을 거둔다. 먼저 박원종이 죽고, 2년 뒤 유순종이, 다시 1년 뒤 성희안이 세상을 하직하며 공신 세력이 점차 위축된다. 그제야 중종은 양대 사화에서 화를 입은 신하들을 복권해 주고, 귀양 갔던 사림 세력을 등용하기 시작한다. 조정으로 돌아온 사림들은 조선의 이상인 왕도정치를 구현하고 싶어 했다. 두 번 다시 연산군 같은 왕이 나오지 않게 하고 싶었던 것이다.

이들을 중심으로 연산군이 파괴했던 여론을 활성화하기 위해 홍문관을 강화하고, 성리학을 장려하는 등 유교 정책을 복구했다.

때마침 중종 6년(1511)에 조선왕조 최초의 필화사건이 터진다. 당대 유학자인 채수가 지은 〈설공찬전〉이 화근이었다. 3,000자 정도밖에 되지 않는 단편으로, 인생의 화복은 모두 윤회한다는 내용의 소설이다. 요즘으로 치면 웹 소설 형태의 귀신 이야기다.

순창에 살던 설공찬이 죽어 저승에 다녀온 뒤, 사촌 설공침에게 빙의되어 공침의 입을 거쳐 저승 이야기를 풀어놓는다. 저승에서는 이승에서 천한 신분도 경전을 익히고 바르게 살았다면 잘 지내고, 그와 반대로 설령 당나라를 무너뜨리고 후량을 창건한 주전충 같은 왕이라도 지옥에 떨어져 있었다.

주전충은 인간 도살로 유명한 왕이었다. 주전충 외에도 지옥에는 간신, 반역자 등 권력자가 많았다. 바로 이 부분이 중종과 반정 공신을 겨냥한 것처럼 보였다.

채수는 성종 때 강직한 언관이었다. 기세등등했던 외척 임사홍의 비리를 탄핵했고, 폐비 윤씨에 대한 예우를 주청하다가 파직되었다. 그 후 경북 상주의 쾌재정에서 말년을 보내며 반정 공신들의 전횡을 귀신 이야기로 꾸짖고자 이 소설을 썼던 것이다.

추상같은 언관으로 이름을 날렸던 채수가 한글로 귀신 이야기를 쓰자 백성들이 호기심에 앞다퉈 읽었다. 권문세가의 학정에 시달리던 민초들은 대리만족을 느꼈을 것이다.

드디어 훈구파가 크게 반발하고, 중종 6년 9월 사간원에서 '민중을 미혹하고 있다'는 탄핵 상소를 올렸다. 며칠 뒤 중종이 요망한 〈설공찬전〉을 불사르고 내놓지 않고 감추는 자도 처벌하라는 명을 내렸다.

조선 문학에 본격적으로 귀신이 등장한 것은 성종 말기부터였다. 그중 가장 단순한 〈설공찬전〉만 금서로 규정하였다. 그만큼 지도층을 불신하는 민중의 심정을 대변하고 있었기 때문이다. 전국 각지에서 이 책이 무더기로 수거되어 소각되고, 채수는 겨우 참수를 면했다.

채수의 필화사건으로 정국이 어수선한 가운데 반정 3공신이 차례로 운명하며 권력의 공백이 생겼던 것이다. 이런 흐름 속에 중종이 즉위 10년째인 1515년, 성균관에 있던 조광조를 6품직인 조지서造紙署 사지司紙로 등용한다. 공신 세력을 견제하고 왕권을 강화해 볼 심산이었다.

기득권 청산은 인재 등용 방식의 변화로부터

조광조의 스승 김굉필은 정몽주, 길재, 김종직의 후계자로, 무오사화 때 숙청당한 인물이다. 이런 조광조에게 중종은 자신이 왕인데도 공신들에게 휘둘려 사랑하는 왕비까지 쫓아내야 했던 옹색한 처지를 타개해 주길 기대했다.

조광조는 철인 군주정치를 표방하며, 두 가지 개혁안인 '향약鄕約'과 '현량과賢良科'를 내놓았다.

향약은 향촌의 자치 규범으로, 송나라 여대충의 '여씨향약'을 주희가 첨삭하고 주석한 5대 덕목이 있다.

1덕목: 예의 있게 교류한다.

2덕목: 서로 덕 세우기를 권장한다.

3덕목: 과실은 서로 바로잡는다.

4덕목: 힘든 일은 서로 돕는다.

5덕목: 마을마다 어른들이 중심이 되어 이 덕목을 젊은이들에
게 잘 가르치며, 서로 상부상조한다.

〈애일당구경첩(愛日堂具慶帖)〉에 수록되어 있는 〈화산양로연도(花山養老宴圖)〉
1519년(중종 14) 안동부사 이현보(李賢輔, 1467~1555)가 중양(음력 9월 9일)을 맞아 자
신의 부모와 안동의 노인들을 위해 마련한 양로 잔치를 그린 것이다.

이 향약 책을 1517년부터 사림이 우세한 삼남(충청, 경상, 전라)부터 시작해 전 지역에 보급했으며 아이들에게는 《소학》을 읽게 했다.

현량과는 인재 등용책이다. 과거시험만으로 인재를 고르기에는 한계가 있으므로, 성품, 도량, 재능, 학식, 행실, 행적, 지조의 칠조목을 근거로 뽑자는 것이다.

과거가 점수로 뽑는 정량 평가라면, 현량과는 다면을 종합해서 뽑는 정성 평가이다. 둘 다 일장일단이 있다. 정성 평가는 평가자에 따라 응시자의 공정성이 훼손될 소지가 있고, 정량 평가는 객관성은 있지만 그 결과가 응시자의 진면목을 모두 반영하지는 못한다.

여하튼 조광조가 추진한 1518년의 현량과는 시작인 만큼 공정했다. 여기에 통과된 28명 중 김식이 7항목에서 모두 만점을 받았다. 이들 모두 삼사 등 요직에 임명되어 조광조를 중심으로 구태를 일소하기 시작한다. 하지만 지나치게 급진적이라며 곳곳에서 불협화음을 낸다. 입지가 좁아진 훈구파는 현량과로 등용된 자들의 작은 실수에도 침소봉대해 가며 비난한다.

여기에 굽힐 조광조가 아니었다. 평소에도 공맹의 도학 정치를 명분으로 중종을 압박했는데, 핵심은 군주의 솔선수범이었다. 대사헌으로 승진한 조광조는 수시로 경연을 열어 왕에게 요순 등 성왕의 통치 방식을 강연했다. 군주가 모범을 보여야 정치가 바로 서고 백성이 교화된다는 것이다. 이런 조광조의 꿈은 정도전의 건국 비전과 맞닿아 있었다.

조광조는 제2의 건국을 하려는 심정으로 경연에 임했으며, 어떻게든 왕의 성리학적 관점을 굳건히 세워주고자 했다. 그런 관점에서, 국가적 제천행사 관청인 소격서昭格署의 혁파를 주장했다. 소격서는 도교 사상에 입각하여 삼국시대로부터 고려시대를 거쳐온 역사가 유구한 관청이었다. 가뭄이나 홍수같이 국가적 재난이 있을 때 소격서에서 성제단을 세우고 왕이 올라가 기원 의식을 드렸다.

조광조 등 유학자들의 눈에는 이런 제천행사가 세상을 속이고, 올바른 정치를 방해하는 비합리적인 것으로 보였다. 하지만 이 행사가 민간에 깊이 뿌리내린 오랜 전통이라 중종도 쉽게 포기하기 어려웠다. 게다가 공신 세력들까지 세종과 성종이 인정한 소격서를 없앨 수는 없다고 했다. 그래도 조광조는 물러서지 않았다. 세종과 성종이 천하의 성군이지만 사람인지라 소격서를 존치하는 실수를 했다고까지 주장하며 폐지를 독촉했다. 중종도 할 수 없이 중종 13년(1518) 9월 소격서를 폐지했다.

조광조와 중종의 동상이몽이 만든 기묘사화

소격서 폐지 이후 중종은 조광조가 지나치게 급진적이라며 그를 경계한다. 중종의 심경 변화를 읽은 훈구파가 조광조 일파의 일망타진책을 모색하기 시작한다.

그 와중에 조광조가 중종 14년(1519) 기묘년에 위훈 삭제를 건의한다. 중종반정 공신 중 과도하게 공을 인정받은 76명의 위훈을 삭제하자는 것이다. 이들은 공신 명단 작성을 맡은 유자광이 뇌물을 받고 공신록에 이름을 올려준 이, 공신의 자제나 친인척, 영향력 있는 환관, 정승의 배경을 업은 자들이었다. 조광조는 이들 76인을 소인배로 규정하고 축출을 공개적으로 요구했다.

그러나 누가 뭐래도 반정 공신들은 중종을 왕으로 옹립한 세력이며, 아직도 정권의 핵심을 차지하고 있었다. 이들을 소인배로 본다는 것은 누구보다도 중종에게 위험한 일이었다. 그래서 조광조의 거듭된 상소를 일곱 번이나 물리쳤다.

그러나 조광조가 누구던가. 성격도 거침없지만 포기를 모르는 집념가였다. 삼사가 집단 사직서를 냈다. 중종이 조광조를 불러 여러 차례 복직을 권유했다. 하지만 조광조와 사림은 말만 많고 치부와 매관매직에만 몰두하는 훈구 세력을 쳐내고자 사력을 다했다. 결국 왕이 물러서며, 반정 공신 일부의 공신 등급을 개정하라는 교지를 내렸다. 이때부터 중종은 조광조식 도학 정치에 짜증을 내기 시작한다.

계속 몰리기만 하던 훈구파 대신 중 희빈 홍씨의 아버지 홍경주, 심정이 희한한 음모를 꾸몄다. 여기에 사림파의 남곤도 동조했다. 이들은 중종의 심중을 읽었던 것이다.

얼마 후 대궐 후원의 큰 나무에 '주초위왕走肖爲王'이라는 글자가 새겨진 잎사귀가 바람에 나부끼고 있었다. 희빈 홍씨가 궁녀를 시켜 나뭇잎에 꿀물로 글씨를 써 벌레가 갉아 먹게 했던 것이다.

이 잎사귀를 받은 중종이 화들짝 놀랐다. '주초走肖'가 왕이 된다는 것은 '조趙' 씨인 조광조가 왕이 된다는 뜻이라 여긴 것이다. 잠시 후 홍경주와 남곤, 심정 등이 찾아와 조광조 일파가 엉뚱한 음모를 꾸민다며 엄히 다스려야 한다고 아뢰었다.

중종은 연산군처럼 환락에 빠져 지내지는 않았지만 개혁 의지가 없었고 의심이 많았다. 언제든 기분에 따라 상반된 결정을 내리는 인물이었다. 자기 아내를 내쫓은 훈구파를 향했던 불신이 그 훈구파를 견제하려고 세웠던 조광조로 향했다. 조광조가 민심을 사더니, 왕권을 도학의 틀에 가두려 한다며 불신한 것이다.

조광조가 반정 3대장처럼 권력과 부를 탐내고 왕에게 철인정치를 요구하지 않았더라면 어떠했을까?

소인배 중종은 11월 15일 성군을 강요하는 조광조를 제거하기 위해 한밤중에 체포 명령을 내렸다. 이 소식이 삽시간에 성균관 유생들 사이에 퍼졌다. 유생 1,000여 명이 광화문 밖에서 왕궁을 향해 엎드려 조광조가 억울하게 당했다며 통곡했다. 주모자가 체포되어 감옥으로 끌려갔다. 나머지 유생들은 스스로 포박해서 제 발로 감옥에 들어갔다.

다음 날 아침 영의정 정광필만이 홀로 조광조를 두둔했다.

"전하, 젊은 선비들이 기백이 넘쳐 이상적인 나라를 만들어보려 한 것일 뿐 아무 잘못이 없습니다."

정광필도 그 자리에서 하옥되었다. 이렇게 터진 기묘사화로 조광조와 70여 명이 사약을 받았다.

조광조는 사약을 마신 후 유언을 했다.

"내 관은 얇게 만들라. 무거우면 먼 길 메고 가기 어려우니."

조광조의 5년 개혁 정치가 종말을 고했다. 이때의 실패로 조선은 정치가 혁신되지 못한 채 국력이 하락하며 선조 때에 이르러 임진왜란을 맞게 된다.

중종은 반정 공신을 억눌러 왕권을 강화할 목적으로만 조광조가 필요했을 뿐, 요순식 태평성대를 열려는 조광조는 부담스러워했다. 조광조 역시 성군의 치세를 만들려는 노력만 했을 뿐 정작 중종이 어떤 인물인지 잘 몰랐다.

훗날 선조 때 율곡은 조광조의 좌절을 아쉬워하며 말했다.

"밝은 자질로 경세제민의 재주가 있으면서도 너무 일찍 요로에 서는 바람에 위로 왕의 잘못된 마음을 잡지 못했고, 아래로 권력자의 참소를 막지 못했다."

조광조 세력이 떠난 빈자리를 기묘사화를 일으킨 심정, 남곤, 홍경주 등이 차지했다. 훈구파의 권력 남용이 다시 시작된 것이다. 남곤, 심정 일파는 1521년 다시 한번 안처겸 등 사림파를 역모로 몰아 숙청한다. 이때부터 사림파는 중앙 정치와 멀어지고 향리에서 성리학 연구와 후학 양성에 힘을 쏟는다.

문정왕후, 공작 정치의 달인 김안로를 이겨내다

항시 전면에 나서기보다 간접 정치를 하는 중종은 심정 일파를 견제하기 위해 자신의 부마인 김안로를 이용한다. 그러나 김안로는 권력을 남용하다가 1524년에 심정, 남곤, 이항 등의 탄핵을 받고 유배를 가야 했다. 이듬해 3월 윤세창의 모역 사건이 발생했다.

1527년 2월에는 해괴한 '동궁작서東宮灼鼠의 변'이 일어난다. 동궁 북쪽 뜰 은행나무에 사지가 잘린 쥐 한 마리가 귀, 눈, 입이 불로 지져진 채 매달려 있었는데, 조정에서 세자를 저주하기 위한 짓이라며 범인 색출에 나섰다.

범인으로 복성군과 혜순옹주, 혜정옹주를 출산하며 중종의 총애를 받던 경빈 박씨가 지목되었다. 당시 복성군은 세자에게 위협적인 존재였다. 결국 경빈은 무고하게 폐서인되었다.

훗날 김안로가 아들 김희를 시켜 벌인 짓으로 밝혀졌으나 그때는 이미 김안로가 죽은 뒤였다.

하여튼 정치 공작의 달인 김안로는 '작서의 변'을 조사하는 과정에서 심정, 이항, 김극핍이 경빈 박씨를 동정했다는 혐의를 포착하고 사헌부 대사헌 김근사와 대사간 권예를 조종해 간신으로 몰아 처형했다. 이것이 중종 27년(1532)의 신묘삼간辛卯三奸이다.

기묘사화 이후 사림이 숙청되고 훈구 세력이 정국을 주도하던 중 중종의 둘째 부인 장경왕후와 셋째 부인(문정왕후)의 외척 세력이 대립하게 되었다.

중종의 첫째 부인 신씨는 즉위 직후 폐위되었으며 자식이 없었고, 다음 장경왕후는 1515년 세자 호(인종)를 낳고 곧 죽었다. 2년 뒤 중종과 결혼한 문정왕후도 장경왕후와 마찬가지로 파평 윤씨였다.

이들 파평 윤씨끼리 대윤大尹, 소윤小尹으로 나뉘게 된다. 선임 왕비의 일족인 윤임, 윤여필 등을 대윤, 후임 문정왕후의 일족인 윤원형, 윤원로, 윤지임 등을 소윤이라 했다.

더욱이 문정왕후가 1534년에 환(명종)을 낳은 후부터 세자 호를 제치고 아들 환을 옹립하고자 은밀히 동생 윤원형 등을 동원하자, 이를 감지한 세자의 외조부 윤여필 등이 긴장한다.

깊어만 가는 양윤 전쟁에 인종의 외삼촌 윤임과 명종의 외삼촌 윤원형이 선봉장이 된다. 이 상황에서 유배지에서 돌아온 김안로가 세자 보호에 적극 나선다. 김안로의 며느리가 바로 세자의 동복 누나인 호혜공주였던 것이다.

중종 32년인 1537년 김안로는 허항, 채무택과 더불어 문정왕후의 폐위를 도모한다. 이를 문정왕후가 역이용했다. 김안로 등을 툭하면 옥사를 일으키는 세 흉물로 지목한 뒤, 중종을 움직였다. 피살된 3인은 정유삼흉丁酉三凶이란 오명을 뒤집어써야 했다.

억지로 왕이 된 중종의 시대는 공신과 사림의 다툼에 이어 공신 내부의 갈등, 그리고 양윤의 대결 등으로 점철되었다. 정국 불안은 곧 변방의 약화로 이어져 백성들은 남왜북로南倭北虜에 시달렸다.

삼포(부산포, 제포, 염포)에 설치한 왜관에 평소 60호로 통제되던 왜인의 수가 부쩍 늘어 수천 명이 드나들었다. 이들은 금지 구역인 삼포를 벗어나 밀무역은 물론 인신매매까지 했다. 왕실에서 관리를 보내 통제하자 삼포 왜인들이 대마도주와 합세해 중종 5년(1510) 4월에 폭동을 일으켰다.

이때 경상도 지역이 큰 피해를 입는다. 이후 조선은 일본과 관계를 단절했다가, 일본 막부의 요청으로 중종 17년(1522)에 제포를 열어주었다. 남북 변방이 계속 침략을 당하자 서북 방어를 위해 정로위, 남방 방어를 위해 비변사를 설치했다. 이런 노력에도 불구하고 정치 불안으로 무너진 군사 기강 때문에 변방의 소란은 계속되며, 50년 후 임진왜란의 전조 증세를 보였다.

제12대 **인종**

제13대 **명종**

리더는 결국
홀로 서야 한다

인종(재위 1544~1545)의 성군 기질은 세종 못지않았다. 세자 생활 25년 만에 즉위했으나 아쉽게도 9개월 만에 죽는데, 문정왕후가 독살했다는 혐의가 있다. 인종의 뒤를 명종(재위 1545~1567)이 이었다. 그 역시 극성스러운 문정왕후의 기에 눌려 눈물로 얼룩진 용상을 지켜야만 했다. 두 왕 모두 하늘이 낸 대효大孝라고 백성의 칭송을 받았다. 문제는 사사로운 효심과 나랏일을 구분하지 못한 데 있었다.

아무리 왕조시대라도 왕이라는 것만으로는 존경받지 못한다. 왕이 왕다울 때 신하와 백성이 따른다. 아무도 따르지 않는 왕관은 안 쓰느니만 못하다. 리더란 다른 사람이 인정해 주는 만큼 추진력을 발휘할 수 있다.

어떤 리더가 인정받을까.

먼저 자기 미션이 무엇인지 정확히 알고, 솔선수범하며, 불편부당해야 한다.

리더가 존재하는 근본 이유는 구성원의 행복에 있다. 이를 위해 중장기적 미션을 설정하는 것이다. 리더가 공선후사해야 비로소 구성원을 위한 방향 도출이 가능해진다.

그러나 공사 구분이 안 되면 리더의 시야가 편협해져 시의적절한 조치를 취하기 어렵다.

인종과 명종은 사적 효심으로 공적 권위를 훼손했다. 두 왕은 백성의 행복을 위해 나아갈 방향을 명확히 제시해야 했으나, 문정왕후에게 매어 마마보이 노릇 하기에 급급했다.

특히 인종의 효심은 악용당했다. 사실 인종은 왕 노릇 하기에는 '지나치게' 착했다.

이를 간파한 문정왕후가 의붓아들 인종이 매일 아침 문안 인사를 올릴 때마다 "우리 모자를 언제 죽이려느냐"며 압박했다. 이 또한 인종이 요절한 큰 요인이기도 했다.

그 때문에 왕이 된 명종도 모후가 전권을 외척 윤형원에게 주어도 아무 말을 하지 못했다. 오히려 모후에게 두들겨 맞기까지 하면서도, 본디 언관 출신으로 사대부를 요리하는 노하우가 풍부한 윤형원의 국정 농단을 그저 바라볼 수밖에 없었다.

두 왕이 개인적 '효'와 공적 '의' 사이에서 허우적대는 동안 조정의 권위도 덩달아 추락했다. 두 왕은 아무리 모후라도 부당한 것을 요구하면 거절하는 것이 참된 효이고, 나라를 살리는 길임을 이해하지 못했다.

공사를 구분 못 한 두 왕처럼 리더가 혼돈에 빠지지 않으려면 스스로 다음과 같은 질문을 자주 해야 한다.

> "지금 우리는 어디로, 왜 가야만 하는가? 그곳으로 가기 위해 언제, 무엇을, 어떻게 해야 하는가?"

대윤이 혼신을 다해 인종을 도왔으나

인종은 왕위에 오른 지 8개월 만에 승하해 조선 왕 중 가장 짧은 기간 통치했다. 그동안에도 효에 진력을 쏟아 백성들이 "하늘이 내린 효자"라 불렀다.

인종은 생후 7일 만에 어머니 장경왕후를 잃고, 성질이 고약한 문정왕후의 손에 자랐다. 왕후가 양육에 공을 들이는 것 같았지만, 인종을 둘러싸고 불길한 일이 자주 생겼다.

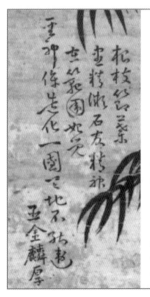

인종이 절친이자 스승인 김인후에게 정표로 하사한 〈묵죽도〉
인종은 태어난 지 7일 만에 친모(장경왕후)를 잃고 1520년 책봉 이후 25년간이나 세자 신분으로 살았다. 새어머니 문정왕후는 아들(훗날 명종)을 옥좌에 올리기 위해 혈안이 되었다. 위태로운 세자 생활의 버팀목이 되어준 김인후에게 인종은 세 가지 선물을 하사했는데, 그중 하나가 〈묵죽도〉이다.

그중 정치적으로 비화된 것만도 두 가지다.

하나는 세자의 열두 살 생일에 발생한 '동궁작서의 변'이고, 다른 하나는 6년 후 5월에 일어난 '가작인두假作人頭의 변'이다. 누군가 동궁의 빈청 널빤지에 인형 머리를 잘라서 붙이고, 이 인형처럼 세자와 세자의 부왕, 중궁을 능지처참하라는 글을 써서 걸어둔 사건이다.

해괴하고 참람한 내용이었다. 즉시 입직 군졸을 대상으로 이 목패가 궁중에 반입된 경로를 조사하고 필적 감정까지 했다. 하지만 범인은 오리무중이었다.

결국 동궁작서의 변 때 폐서인된 경빈 박씨가 다시 배후로 지목되었다. 경빈의 아들 복성군을 옹립하려고 혜정옹주의 남편 당성위 홍려가 저지른 일이라는 것이다. 이 일로 경빈과 복성군 등이 사사되었으며, 두 옹주 역시 작호를 박탈당하고 폐서인되었다. 조선 역사상 국왕이 아들을 죽인 최초의 사례였다. 혜순옹주의 남편 광천위 김인경은 유배되고, 홍려도 모진 고문 끝에 사망했다.

가작인두의 변도 동궁작서의 변과 마찬가지로 김안로와 문정왕후의 합작품으로 본다. 당시 연달아 두 공주를 낳으며 왕자 낳기만을 고대하던 문정왕후나 세자의 옹위가 중요했던 김안로가 복성군 제거 공작에서만큼은 의기투합했던 것이다. 그러나 문정왕후가 왕자를 낳은 후에는 둘 사이가 달라졌다. 김안로는 문정왕후를, 문정왕후는 김안로를 제거해야만 했다.

문정왕후가 서른다섯 살 늦은 나이에 경원군(명종)을 출산했을 때 세자는 이미 스무 살이었다. 이때부터 세자를 대하는 문정왕후의 눈길이 더욱 싸늘해졌다. 왕후는 동생 윤원형, 윤원로를 중심으로 세력을 길러 자신을 폐위하려던 김안로를 역으로 제거했다.

그 후 대윤과 소윤의 싸움이 본격화했다. 이들은 경연장에서 왕이 보는데도 삿대질을 해가며 다퉜다. 이들의 싸움이 깊어가던 1543년 1월 북풍한설이 심한 어느 날, 동궁 안에만 머물던 세자가 잠을 자는데 동궁전에 불길이 치솟기 시작했다. 갑작스러운 열기에 일어난 세자는 세자빈을 깨워 피신하라면서도, 자신은 그대로 있겠다고 했다. 누가 불을 질렀는지 짐작하고 그냥 타 죽으려는 것이었다.

세자빈이 울면서 자신도 피신하지 않겠다고 버텼다. 중종까지 달려와 세자를 애타게 부르니 "내가 죽는 것이 모후에게는 효이지만, 부왕에게는 불효와 불충이 되겠구나"라고 탄식하며 빈궁의 손을 잡고 불길을 헤쳐 나왔다.

마침 세자의 후궁 정씨가 달려와 세자가 불길을 빠져나오도록 도왔다. 윤임 등 대윤 세력이 조사해 보니, 궁녀들이 세자 부부가 잠든 뒤 동궁 부엌에 들기름을 뿌리고 쥐 꼬리에 기름을 적신 솜뭉치를 묶어 불을 붙여 동궁 부엌에 던져 넣은 것이었다.

윤임은 화재의 책임이 문정왕후에게 있다고 결론 내렸다.

이 기회에 문정왕후를 폐출하기로 작정하고 법에 따라 사약을 내려야 한다고 주장했다.

문정왕후의 운명이 풍전등화처럼 흔들렸다. 이 절호의 기회를 인종이 차버린다. 계모가 그럴 리 없다면서 싸고도는 바람에 문정왕후는 위기에서 벗어났다. 이런데도 왕후는 계속 세자를 모해했다. 윤원로, 윤원형을 시켜 세자가 요절하도록 기도나 제사를 드리는 등 온갖 술수를 부렸다.

하지만 효심 깊은 세자는 계모를 원망하지 않고 오히려 지극정성으로 섬긴다. 문정왕후와 소윤의 집요한 제거 시도에도 인종은 대윤의 강력한 엄호 덕에 서른 살이 되던 1544년 7월에 즉위했다.

즉위 후 인종은 윤임을 형조판서에 임명하고, 화재 때 자신을 도왔던 정씨를 종2품 숙의에 봉했다. 숙의 정씨의 막냇동생이 정철이다. 인종이 즉위했는데도 소윤 이기는 우의정에 그대로 유임되었다. 이에 윤임이 앞장서서 이기의 탄핵을 추진했고, 사헌부 대사헌 노수신이 동참했다.

선왕이 이기를 임명했다며 머뭇거리던 인종도 할 수 없이 이기를 물러나게 했다. 이어 윤원로, 윤원형까지 파직해 조정에서 내쫓았다. 그리고 이언적 등 사림파를 등용한다.

윤임이 문정왕후의 측근을 정리하는 동안에도 인종은 대비가 된 문정왕후에게 세자 때와 똑같이 매일 문안을 드리는 등 효를 다한다. 이에 문정왕후는 인종이 비록 왕이 되었지만 세자 때와 다를 바 없이 만만하다고 판단했다. 이후 인종을 심적으로 괴롭히기 시작한다.

어느 날 아침 문정왕후가 문안 온 왕에게 물었다.

"주상, 이 계모의 사람들은 조정에서 다 내쫓았습디다그려. 이제 홀로 된 나와 어린 내 아들은 언제 죽이시렵니까?"

왕의 통치권을 능멸하는 엄청난 발언이었다. 그런데도 인종은 송구한 심정을 이기지 못했다. 아침부터 햇볕이 내리쬐는 땅에 엎드려 해 질 녘까지 울기만 했으나, 문정왕후는 거들떠보지 않았다. 이런 노심초사가 쌓여 인종은 심신이 날로 허약해져 갔다.

문정왕후는 수척해진 인종을 생각하는 양, 불러서 다과를 대접했다. 다음 날부터 인종이 설사를 심하게 하더니 위독해졌다. 이에 문정왕후가 천연덕스럽게 "내 잘못은 없지만 내 탓만 같아 괴롭구나"라며 슬픈 척했다. 결국 일어나지 못한 인종이 유언을 했다.

"내 아우 경원대군을 왕으로 세우라."

인종에게는 인성왕후 박씨, 숙빈 윤씨, 귀인 정씨 세 부인이 있었지만 일부러 소생을 두지 않았는데 문정왕후의 소생 경원대군에게 왕위를 물려주기 위해서라고 했다. 그만큼 효에 맹목적이라 대윤이 혼신을 다해 도왔지만 문정왕후의 사악한 계략을 막을 수 없었던 것이다.

위로 여왕이, 아래로 간신이 날뛰다

인종이 죽자 열두 살 경원대군이 명종으로 즉위했다. 중종의 비 문정왕후는 대왕대비가 되었고, 인종의 비 인성왕후는 왕대비가 되었다. 아직 명종이 미성년이라 두 대비 중 한 명이 섭정해야 했다. 이 일을 놓고 백관이 의논하던 중 사림파의 이언적이 의외의 발언을 했다.

"어찌 형수와 시동생이 함께 정사를 볼 수 있겠습니까? 송나라 철종 때도 태왕태후가 섭정한 전례가 있습니다."

윤임이 천거한 이언적이 이렇게 나오니, 아무도 문정왕후의 수렴청정을 반대할 수 없었다. 순진한 이언적의 주청 이후 사림파는 문정왕후가 죽을 때까지 왕후의 발톱에 놀아나야 했다.

명종도 문정왕후가 수렴청정하는 8년 동안은 물론이고, 그후 왕후가 사라질 때까지도 허수아비였다.

왕후의 본색은 인종의 장례식에서부터 드러났다. 법도에 따르면 왕의 장례 기간은 5개월이다. 그런데 소윤의 이기가 "인종의 통치 기간이 1년도 되지 않는데, 대왕처럼 장례를 치를 수 없다"며 장례 기간을 줄이자고 주장했다. 그 주장대로 인종은 죽어서도 왕 대접을 받지 못하고 초라하게 묻혀야 했다.

문정왕후는 윤원형에게 명종의 보위를 굳건하게 하라는 밀지를 내렸다. 윤형원이 이기, 정순봉 등을 불러 대윤 일파를 몰아낼 방안을 모의했다. 그중 윤임을 중종의 여덟째 아들

봉성군을 추대하려 했다고 무고하여 반역죄로 몰았다.

이것이 명종 즉위년에 일어난 을사사화다. 무오·갑자·기묘사화에 이은 조선의 네 번째 사화다. 윤임, 유인숙, 유관 등 3대신과 사림파가 대거 숙청되었으며, 그 공로로 28명이 위사공신으로 책봉되었다.

문정왕후와 윤원형은 여기서 그치지 않았다. 정적을 완전히 제거하려 하는데, 때마침 '양재역 벽서사건'이 터졌다. 양재역은 지방에서 한강을 건너 한양에 오는 사람들이 마지막 머무는 곳이다. 평소에도 벽서가 자주 나붙었지만 명종 2년(1547)에는 문정왕후를 비난하는 벽서가 나부꼈다.

'위로 여왕이 날뛰고 아래로 이기 등 간신이 날뛰니 나라가 망할 징조로다. 가만히 지켜보아야만 하니 참으로 한심하다'는 내용이었다. 이기 등 소윤은 을사사화 때 정리가 덜 된 여파라며 송인수, 이약수 등을 사사하고, 이언적, 노수신, 백인걸 등 20여 명을 유배 보냈다. 이 중 사림이 많았다.

당시 사관인 안명세는 실록 편찬을 위한 기본 자료인 사초에, 소윤파의 농간으로 3대신과 무고한 사림들이 처형당한 경위 등 을사사화의 전말을 가감 없이 적어놓았다. 관련된 선비들의 이름도 모두 기록했다.

사초는 비밀리에 작성하고 실록청에 보관한다. 그 때문에 소윤파도 내용을 알지 못했다. 마침 윤원형이 건국 초부터 정난 등 국가의 주요 사건을 기록한《무정보감》의 속편을 구상한다. 물론 을사사화의 정당성을 피력하기 위해서였다. 이기와 정순봉 등이 이 작업을 맡았는데, 안명세와 함께 사관으로 있던 한지원이 찾아와 사초에 적힌 내용을 밀고했다. 안명세가 체포되어 심문을 받기 시작했다. 곤장을 맞으면서도 사초 기록의 정당성을 굽히지 않다가 끝내 참수되었다. 이 필화사건 이후 안명세와 절친했던 토정 이지함이 충격을 받고 기러기처럼 천하를 주유하기 시작한다.

누구든 대윤 세력에 반발할 기미만 보여도 투옥되거나 유배되었다. 이로써 윤원형은 문정왕후가 살아 있던 명종 20년(1565)까지 20여 년간 왕권을 능가하는 세도를 부린다. 그 덕분에 신분 사회인 조선에서 관비의 딸로 태어난 정난정이 정경부인에까지 오른다.

윤원형의 애첩 시절 정난정은 윤원형과 공모해 정실부인 김씨를 독살하고 안방마님이 되었다. 또한 수시로 궁중에 들락거리며 문정왕후의 환심을 샀다. 문정왕후가 왕을 조종했다면 그 문정왕후는 정난정이 조종했다.

승려 보우를 문정왕후에게 소개한 것도 문정왕후를 장악하기 위한 방편이었다. 문정왕후는 보우에게 흠뻑 빠져 보우를 강남 봉은사 주지가 되도록 하는 한편 연산군이 폐지한 승과 제도를 부활했다. 심지어 보우를 병조판서에 앉히고자 했다. 억불숭유를 추구하는 조선에서 있을 수 없는 일이었다. 하지만 이 덕분에 승과에서 서산대사, 사명대사를 배출할 수 있었다.

명종이 스무 살이 되어 친정을 시작한 후에도 윤원형의 전횡은 계속되었다. 이를 견제해 보고자 명종이 인순왕후 심씨의 외삼촌 이량을 중용했다. 그러나 이량 역시 부패한 인물이었다. 자기 세력을 기르고 부정 축재에만 관심을 쏟느라 윤원형을 견제할 겨를이 없었다. 오죽하면 백성들이 윤원형, 심통원과 함께 이량을 조선의 3흉이라 했을까.

왕의 권위가 추락하고 민심이 흉흉해지자 백정 출신 임꺽정이 세를 모아 황해도 구월산에서 난을 일으켰다. 이들은 경기도까지 누비며 백성들에게 의적 대우를 받으며 3년간 활동했다. 처음에 문정왕후를 '여사 연산군'으로 혹평하던 백성들은 명종이 모후에게 눌려 왕 노릇도 못하는 멍청한 왕이라며 비난하기 시작했다.

모후는 수시로 명종에게 지시 사항을 적은 종이를 내려보냈다. 만약 따르지 않으면? 당장 호출해서 어릴 때부터 그랬던 것처럼 종아리를 때리거나 아예 뺨을 후려쳤다. 그때마다 울먹여, '눈물의 왕'이란 소리를 들었다.

명종은 즉위 20년째 되던 해 모후가 병사하고서야 왕권을 제대로 행사하기 위해 소윤 일파를 정리했다. 하지만 그간 마음고생을 너무 심하게 한 탓인지 2년 후 서른네 살로 승하했다. 열세 살 외아들을 잃은 명종은 이복동생 덕흥군의 셋째 아들 하성군을 후계자로 지목했다.

제14대 **선조**

무책임한
잔머리의 왕

선조(재위 1567~1608)는 재위 기간이 41년으로, 영조, 숙종, 고종 다음으로 길다.

왕이 된 지 25년째부터 7년간 임진왜란을 겪어야 했다. 이 전쟁은 조선 역사는 물론 근대 동아시아 최대의 국제 전쟁이었다. 전쟁에 동원된 조선과 명나라, 일본 3국의 군사만 50만이 넘었다.

전쟁 같은 나라의 존망이 달린 도전 과제를 맞닥뜨린 리더에게는 대국적 안목과 국민을 결집할 역량이 필요하다. 그 두 가지가 선조에게는 부족했다.

선조는 영리하기는 했지만 자기 보신에만 급급한 근시안적 인물이었다. 병자호란을 야기한 인조, 을사조약으로 국권을 침탈당한 고종도 대국적 안목과 백성 결집의 역량이 부족했다. 따라서 세 왕이 국난을 자초한 측면도 컸다.

특히 위기 시대의 리더일수록 조직 결집력이 중요하다. 조직에 작은 구멍만 생겨도 적이 파고들기 때문이다. 조직 결집력은 리더가 힘을 바르게 사용할 때 생긴다. 세상의 모든 리더에게는 두 가지 힘, 즉 하드파워와 소프트파워가 있다.

국제 정치 분석의 석학인 조지프 나이는 국가의 물리적 하드파워 못지않게 소프트파워인 문화적 매력도 중요하다고 역설했다.

이를 조직 내에서만 본다면, 하드파워는 채용, 승진, 해고, 감봉 등이며, 소프트파워는 비전 제시력, 설득력, 성품, 조직 분위기의 관리력 같은 비가시적 능력이다.

어떤 조직이 하드파워로만 유지된다면 폭력 조직과 다름없고, 소프트파워로만 유지된다면 친목 모임에 불과하다. 스마트한 리더는 이 두 가지를 시의적절하게 구사한다.

선조는 어땠을까? 조선이 위기에 빠졌을 때 망명 정부를 구상하여 백성의 공감은커녕 분노를 야기했다. 신하들도 사분오열되어 당파 싸움만 벌였다.

개인 선조는 영특했지만 전체를 총괄하는 리더십이 부족했다. 이런 리더십의 특징은 리더가 의무는 싫어하며 권리는 누리려 한다는 것이다.

선조 치세는 조선의 어느 시기보다 인재가 많았다. 율곡 이이, 퇴계 이황, 남명 조식, 서애 유성룡, 그리고 이순신, 권율, 곽재우, 정기룡, 허균 같은 인재를 모아놓고도 국력 신장을 이루지 못했다.

'구슬이 서 말이라도 꿰어야 보배'라는 속담이 있다. 탁월한 인재가 많이 모인 조직의 리더일수록 리더십이 탁월해야 한다. 아니면 그 조직은 사공이 많은 배가 산으로 가듯 표류한다. 선조는 리더십

부재로 쟁쟁한 인재들을 모아놓고도 붕당을 촉발해 7년 대전란을 겪어야 했던 것이다.

임진왜란이 일어나기 전, 명종 21년에 율곡 이이가 의미심장한 상소를 올렸다. 바로 계지술사繼志述事로, 조선은 '큰 병을 앓고 난 후 원기를 회복하지 못한 허약한 상태'라며 마치 서까래가 썩어 토붕와해土崩瓦解 지경인 폐가와 같다는 진단을 내렸다. 그 처방전으로 '경장更張'을 내놓았는데, 개국 초에 정착한 왕조의 기본 틀은 지키되, 연산군 이후 민생을 파탄 낸 제도와 관습을 바꾸자는 것이다. 하지만 실현되지 못했고, 율곡은 선조 6년 경연장에서 다시 제안했다.

"신분 제도의 모순, 서얼 차별, 공납과 군역의 폐단 등을 단번에 고쳐 요순시대를 이루자는 것이 아닙니다. 한 번에 하나씩 고치다 보면 점입가경이 되옵니다."

그러나 선조가 거절했다. 이후에도 율곡이 수차례 장문의 개혁 상소인 만언봉사를 올렸으나 소용없었다. 임진왜란은 시대를 앞서 볼 줄 알았던 이이의 뼈아픈 고언을 무시한 대가였다.

당쟁의 시초가 된 이조전랑 자리

시기적으로 선조는 조선의 중간 위치에 있다. 본래 선조는 왕이 될 처지가 아니었다. 명종이 후사가 없어 부왕 중종의 후손 가운데 후계자를 물색하는 가운데 선택된 것이다.

중종의 아들은 모두 9명으로, 두 왕후가 낳은 인종과 명종을 제외하면 다섯 후궁이 낳은 7명이 남는다. 이들은 대윤과 소윤의 정쟁으로 목숨을 잃었는데, 그중 창빈 안씨가 낳은 덕흥군만 살아남았다. 명종이 눈여겨보니 덕흥군의 세 아들 하원군, 하릉군, 하성군 중 막내 하성군이 가장 총명해 보였다.

조선에서 선조는 왕의 직계가 아닌 방계로 처음 왕이 된 사례다. 이것이 선조에게 큰 트라우마로 작용한다. 왕이 될 수 없는데 왕이 되었다는 정통성 콤플렉스를 평생 떨쳐버리지 못한다. 그 때문에 왕권 수호에 더 예민했고, 아들 광해군과도 불화했다. 오늘은 동인, 내일은 서인의 손을 들어주며 신하들의 불화를 유도해 왕권 안보에 악용했다.

리더가 트라우마를 극복하지 못하면? 트라우마로 입은 상처에 작은 자극만 받아도 과민반응을 보이며 예측 불가능한 환경을 조성해 주목받으려 한다. 반대로 작은 보상만 받아도 공사 구별 없이 정도를 넘을 수 있다. 이럴 경우 리더의 시야가 좁아져 오판하기 쉽다. 트라우마는 누구에게나 있다. 어떤 자극에 비합리적 대응 충동을 느낄 때, 그와 유사한 과거 경험을 무작위로 연상해 보면 자기 트라우마의 진원지를 발견할 수 있다. 그렇게만 해도 트라우마의 후유증은 극복된다.

큰 트라우마를 극복해 낼수록 풍요로운 인간미와 관계 해결 능력을 동시에 갖출 수 있다. 큰 트라우마를 해결한 리더일수록 더 큰 능력을 발휘한다.

적자 우대, 서자 천시의 풍조하에서 보면 선조를 평생 짓누른 열등감을 이해할 수 있다. 그럼에도 왕이 되었다면 극복해 내야 했고, 그런 열등감이 필요가 없는 사회를 만들어야 했다. 자신의 트라우마를 해결하지 못한 선조는 그 트라우마를 광해군과 신하들과 의병장과 백성들에까지 투사Projection했다.

선조는 학자 스타일이었으나 간교했다. 달리 말해 책임 회피에 능했고, 아랫사람에게조차 시기심을 부리는 등 군주의 그릇은 아니었다.

선조가 열여섯의 나이로 즉위한 해만 인순왕후 심씨가 수렴청정을 했다. 이듬해부터 편전을 장악한 선조는 훈구척신을 밀어내고 사림의 명사들을 대거 등용한다.

사림은 왕에게 성리학적 도리를 요구하면서도 지엄한 왕권을 인정해 주었다. 하지만 공신과 그 후손인 훈구 세력, 외척인 척신 세력은 왕권을 조종하려는 경향이 컸다. 이래서 선조는 사림을 좋게 보았던 것이다.

훈구와 척신은 예종과 성종을 세웠고, 연산을 쫓아냈으며, 중종 때는 정국을 좌지우지했다.

그나마 다행으로 성종 때 사림이 중앙에 진출하여 뿌리를 내리는 바람에 선조도 사림을 널리 등용할 수 있었으며, 기묘사화 때 피해를 본 조광조와 사림들까지 신원해 주었다.

사대부에서 공신을 거쳐온 조선의 정치사가 선조 때에 이르러 사림의 시대에 접어든다. 이 흐름은 후에 탕평정치를 거쳐 외척 세도정치로 흘러간다.

선조는 경연 때마다 주자학을 장려했으며, 대유학자인 이황, 이이, 성혼 등과 경사經史를 토론하며 제자백가서를 섭렵했다. 그토록 탁월한 지적 능력을 정세를 분석하고 진취적 대책을 세우는 데 활용하지 못한 것도 극복하지 못한 트라우마 때문이다.

선조 치세는 인재 박람회장이라 할 만큼 많은 인재가 몰렸지만 대부분 선조의 붕당정치의 희생양이 되어야 했다. 나올 만한 최고의 정책 제안도 다 나왔다. 율곡 이이 등이 서얼의 벼슬 개방, 과거 외의 방법으로 인재를 등용해 적재적소에 배치, 중복되는 관직 통폐합, 고을 통합으로 행정 효율성 제고, 붕당 화합안 등을 내놓았으나 선조는 주자도 힘들어한 안이라며 폐단이 생길 수 있다고 거절했다. 자기 방어 본능에만 충실한 리더의 전형이었다.

선조는 평소 훈척과 외척을 다 배제하고 성리학자들만 요직에 앉히면 다 잘되리라고 여겼지만 단견임이 곧 드러난다. 경쟁 상대가 사라진 세력의 독주는, 자체 분열로 갈 수밖에 없다. 상대와 대결하는 데 쏟았던 에너지가 내부 주도권 확보로 쏠리기 때문이다.

인순왕후가 수렴청정할 무렵이었다. 왕후의 동생 심의겸을 통해 기성 사림들이 조정에 들어왔다. 그 후에 들어온 김효원 등 신진 사림들 사이에 다툼이 일어난다. 당시 김효원의 집은 동쪽에, 심의겸의 집은 서쪽에 있어 심의겸 쪽 사림을 서인, 김효원 쪽 사림을 동인으로 칭했다.

동인은 주리론의 이황과 조식, 이황의 제자 등으로 영남학파에 속했다. 서인은 주기론의 이이와 성혼의 제자들로 기호학파였다.

이조전랑에 누구를 천거하느냐를 놓고 심의겸과 김효원의 갈등이 시작되었다. 이들은 왜 5품의 중간 관리에 불과한 이조전랑 자리를 놓고 다투었을까?

조선의 관리 임명권은 이조에 있었다. 이조판서의 영향력이 의정부의 삼정승 못지않았다. 이런 이조판서의 전횡을 막기 위해 이조전랑이 삼사의 추천권을 행사했다. 전랑의 권한에 이조판서도 관여하지 못했다.

선조 5년(1572) 이조전랑에 김효원이 추천되었을 때, 심의겸은 김효원이 과거 윤원형의 문객이었다며 반대했다. 그 후에도 김효원은 여러 번 후보에 올랐지만 심의겸이 반대해 낙마했다. 2년 후에야 김효원은 이조전랑이 될 수 있었다.

이듬해인 1575년 공교롭게도 김효원의 뒤를 이어 심의겸의 동생 심충겸이 이조전랑의 물망에 올랐다. 이번에는 김효원이 심충겸은 외척이라며 반대했다.

이조전랑 자리를 놓고 분열된 동인과 서인의 공방은, 점차 감정의 골이 깊어지면서 대안을 마련하려는 것이 아니라 상대 의견을 꺾으려는 반대를 위해 반대하는 방향으로 흘러간다.

인사권이 야기한 붕당, 동인과 서인

인사권을 놓고 붕당이 조성되어 조정에 당쟁이 일면 누가 조정해야 하는가. 이들을 등용한 선조가 아닌가. 하지만 선조는 방치했다. 율곡 이이가 탕평책을 건의해도 무시하고 후궁에게 빠져 지냈다.

그래도 이이가 직접 중재에 나서 당쟁이 일시 중단되기도 했다. 이런 이이마저 1584년에 세상을 뜨자 당파 대립은 다시 극으로 치달았다. 그러다 1589년 정여립의 역모 사건이 일어난다.

그해 10월 2일 한밤중에 선조 앞에 황해감사 한준의 비밀 장계狀啓가 올라왔다.

'동인 정여립이 조직한 대동계 회원들이 한강이 얼어붙은 틈을 다 도서에 들어와 병권을 강탈하려 합니다.'

동인들이 나서서 이구동성으로 그럴 리 없다고 했지만 소용없었다.

정여립은 누구일까? 선조 3년(1570) 과거에 급제하고 이이의 문하에 출입한 서인 출신인데 이이 사후 동인이 되었다. 이때부터 서인의 미움을 받은 데다 선조도 외면하자 낙향해서 대동계를 조직했다.

반班, 상常, 노奴 등 신분에 상관없이 계원이 될 수 있었던 대동계는 전국적으로 확대되었다. 1587년에 왜구가 전라도 손죽도에 침범했을 때는 전주부윤 남언경의 부탁을 받고 대동계 회원들이 이를 물리치기도 했다.

이들은 "천하가 공물인데 일정한 주인이 따로 있을 수 없으며, 어찌 임금이 따로 있겠느냐"고 주창했다. 이씨 조선왕조의 세습 군주제도를 부인하는 것으로 비칠 수 있는 내용이었다.

진상이 모호한 사건을 서인인 정철 등이 조사를 맡은 후, 동인 세력을 뿌리 뽑을 기회로 이용하려 하면서 기축옥사가 일어났다. 정여립은 의금부도사들이 잡으러 온다는 연락을 받고 바로 자결했다. 이 사건으로 숙청된 사람만 동인의 영수격인 이발 등 1,000여 명에 달했다. 훗날 왜란 때 큰 공을 세운 서산대사 휴정과 사명대사 유정도 호된 국문을 당해야 했

이경윤, 〈탁족도〉
자연 속에 은거해 자신의 뜻을 펼 시대를 준비하며 탁족(발을 씻는 것)하는 선비는 이상을 펼 수 없는 지식인을 보여준다.

다. 이때부터 서인이 정국을 주도한다.

기축옥사의 배후에 교활한 선조가 있었다. 왕권 강화를 위해 당쟁을 이용했던 것이다. 그 대가로 동인과 서인은 완전히 적이 되었다. 이후 동인과 서인, 두 당은 왜란이 터질 때까지 번갈아 집권한다.

방계 승통의 콤플렉스가 있던 선조는 적통 승계를 위해 노력을 기울였으나 의인왕후 박씨가 계속 왕자를 낳지 못해 후궁의 아들 중에서라도 세자를 책봉해야 할 상황이었다.

이런 상황을 동인인 영의정 이산해가 이용한다. 선조 24년 (1591)에 서인의 거두인 좌의정 정철과 후계자 문제를 함께 거론하기로 해놓고 입을 다문 것이다. 정철만 홀로 광해군을 세자로 책봉해야 한다고 했다가 선조의 진노를 산다.

이 일로 서인이 실각하고 다시 동인이 득세한다. 동인은 정철의 처벌 수위를 놓고 북인과 남인으로 분열한다. 북인 이산해는 기축옥사까지 일으킨 정철을 사사해야 한다고 했고, 남인 유성룡은 유배로 마무리하자고 했다. 선조는 남인의 견해를 수용해 정철을 유배 보냈다.

이후 유성룡 중심의 남인이 정국을 주도하면서 중도적 서인 세력인 이항복 등을 포섭한다. 거듭되는 당파 싸움으로 국력이 약해지자 북방의 여진족이 준동한다. 1583년 회령 지방의 여진족 니탕개가 반란을 일으켜 경원부까지 점령한 것을 경기감사 정언신이 겨우 진압했다. 1587년에는 이순신이 두

만강 하류의 녹둔도에 쳐들어온 니응개의 여진족을 격퇴했다.

망명 정부 구상

조정이 당파 싸움으로 어지러운 나날을 보낼 때, 일본에서는
도요토미 히데요시가 100년 전국시대를 종결하고 열도를 통
일한 후, "매해 여름은 한양에서 겨울은 북경에서 보내겠다"
며 대륙 진출을 호시탐탐 노리고 있었다.

이런 엄중한 시기에 선조는 왕조의 역량을 명나라《대명회
전》에 잘못 기재된 이성계의 호적등본을 고치는 데 쏟았다.
《대명회전》에 이성계가 고려 말 권신 이인임의 후손으로 기록
되어 이를 수정하려고 지난 200년간 엄청난 로비를 벌였다.

선조 21년(1588)에 마침내 성공했으니 선조가 얼마나 기뻤
을까. 공을 세운 윤근수 등 19명을 광국光國공신이라 칭하고
대대적인 축하 잔치까지 벌였다.

적어도 그만한 노력을 국방 강화에도 쏟았어야 했다. 당
시 일본이 조선을 침략하려는 징조는 뚜렷했다. 도요토미가
1587년 대마도 영주 요시토시에게 "조선 왕을 무릎 꿇리고 입
조시키라"고 요구했다. 요시토시가 사신을 보냈지만 조선이
거절하자, 요시토시가 직접 조선으로 와서 도요토미의 뜻을
전했다. 이쯤 되면 조선에서도 일본의 야욕을 알았을 것이다.

그 밖에도 왜인들이 서해안에 출몰해 물길을 측량하다가

잡히는 등 일본의 동태가 수상했다. 조정에서도 심각하게 보고 동향 파악을 위해 1590년에 통신사 황윤길, 부사 김성일을 일본에 파견했다.

귀국한 통신사들이 상반된 의견을 내놓았다. 서인 황윤길은 "전쟁을 준비하고 있고 도요토미의 눈빛에 담력과 지략이 번득이니 대비해야 한다"고 했고, 동인 김성일은 "군사력도

도요토미 히데요시
일본을 통일하고 중국 대륙 침략의 야망을 실현하기 위하여 조선을 공격, 임진왜란을 일으켰다.

형편없고 도요토미의 인물도 용렬해 침입하기 어려운데 대비 운운하면 민심만 사나워질 뿐"이라고 했다.

주로 동인인 대신들은 김성일을 지지했고, 선조도 동조하여 그동안 준비한 전쟁 방비책마저 포기한다. 1년 후 여름에 왜관의 일본인들이 갑자기 본국으로 빠져나갔다. 그제야 조정에서 성을 쌓고 무기를 점검한다고 서둘렀으나 이미 늦었다.

선조 25년(1592), 조선이 개국한 지 200년이 되던 해 4월 13일 오후 5시에 고니시 유키나가 부대가 단숨에 부산포를 점령했다. 임진왜란이 시작된 것이다. 20만 일본 대군이 이때부터 7년간, 두 차례에 걸쳐 조선반도를 휩쓴다. 1차를 임진왜란, 2차를 정유재란이라 하지만 통상 합쳐서 임진왜란이라고 부른다.

왜군은 '대륙 정복'이라는 구호 아래, 부산포를 점령한 지 보름 만에 충주를 장악했다. 사흘 뒤인 5월 2일 조선의 수도 한양까지 함락한다. 파죽지세였다.

왜군이 한양으로 몰려온다는 소식을 접한 선조가 사색이 되어 대책이라고 내놓은 것이 파천과 요동내부책遼東內附策이었다. 명색이 왕이라는 자가 한양을 버리고 아예 요동으로 망명해 명나라의 제후로 살겠다는 것이었다.

자신의 안전만을 생각하는 선조에게 신하들이 도성 결전을 주장하며 극력 반대했다. 하지만 영의정 이산해가 파천을 찬성하자, 선조가 재빨리 받아들여 극비리에 이삿짐을 싸게 했다. 그리고 서둘러 광해군을 세자로 책봉한 뒤 뒤에 남아 왜군과 싸우게 했다.

선조 일행이 궁을 빠져나간 것은 4월 30일 장대비가 쏟아지는 새벽이었다. 나라를 포기한 왕을 백성이 존중할 리 없었다. 왜군이 도성에 도착하기 전 백성들이 먼저 경복궁 등 왕궁을 불태워 버렸다.

도성을 떠난 다음 날 왕 일행은 임진강 건너 동파관에 이르렀지만 누구도 음식을 내주지 않아 허기진 배를 움켜잡고 잠자리에 들어야 했다. 다음 날 아침 선조가 유성룡과 이산해를 불러 통곡했다.

"도성도 뺏기고 민심도 잃었으니 내가 어디로 가야 편하겠느냐?"

왕 일행이 다시 의주까지 도망쳤다. 명나라에 요동내부를 타진했으나 거절당했다. 대대로 동방의 왕국인 조선이 왜가 쳐들어온다고 단번에 도망하니 이상히 여기고, 혹시 일본과 모의해 피난 가는 척하며 명을 침략할지도 모른다고 의심한 것이다.

한편 왜군은 한양에 이어 개성, 평양을 함락하고 선조가 있는 의주성만 남긴 채 함경도 일대까지 점령했다. 급기야 조선은 명나라에 원군을 청했다.

선위 파동과 전쟁 영웅 핍박

임금까지 도망가 버린 한반도 중남부 지역에서, 다행히 수군 이순신의 활약으로 왜군은 보급로이자 곡창 지대인 호남을 확보하지 못했다. 이에 고무된 의병들이 6월 이후 전국 각지에서 봉기했고, 12월에는 명나라 원군 4만 5,000여 명이 내려왔다. 전세가 조선에 유리하게 변하며 왜군이 남부로 밀려났고, 1593년 10월 선조는 한성으로 돌아왔다.

그제야 훈련도감을 설치해 조총 사용법과 탄환 제조 기술을 배우게 했다. 전쟁이 소강상태에 들어선 가운데 명나라와 일본이 조선을 배제하고 평양, 용산, 나고야에서 세 차례 강화 회담(1593~1596)을 한다.

명나라 대표는 일본어에 능통한 심유경, 일본 대표는 고니시였다. 도요토미가 내건 강화 조건은 천황의 후궁으로 명나라 황녀를 보낼 것, 일본에 조선 팔도 중 4개 도를 할양할 것 등이었다. 명나라 처지에서 일본이 황녀 운운한 것은 천자의 권위를 건드리는 일인 데다가, 내심 조선을 직할 통치 지역으로 삼고 싶었던 터라 수용하기 어려웠다.

명나라는 일본에 조건 없는 철군을 요구했다. 일본도 무조건 철군하기는 어려워 양측의 강화 회담이 교착 상태에 빠진다. 하지만 공을 세우고 싶었던 심유경과 고니시가 양국 조정에 타결되었다고 거짓으로 보고했다. 양측이 강화 조건을 수용하는 대신 명나라는 일본과 무역을 허락하고, 도요토미는 명나라가 책봉하는 형식으로 일본 왕이 된다는 것이다.

심유경의 보고를 받은 명나라는 책봉은 허락하되 무역은 반대하기로 하고, 심유경에게 책봉문과 관복을 주어 일본으로 보냈다. 문맹인 도요토미는 고니시와 심유경의 말만 듣고 명나라가 자신의 요구 조건을 모두 들어주었다며 기뻐했다. 그 자리에 도요토미의 측근으로 중국어에 능통한 승려 사이쇼 조타이가 명나라의 봉공안封貢案을 그대로 읽었다. 그제야 속았다는 것을 안 도요토미는 강화 교섭을 깨고, 1597년 조선을 재침공했다. 정유재란이었다.

그러나 이순신의 조선 수군에게 왜군의 진격로가 막힌 데다, 이듬해 8월 도요토미가 병사하며 왜군은 자진 철수해야 했다. 이로써 7년 전쟁이 끝났다.

이 전쟁으로 조선이 입은 피해는 상상을 초월했다. 농경지의 3분의 2가 황폐해졌고, 심지어 인육을 먹는 사태까지 발생했다. 아무리 복구 노력을 기울여도 거듭된 흉년으로 별 효과를 보지 못한 채 전국에 반란이 잇따랐다. 명나라 군대의 도움을 받은 여파로 숭명 사상이 고조되었고 관우가 민간 신앙의 숭배 대상이 되었다.

전후 국토가 피폐해진 상황에서도 선조는 왜란의 영웅들을 질투하며 자기 입지 확보에 공을 들였고, 벼슬아치들도 마찬가지였다. 왕이 백성과 더불어 미래를 꿈꾸지 않으면 백성도 왕과 더불어 미래로 가려 하지 않는다.

선조는 한양을 떠나 피난 가기 전, 백성을 진정시키기 위해 광해군을 세자로 세우고 분조分朝를 실시했다. 광해가 뒤에 남아 왕의 권력을 일부 부여받아 백성과 더불어 위험을 무릅쓰라는 것이었다. 과연 광해는 선조와 달리 함경도와 강원도를 누비며 백성을 위로했고, 전라도와 경상도로 내려가 군량미와 병기를 조달했으며, 전투에도 앞장서 많은 전공을 세웠다.

의주로 멀찌감치 도망간 선조를 대신해 광해가 조정을 주도하며 민심이 선조가 아닌 광해군에게로 기울었다.

위기의식을 느낀 선조가 내놓은 계책은 선위 파동과 전쟁 영웅 제거였다.

선위란 군주가 건재한데도 왕위를 물려주는 것이다. 임진 왜란 7년 동안만 선조는 20번이나 선위 파동을 일으켰다. 선조가 선위 쇼를 할 때마다 세자 광해와 신하들은 며칠씩 엎드려 선위를 거두시라고 울먹여야 했다. 그래야 광해의 효심과 신하들의 충심이 인정받을 수 있었던 것이다.

당시 왕에 대한 민심 이반이 심각했다. 이몽학의 난이 보여주듯 왜란의 영웅을 왕보다 더 높게 평가하는 분위기였다. 민심 타개를 위해 선조가 선택한 방식은 엉뚱하게도 전쟁 영웅들을 제거하는 것이었다. 용렬한 리더의 특징을 그대로 보여준다. 자신이 야기한 난제를 해결한 인물을 도리어 제거하는 것이다.

전쟁 중에 요동으로 도망칠 궁리나 하던 왕이 아니던가. 그랬던 왕이 목숨 걸고 싸운 영웅을 차례로 제거한다.

의병장 김덕령을 반역에 연루시켜 죽였으며, 왜란 초기 해유령전투에서 최초의 승전을 거둔 신각 장군도 처형했다. 곽재우는 선조의 압박을 피해 산속으로 숨어들었다.

선조는 이순신까지 죽이려 했다. 다행히 주위의 만류로 백의종군하다가 이순신은 노량해전에서 적의 유탄에 맞아 숨졌다. 이후 이순신이 왜군에게 죽은 것이 아니라 자살했거나 은둔했을 것이라는 설까지 나돌았다.

선조가 전쟁 영웅을 핍박하는 와중에도 대신들은 당쟁을 벌였다. 정국을 주도한 북인 내부에서 또 분열이 일어난 것이다. 선조 32년(1599) 3월 북인 홍여순이 대사헌에 임명되었을 때, 같은 북인 남이공, 김신국 등이 반대하고 나섰다.

"평생 재산만 불리며 사치를 일삼았고, 지방 수령 시절에 백성을 들풀처럼 짓밟았다."

당시 홍여순을 두둔한 이산해, 이이첨은 대북파가, 남이공, 김신국은 소북파가 되었다. 동인이 남인과 북인으로 분열했고 북인이 다시 대북과 소북으로 분열한 것이다.

당쟁과 전쟁의 소용돌이에서 자기 보존에만 급급했던 선조가 재위 41년 만에 눈을 감으며, 몇몇 신하만 불러 영창대군을 부탁한다는 유지를 남겼다. 세자 광해군이 즉위한 후 정쟁이 될 불씨를 지펴놓았던 것이다.

변박, 〈부산진순절도(釜山鎭殉節圖)〉
부산진전투는 임진왜란 7년 전쟁의 서막을 열었다.

제15대   **광해군**

앞서가는 왕,
붙잡는 신하

임진왜란으로 파탄 난 조선을 일으켜 세우며, 급변하는 동아시아 정세에 맞춰 조선의 르네상스를 꿈꾸었던 광해군(재위 1608~1623)은 가장 극명하게 평가가 갈리는 왕이다.

왜란이 일어난 해 세자가 되어 16년간 부왕의 질투 속에 불안한 나날을 보내고 즉위 후 16년을 다스렸다. 왕이 되었을 때, 조선은 더 이상 망가질 수 없을 만큼 황폐했다. 땅만 그런 것이 아니라 조정도 분열되어 누가 왕이 되어도 회복하기 어려운 지경이었다. 젊은이들은 대부분 전사했고, 노약자들이 주린 배를 움켜쥐고 농토를 개간했다. 입을 것은 물론 먹을 것도 없었고, 아파도 치료받을 수 없었다.

광해는 헐벗고 아픈 백성을 위해 《동의보감》을 간행했고, 조선 최초의 공평 과세인 대동법을 실시했다. 재산의 정도에 따라 세금을 걷자, 가난한 백성들이 수탈의 공포에서 벗어났다. 비로소 왜란으로 이반한 민심이 다시 왕을 중심으로 모이며 일어서기 시작했다.

그런데 복병이 나타났다. 바로 사대부들이 광해의 최대 치적인 실리외교에 반발한 것이다. 광해군 시기에 명나라 만력제는 최악의 암군으로 꼽힌 반면, 중국 동북부에 등장한 후금(청나라)의 누르하치는 탁월한 군주였다. 누르하치가 급격히 세력을 늘려가는데도 만력제는 만력태정萬曆怠政이라 불릴 만큼 게으르고 정력에 좋다는 잉어 침과 여우 눈물만 탐했다. 그 기간이 무려 30년이 되니 나라는 급속히 소멸로 향했다.

광해는 아무리 바빠도 명나라와 여진족의 동향 보고만큼은 지체 없이 받으며, 명나라가 수명을 다했다고 보았다. 더욱이 여진족이 조선을 수탈하며 오만하게 대한 것과 비교해 여진족을 훨씬 관대하고 개방적으로 대했다.

하지만 성리학이 신앙이었던 조선 사대부들에게 성리학의 본고장인 명나라는 영원한 조선의 종주국이어야 했으며 청나라는 오랑캐였다. 이들의 친명 사상이 광해의 실리외교를 저지한다.

이를 억누르며 광해는 조선이라는 배의 선장이 되어 15년간 방향을 제대로 잡고 항해했다. 그동안 이 배의 주인으로 행세하던 사대부들은 광해가 계모 인목대비를 유폐한 것을 빌미로 선상 반란을 일으켜 조선호의 항로를 돌려놓는다.

광해도 이성계처럼 지금까지와는 '다른 길'로 가야 한다는 것을 알고 나라의 방향을 선회했다. 그런데 이성계는 성공했고 광해는 좌절해야 했다. 익숙하지 않은 길로 가다 보면 혼돈을 겪는다. 이럴 때 리더는 명확한 이정표를 제시해야 한다. 이정표는 구성원을 단합하게 하는 보편 원칙이다.

이성계는 고려의 이정표인 불교를 억누르고 조선의 이정표로 성리학을 내놓았다. 그렇다면 광해는 어떻게 해야 하나. 성리학보다 훨씬 보편적인 신념을 내놓아야 했지만 어려운 일이었다.

그렇다면 성리학 존중을 분명히 하면서, 성리학의 본래 의의를 강조했어야 한다. 본래 인류의 보편 가치를 언급한 성리학이 조선에서 사대부 중심으로 극단화한 부분이 많다.

성리학의 기본은 공맹이다. 공자와 맹자는 춘추전국시대에 천하를 주유하며 여러 나라의 군주를 만나 보편 가치를 설득했다.

어느 나라, 어떤 왕이든 왕도정치를 하면 성리학의 정통이며 패도정치를 하면 성리학의 이단인 것이다. 명나라와 성리학을 일심동체처럼 여기는 조선의 사대부와는 달랐다. 청나라든 일본이든 조선이든 성리학적 보편 가치가 통용되면 되는 것이다.

이를 광해가 강조했어야 한다. 더구나 청나라 역시 성리학을 관학으로 채택했으니 얼마든지 설득력이 있었다.

같은 변혁적 리더십을 지녔던 이성계의 성공과 광해의 실패를 비교해 보면, 혁명보다 개혁이 더 어렵다는 것을 절감한다. 혁명은 일거에 이루어지지만 개혁은 누구와 무엇을 어떻게 할 것인지 방향과 속도를 조율하며, 공감대를 만들어가야 하는 것이다.

부왕의 질투를 견뎌내고 왕이 되다

광해는 세자 책봉부터 왕이 될 때까지 쉼 없는 고뇌의 나날을 보내야 했다. 방계 혈통이라 늘 부담이 컸던 선조가 후궁의 아들에게 왕위를 물려주고 싶어 하지 않았기 때문이다.

그러나 선조가 나이 마흔이 넘도록 의인왕후에게 태기가 없었다. 당시 평균수명이 마흔 살이었으니 국왕이 갑자기 승하하면 그 혼란은 이루 말할 수 없다.

이 두 가지를 고려해 후궁들이 낳은 14명의 아들 중에서 세자를 책봉해야 했다. 제일 위가 후궁 김씨가 낳은 임해군과 광해군이며, 그 아래가 이복동생 신성군이다.

임해군은 성격이 포악해 일찍이 후계자에서 제외되었다. 다음이 광해군이라 좌의정 정철, 우의정 유성룡, 영의정 이산해 등이 모여 광해군을 추대하기로 약속하고, 정철이 앞장서기로 했다.

당시 선조는 신성군을 의중에 두고 있었다. 이를 눈치챈 동인의 이산해가 모략을 꾸몄다. 신성군의 어머니 인빈 김씨를 몰래 찾아가 정철 일당이 광해군을 세자로 옹립한 후, 인빈과 신성군을 죽이려 한다고 모함한 것이다.

인빈이 선조에게 달려가 울며 매달렸다. 아무것도 모르는 정철은 경연장에서 임금에게 광해군을 세자로 세우라고 주청했다. 유성룡과 이산해 등 동인은 약속과 달리 입을 다물었고 서인들만 정철을 거들었다가 모두 쫓겨난다.

얼마 후 왜란이 터지자, 열세 살 신성군이 전쟁 상황을 진두지휘하기 어렵다고 판단한 선조가 마지못해 광해를 세자로 책봉했다. 그리고 명나라에 광해의 세자 책봉을 알리는 고명사로 윤근수를 파송한다. 신성군은 선조를 따라 피란 가던 도중에 죽는다. 국가적 재난 앞에 세자가 된 광해는 선조로부터 나랏일을 맡아볼 권한을 부여받고 곧바로 전선에서 풍찬노숙하며 항전을 독려하고 다녔다.

광해군이 전장에서 능력을 보여주었지만, 문제는 다른 데 있었다. 명나라에 갔던 윤근수가 귀국해, "장자 임해군을 놓아두고 왜 동생이 세자가 되느냐"며 광해군의 세자 책봉을 인정하지 않는다고 전한 것이다.

광해는 고뇌가 깊어질 수밖에 없었다. 그런 데다 의인왕후 사후에 들어온 인목왕후가 마침내 영창대군을 낳았다. 이때 선조의 나이가 쉰다섯이었다.

내심 광해를 못마땅하게 여기던 선조는 드디어 적통을 얻었다며 기뻐했다.

영의정 유영경도 영창대군에게 하례를 올리며 "대통을 이을 적자가 태어났다"며 선조에게 맞장구를 쳤다.

그러자 광해군 지지 세력인 대북파의 이이첨과 정인홍이 나섰다. 유영경이 광해군을 해치려 한다고 탄핵한 것이다. 하지만 선조는 유영경의 주장에 일리가 있다며 도리어 이이첨과 정인홍을 귀양 보냈다. 왕위 계승을 놓고 영창대군을 지지하는 소북파와 광해를 지지하는 대북파 간에 싸움이 시작된 것이다.

누가 왕위에 오를지 예측 불허인 가운데 건강하던 선조가 갑자기 병이 들었다. 선조가 문안 온 광해를 다그쳤다.

"너는 임시 세자이거늘 어찌 세자의 문안이라 하느냐? 다시는 오지 말라."

상황이 이렇게 되자 소북파의 입김이 강해졌다.

어느 날 선조는 후사 문제를 의논해야만 할 정도로 병세가 깊어졌다. 대북파와 소북파를 함께 불렀지만 논쟁만 벌이자 모두 내보내고 소북파인 영의정 유영경만 남게 했다.

그동안 선조는 영창대군이 더 성장하면 광해군 대신 권좌를 물려주려고 했다. 하지만 갑자기 쓰러지는 바람에 두 살에 불과한 영창을 세자로 세우기가 어려워진 것이다. 설령 세운다 해도 수렴청정해야 할 인목왕후가 거센 당파 싸움을 견디기 어려울 것이었다. 더구나 세자 광해가 민심을 얻고 있는 상황이 아니던가.

고심 끝에 선조는 광해군에게 선위한다는 교서를 유영경에게 주었다. 하필 선조는 광해의 세력인 대북이 아닌 영창대군을 지지하는 소북의 유영경을 유조 수령자로 택했을까? 단순히 영의정이라 그랬다고 보기에는 석연치 않다.

기대와 다른 선위 교서를 받은 유영경은 놀란 표정을 애써 감추고 물러났다. 그 즉시 공표해야 할 선위 교서를 집으로 가지고 가 감추었다.

유영경이 말없이 종종걸음으로 귀가하는 것을 본 이이첨,

정인홍이 선조에게 달려가 유영경을 어명 거역죄로 처벌하라고 했으나 선조는 아무 대답도 못 하고 숨을 거두었다.

이 소식을 접한 유영경은 왕위 결정권을 쥔 인목왕후를 찾아가 영창대군을 옹립하고 수렴청정할 것을 간청했다. 그러나 인목왕후는 이미 선조가 광해에게 선위 교서를 내렸다는 사실이 다 알려진 상황에서 현실성이 없다고 보고 거절했다. 이런 우여곡절 끝에 서자이자 차남인 광해가 간신히 왕이 되었다.

조선의 이념을 건드리다

험한 등극 과정을 거친 광해군은 자신의 즉위를 훼방한 유영경을 유배 보내고, 이이첨, 정인홍 등 대북파에게 이조판서, 이조전랑, 대간을 비롯한 주요 요직을 주었다. 이와 더불어 영의정에 서인의 이항복, 좌의정에 남인의 이원익을 임명해 연립 정권의 구색을 갖추었다.

그렇다고 광해의 왕권이 안정된 것은 아니었다.

부왕의 유일한 적통은 어디까지나 영창대군이고, 광해군의 형인 임해군도 살아 있었으며, 명나라로부터 고명도 받지 못했다. 영창대군과 임해군은 명분이 중요한 조선 사회에서 광해보다 더 우선적 왕위 계승자였다.

실제로 조선왕조 기간 중 광해의 재임 기간에 역모 사건이 가장 많이 발생한다. 임해군은 공개적으로 동생이 왕위를 도

둑질했다고 비방하고 다녔다. 대북파가 수차례 임해군을 없애야 왕권이 안정된다고 간언했으나, 광해군은 임해군을 차마 죽이지 못하고 교동으로 유배만 보냈다.

그런데 명나라에서 서얼 출신이면서 차남인 광해가 왕이 된 경위를 알아보겠다고 통보해 왔다. 만일 임해군이 명의 조사관에게 엉뚱한 말을 하면 정통성 시비에 휘말리게 된다. 임해군을 없앨 수밖에 없었다. 명의 조사관은 임해군이 제거된 뒤라 소득 없이 돌아가야 했다.

이제 영창대군만 없애면 광해의 왕권을 위협하는 존재는 모두 사라지게 된다. 대북파가 온갖 궁리를 하던 중 문경새재에서 고관대작의 서자 7명, 즉 박응서, 심우영, 서양갑, 박치의, 박치인, 이준경, 김평손이 은 수백 냥을 약탈하는 사건이 일어났다. 이들은 관직 진출이 어려운 서자 신분에 울분을 품고 몰려 다녔으며, 허균과도 친하게 지냈다.

마침 서자 출신 광해가 왕이 되자, 기회가 왔다며 차별을 없애라는 상소를 올렸다. 그러나 묵살당하자 남한강 변의 토굴에 '무륜당無倫堂'을 만든다. 이곳을 근거지 삼아 자신들을 '죽림칠현' 또는 '강변칠우'라 칭하고, 전국 장터를 돌며 강도 행각을 벌였다. 그러던 중 문경새재에서 살해한 상인의 노비가 이들을 미행해 무륜당을 알아내 포도청에 신고한 것이다. 보고를 받은 대북파는 영창대군을 없앨 절호의 기회로 만든다.

이이첨과 포도대장 한희길 등은 영의정을 지낸 박순의 서자 박응서 등을 집중 국문하여 "자금을 모아 영창대군을 추대하려 했다"는 거짓 자백을 받아냈다. 그 배후로 '인목대비의 아버지 김제남'을 지목하게 했다.

김제남이 잡혀와 취조당하는 과정에서 인목대비와 김제남이 무당을 시켜 광해군을 저주한 일도 발각되었다.

김제남은 사사되고 영창대군도 강화도에 유배 보냈다가 강화부사를 시켜 죽였다. 이것이 광해군 5년(1613) 계축년에 '칠서七庶의 옥'에서 비롯된 계축옥사다. 이 사건의 여파로 이덕형, 이항복 등도 퇴진한다.

이후 정권은 대북파가 독점한다. 이들은 아예 인목대비도 없애려 했으나 광해가 거절했다. 그래서 암살까지 시도했지만 실패하자 폐비하자고 주장한다.

광해는 이들의 주장을 일축하고 즉위 10년째인 1618년에 인목대비를 서궁에 유폐한다. 이를 계기로 서인과 남인은 광해군의 북인을 '패륜정권'이라 단정 짓는다. 광해보다 인목대비가 나이는 어렸지만 엄연한 어머니였다. 그런 인목대비를 폐한다는 것은 조선의 이념에 맞지 않았다. 이로써 광해는 조선 사대부들에게 공적 1호가 된다.

조선 최초의 공평과세 대동법과 허균의 등용

광해는 정적 제거에는 어쩔 수 없이 무리수를 두었지만 외교나 내정은 현명하게 대처했다. 즉위 초 선혜청宣惠廳을 설치해 대동법을 추진했다. 조선 최초의 공평 과세인 대동법은 조세 혁명이라 할 수 있는데, 선조 때 이이가 최초로 제안했으나 사대부의 반발로 무산되었던 것이다.

워낙 파격적이라 우선 경기도부터 적용했다. 그때까지 조선의 공납 제도는 나라에서 필요한 것을 품목별로 정하여 인삼이 많이 나는 지역에 인삼을 부과하는 식이었다. 지역별 특산물 중심으로 부과하다 보니 혹 그 지역의 특산물이 더는 나오지 않아도 계속 부과했다.

만약 어떤 고을에 호피가 많이 나오다가 끊겼더라도 돈 많은 양반들에게 큰돈을 주고 호피를 구입해서라도 납부해야 했다. 중간에서 양반들만 이익을 챙겼다. 이 때문에 농토와 집을 잃은 농민이 급증했다.

대동법은 모든 공납을 오직 쌀이나 포로 대신 받는 과세 제도다. 또한 농지가 없는 소작인은 면세하고 지주에게만 과세해 백성들의 부담은 크게 줄어들었다. 하지만 양반들의 반발이 만만치 않았다. 이를 예상한 광해군이 영의정에 당시 야당 격인 남인 이원익을 임명했다. 이원익을 중심으로 대동법을 건의하고 추진하게 함으로써 반발을 최소화하고자 한 것이다. 그럼에도 양반층은 "대동법 때문에 나라가 망한다"고 반발했다.

이 외에 양전量田 사업과 《동의보감》 간행 등도 광해의 대표적 친서민 정책이다.

양전 사업은 임진왜란으로 입은 인명 피해와 3분의 1로 줄어든 농토의 현실을 파악해 양반들의 횡포를 막기 위해 실시한 제도다. 허준의《동의보감》도 광해군이 적극 도와 빛을 보았다. 허준은 광해가 어렸을 때 병을 치유해 줘 신임을 얻었다. 그 후 선조의 병세가 악화했을 때, 예방하지 못했다며 귀양 가야 했다. 그런 허준을 광해가 사면해 주고 어의로 불러《동의보감》까지 발간하게 했다. 이 책은 전국에 배포되어 백성들의 건강 서적이 되었다.

광해의 친백성 정책하에서 조선 최초의 한글 소설이며 최고의 혁명소설인 허균의《홍길동전》이 탄생했다. 허균은 허난설헌의 오빠로, 공주목사로 있으면서도 서얼과 가까이 지내며 개혁을 도모하다가 파직되어 전라도 부안에 은둔하고 있었다. 여기서 익명으로 최초의 한글 소설《홍길동전》을 썼다.

그런 그가 '칠서의 난'에 연루되었다는 의혹을 받고 죽을 뻔했다가 대북파 이이첨의 도움으로 겨우 살아났다. 다시 광해의 신임을 회복해 형조판서를 거쳐 좌참판까지 올라 누구보다 '인목대비 폐모론'을 강력히 주장해 성사했다. 그의 나이 마흔일곱 살 때다. 이런 허균을 광해군이 "그대의 충성이야말로 해와 달의 빛과 같다"고 칭찬했다.

그러나《홍길동전》을 쓴 허균은 광해보다 훨씬 더 급진적 포부를 품고 있었다. 왕조 체제를 전복해 반상班常과 적서嫡庶, 남녀, 계급, 빈부의 차별이 없는 사회를 꿈꿨다. 그러기 위해

서는 먼저 한양을 장악해야 한다. 허균은 수하를 시켜 남방에 왜구, 북방에 오랑캐가 대규모 침범을 획책하고 있다는 소문을 퍼뜨렸다. 똑같은 내용을 대자보에 적어 숭례문에 몰래 붙이게 했다. 민심이 흉흉해지며 도성을 떠나려는 사람이 생겨났다. 그러나 허균의 수하 현응민이 잡혔다. 아무리 급진적인 광해라지만 왕조 체제를 전복하려는 허균을 살려둘 수는 없었다. 허균이 20년간 가꿔온 체제 전복의 꿈은 그의 나이 쉰 살에 능지처참되는 것으로 물거품이 되고 말았다. 허균이 만일 왕조 체제 안에서 광해와 더불어 개혁을 추구했더라면 역

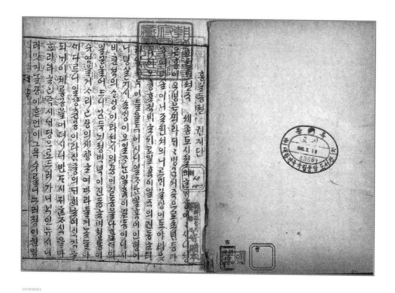

허균, 《홍길동전》
허균은 광해보다 훨씬 더 급진적 포부를 품었다. 왕조 체제를 전복해 반상과 적서, 남녀, 계급, 빈부의 차별이 없는 사회를 꿈꿨다.

사는 어떻게 달라졌을까?

　광해가 다른 왕과 달리 하층민에게 더 관심을 가진 것도, 세자가 되고 27개월간 지방을 돌며 참상을 목도했기 때문이다. 전쟁이 할퀴고 간 곳에서 굶주린 이들이 명군의 토설물까지 먼저 먹으려 다투는 것을 보았고, 사람이 사람을 먹는다는 말까지 들었다. 이런 체험으로 백성을 다독이는 정책을 폈기 때문에 민심을 얻은 것이다.

명나라 파병과 동시에 청나라와 거래

민심을 과신한 탓인지 광해는 궁궐 공사를 거듭하는 무리를 했다. 선조 때 시작한 창덕궁을 광해군 원년에 준공했고, 11년 후에 경희궁을, 다시 2년 후에 인경궁을 중건했다.

　물론 임진왜란으로 궁궐이 대부분 소실되어 성종의 형 월산대군의 집에서 국사를 볼 정도였으니 그럴 만도 했다. 하지만 연달아 건축하는 바람에 국가 재정이 상당히 소진되었고 공사 과정에서 일부 관리가 대금을 갈취하는 등 부작용이 나타났다.

　광해가 궁궐 공사를 강행한 배경에는 풍수와 사주에 능하다는 시문룡이 있다. 시문룡은 임진왜란 때 조선에 파병된 명나라 장군으로, 종전 후에도 경상도에 머물렀다. 그가 광해를 만나 기존의 경복궁과 창덕궁 터가 불길하다며, 인왕산 자락의 정원군(인조의 아버지) 집터에 왕기가 서려 있으니, 그곳에 궁궐을 지으라고 했다. 이 말에 홀려 광해가 인왕산 자락에 궁궐 세 개를 지었던 것이다.

사관들도 개탄할 만큼 광해는 이상하리만치 점성술에 집착했다. 시문룡 외에도 풍수가이며 술인術人인 이의신, 성지, 김일룡 등의 조언이라면 무조건 신뢰했다. 변혁의 군주답지 않은 모습이었다.

불안전한 정치적 입지, 변혁을 강요하는 시대의 압박에 불안한 심리를 풍수설로 달랬을 수도 있다. 즉위 초 완공한 창덕궁으로 멈췄어야 했는데, 풍수가들에게 이용당해 치세 기

겸재, 〈인왕제색도〉
비 온 뒤 인왕산의 신비스러운 풍경을 그린 그림이다. 풍수와 사주에 능한 시문룡은 인왕산 자락의 정원군(인조의 아버지) 집터에 왕기가 서려 있다고 지목했으며, 광해군에게 이곳에 궁궐을 짓도록 했다.

간 내내 비합리적인 궁궐 공사를 진행한 것이다. 리더가 시대를 앞서 기존 체계를 변혁하려면 관념적 오류^{idealist fallacy}에 빠지지 않도록 이성적 합리성을 추구해야 한다.

변혁의 군주답지 않게 지관^{地官}들의 말에 휘둘린 것 외에, 광해의 내치나 외치는 성공적이었다. 왜란으로 황폐해진 나라를 재건했으며, 외교를 실리 위주로 전환했다.

이 무렵 명나라와 만주 여진족이 세운 후금(청나라)이 전면전에 돌입했다. 명이 후금에 밀리며 광해군 10년(1618)에 지원병을 요청한 데 반해 후금은 조선에 명나라를 지원하지 말라고 압박했다. 난감한 상황이었다.

사대사상에 젖은 대신들이 명나라에 파병하는 것이 마땅하다고 주장했지만 광해는 난색을 표했다.

"파병은 신중해야 한다. 설령 파병하더라도 최대한 늦춰야지 섣불리 파병했다가는 후금의 침략으로 조선이 다시 쑥대밭이 될 것이다."

조선이 파병을 머뭇거리자 명나라의 재촉이 심해졌다. 대신들도 갈수록 파병을 독촉했다. 광해 홀로 궁궐 속에서 고뇌가 깊어갔다.

'후금은 떠오르는 별이고, 명은 지는 별이 아니더냐. 이런 후금과 원수가 될 필요는 없다. 하지만 임란 때 명의 도움을 받은 까닭에 출병을 거절할 명분도 마땅치 않구나.'

고심에 고심을 거듭한 끝에, 이듬해 강홍립을 도원수로 삼아 1만 3,000명을 파병했다. 강홍립은 어전통사^{御殿通事}였다. 왜 광해는 임진란을 거친 백전노장들을 제쳐두고 통역관을 지휘관으로 임명했을까? 파병 부대가 실제로 전투를 하기보다 외교적 조정 역할을 하기 원했던 것이다.

광해는 출병 전 강홍립에게 밀지를 내렸다.

"되도록 싸움을 피하라. 혹 싸울 일이 있어도 전력을 다하지 말고 형세를 보아 전력을 보존하라."

이 밀지대로 강홍립은 적당히 명을 돕는 척하다가 누르하치에게 투항하여 왕의 뜻을 전했다. 그렇게 후금 진영으로 간 강홍립은 후금의 속사정을 적은 밀서를 광해에게 보냈다. 이로써 광해는 한양에 앉아 대륙의 정세를 속속들이 파악했던 것이다.

이처럼 절묘한 책략으로 조선은 후금과도 화의를 유지하고 명나라와도 변함없이 관계를 유지하게 되었다.

근본적으로 뒤바뀌는 중화의 질서 속으로 동북아가 휘말려 가던 난세에 조선은 광해의 탁월한 독자적 외교로 위상이 높아졌으며 인조반정 이전까지 외부와의 마찰도 전혀 없었다. 이러한 외치는 국방력이 뒷받침되어야 가능하다.

그래서 왜란으로 원한 맺힌 일본과도 외교를 재개하고 조총을 다량 수입했으며 화기도감을 만들어 조총과 화포 제작에 힘썼다.

여기서 나온 무기로 조총부대를 양성했다. 청나라 여진족의 철기병에 시달리던 명나라는 조선 조총부대야말로 최상의 구원군이라 보고 조선에 아예 "조총부대를 보내라"고 강요했다. 이때 강홍립과 함께 간 조총부대원만 5,000명이 넘었다.

당시 일본도 이만한 조총 독립 부대를 갖추지 못했다. 명나라 장수들은 강홍립 부대를 서로 두겠다고 다퉜다. 그만큼 조선의 조총부대는 아시아 최강이었다. 이로써 기나긴 왜란에 지칠 대로 지친 백성들도 더는 외침이 없으리라 안심할 수 있었다.

광해와 북인의 동상이몽 그리고 인조반정

고려가 귀족들의 탐욕으로 양극화가 고조되다가 이성계와 사대부에게 무너졌듯 조선도 건국 후 200년간 평화로운 시대가 지속되며 사대부의 허위의식이 차츰 고조되었다. 결국 임진왜란 때 위기를 맞았다.

왜란 때 왕과 양반은 무엇을 보여주었던가. 왜병이 오기 전에 먼저 도주했고, 세자 광해만이 남겨진 백성들과 함께 전선을 누볐다. 백성들은 이런 광해가 왕이 되길 원했고, 광해가 즉위하자 환호했다. 광해는 실용 정책을 펴 백성의 열망에 부응했다. 그 과정에 대북 세력이 동참했다.

그러나 대북 세력은 광해와 동상이몽이었다. 왕권에 기대

정권 유지에 더 골몰했을 뿐 나라를 위한 원대한 비전은 부족했다. 일찍이 이이는 대북의 영수 정인홍을 가리켜 강직하지만 식견이 부족해 사령관보다는 돌격대장이 적격이라 했다.

광해를 선조와 비교해 보자. 선조는 인재를 잘 분별해 등용할 줄 알았다. 그러나 이들을 활용할 비전과 기술이 부족했다. 광해는 그 반대였다. 원대한 비전은 있었으나 이를 함께 이룰 만한 인물 선정에 약했다. 어쩌면 광해가 집권하기 전에 짜인 정치 구도의 한계를 극복하지 못해서일 수도 있다.

여하튼 광해가 의지한 대북파 중 그나마 정인홍은 강직하기라도 했으나 이이첨은 광해군의 정치적 입지를 불안하게 만들어 오로지 대북만 의지하게 유도했다.

임해군과 영창대군의 죽음, 인목대비의 유폐 등은 모두 이이첨의 모략이 빚은 결과였다.

정인홍도 왕의 각별한 총애를 이용하기는 마찬가지였다. 걸핏하면 벼슬을 버리고 낙향했고, 광해가 달래면 못 이기는 척 복귀했다. 또한 이이첨의 잔꾀를 도와 광해가 탕평책을 버리고 조선 성리학의 비주류인 대북파만을 의지하도록 했다.

광해가 5현, 즉 김굉필, 정여창, 조광조, 이언적, 이황을 문묘에 종사하고 백세의 사표로 삼겠다고 했을 때, 정인홍은 남인인 이언적, 이황을 빼고 대신 자신들의 스승인 조식을 넣자고 주장했다.

여하튼 광해는 북인의 권력 독점욕을 막지 못해 폐모살제

廢母殺弟라는 악수를 두어야 했다. 하지만 이것만 가지고 광해를 폄하해서는 안 된다. 이런 일은 왕조시대에 비일비재하게 일어났다.

태종이 일으킨 왕자의 난, 세조의 단종 제거 등은 광해보다 더 심했다. 광해 처지에서 정적이 노골적으로 영창대군을 옹립하려는데 그대로 두기 어려웠다. 본래 왕자례부동사서王者禮不同士庶라 하여, 군주의 예는 일반인과 다르다. 그렇지 않고는 통치가 어렵다. 그런데도 서인은 이런 특수성을 무시하고 천하동례天下同禮를 주장하며 인조반정을 일으켰다. 왕도 백성과 다를 바 없는 예를 지켜야 한다는 것이다.

서인은 광해가 명나라를 배반했다고 하지만 그로써 나라가 무슨 해를 입었는가. 왜란으로 서인을 포함한 조선 사대부는 권리만 누릴 뿐 의무는 행하지 않는 허상이 드러났다. 따르기만 한다면 나라를 화합하게 하기에 성리학만 한 이념은 없다. 하지만 사대부는 백성에게 성리학적 충효를 강요할 뿐 성리학적 애민 정치는 하지 않았다. 사대부 중 특히 서인이 신권 중심주의인 주희를 추종한다. 광해는 이런 사대부와 맞서 급변하는 시대에 대응하며 백성의 안녕을 지켜주었다. 따라서 광해는 백성에게는 성군이었지만 사대부에게는 폭군인 셈이다.

서인들도 반정의 명분이 약하기 때문에 다음과 같은 '선조 독살설'을 만든다. "선조 때 궁녀 김개시와 세자 광해가 몰래 만나 훗날을 도모하려 '동궁 찹쌀밥'을 만들어 선조에게 드렸는데 이를 먹고 선조가 승하했다. 이 공로로 광해 즉위 후 김개시는 이이첨과 더불어 권력을 휘둘렀다."

물론 서인들은 인조반정 후 정당성을 확보하려 이 설을 유포만 했을 뿐 근거가 없어 공식화하지는 못했다. 따라서 인조반정 후 서인들이 만든《광해군일기》에도 수록하지 못했다.

인조반정은 역대 반정 중 명분이 가장 취약한 반정이었다. 그 때문에 백성들조차 수긍하기 어려운 소문을 퍼뜨렸던 것이다. 이미 연산군을 폐위하고 중종을 택군擇君한 역사가 있기 때문에, 조선 중기 이후 사대부들은 유사시 자신들이 왕을 고를 수 있다고 생각했다. 그런데도 광해군은 신하들이 용납하기 어려운 파격적 정책을 추구했다. 그런 광해를 지지하는 대북파는 소수인 데다 각기 속셈이 달랐다. 그래서 서인들이 무능한 인조를 앞세워 광해를 쫓아낼 수 있었던 것이다. 하지만 백성들은 왜 광해가 폐군이 되어야 했는지 이해하지 못했다.

이로써 조선은 광해가 이룩한 십수 년간의 평화에 금이 가기 시작한다. 광해가 계속 통치했더라면 조선은 조총부대가 더 커지면서 동북아 최강이 되었을 것이다. 청나라도 배후의 강국인 조선을 의식해 중원을 쉽사리 정복하지 못하거나 요동을 소홀히 한 채 중원 경략에 전력을 기울였을 수 있다. 그러면 요동 땅을 조선이 어부지리로 취할 수도 있었을 것이다.

〈평양성탈환도〉

임진왜란 당시 선조가 의주로 피신하며 광해군에게 왕의 권한을 위임하는 분조를 실시한다. 이에 전란 극복의 책임을 맡은 광해군의 독려하에 조·명 연합군이 평양성을 탈환했다.

제16대 **인조**
제17대 **효종**

목소리만 컸던
비전 선포

직접 군사를 몰아 광해군을 몰아낸 인조(재위 1623~1649)는 정묘 · 병자호란의 비극을 불러들였다.

조선시대에 반정은 중종반정과 인조반정 두 번 있었다. 왕을 쫓아내려는 목적만 같았을 뿐, 반정의 동기나 추진 과정은 달랐다. 중종은 반정 후 신하들에게 추대된 왕이었다. 이에 비해 인조는 반정이라기보다는, 성리학 본류의 다수파가 집단 확증 편향confirmation bias에 빠져 실리 위주의 소수 집권층을 몰아낸 '역모'에 가까웠다.

그래서 인조는 관례를 어기고 왕위를 취했다는 비난을 피하지 못했다. 명나라에서도 인조의 즉위를 비정상적 정변이라며 22개월씩이나 고명을 미루었다. 인조가 친명배금한다고 광해를 폐위했는데도 지지를 미룬 것이다. 그만큼 즉위의 정당성이 약했다.

인조는 나라의 부강보다는 왕으로 살다가 왕으로 죽는 것에만 관심이 있었다. 그의 리더십도 실리보다 명분, 장기적 대안보다 일시적 모면책, 거시적 가치보다 미시적 이익을 추구하게 되었다.

당시 동북아에서는 명나라에서 청나라로 교체가 완료되는 중이었다. 광해 때부터 청나라가 동북아 유일의 독립 변수였던 명나라를 대체할 세력으로 급부상한 것이다.

압록강 건너 여진족이 후금(1616~1636)으로 통합하며 세운 나라가 청나라(1636~1912)다. 이런 정세하에 종속 변수인 조선이 나아갈 방향은 분명했다. 그런데도 친명 사상에 젖은 인조는 친청을 도모하던 장남 소현세자를 죽였다. 패륜의 군주라며 쫓아낸 광해보다 더 패륜을 저지른 것이다.

이 때문에 인조 다음 효종(재위 1649~1659)도 정국을 제대로 주도하지 못했다. 효종이 북벌의 웅지를 품고 추진한 왕이라고 하지만, 말만 난무했을 뿐 한마디로 병자호란의 악몽을 잊지 못한 민심을 반청 북벌이라는 그럴듯한 구호로 다독이며 왕의 입지를 다져나간 것이다. 오죽하면 왕이 신하인 송시열에게 '인격 수양'을 더 하시라는 충고까지 들어야 했을까? 곤궁한 입지를 모면하기 위해 예종이 선택한 통치 전략이 '구호 정치'였다.

두 왕의 통치 기간은 인조 26년과 효종 10년을 합쳐 36년이다. 세계사적으로는 대항해 시대로, 산업혁명의 물적 토대가 축적되고 있었다. 소현세자의 개방적이고 실용적인 리더십이 필요한 시기였다. 그러나 조선의 지도층인 사대부와 왕은 우물 안 개구리처럼 백성의 반청 정서를 강화하는 북벌만 외쳤다.

하지만 연달아 국난을 겪은 백성에게 북벌은 공허한 구호에 불과했다. 이런 구호가 난무하면 백성들도 의미 있고 위대한 일에 헌신

할 동기를 얻지 못한다. 다시 말해 실현 불가능한 구호는 장기적 관점에서 국력 결집에 마이너스가 될 뿐이다.

리더는 개인의 입지 확보를 위한 선동성 구호가 아니라 공동 번영에 맞는 비전을 제시해야 한다. 또한 그 비전은 '예측과 측정'이 가능해야 한다. 그래야 공감을 얻고 리더 자신도 당당한 자신감을 갖는다.

그래서 노자도 훌륭한 왕에 대해 이렇게 언급했다.

"백성이 보람 있는 일을 하도록 동기만 부여해 줘라. 하나씩 성사될 때마다 우리가 이 일을 해냈다고 환호하도록."

서인들 세상이 열리다

인조는 광해군의 이복동생 정원군의 장남으로 능양군으로 불렸다. 능양군과 서인은 세 가지 이유를 대며 반정을 일으켰다.

첫째, 폐모살제. 계모 인목대비를 서궁에 유폐하고, 어린 동생 영창대군을 죽였다는 것이다.

둘째, 재조지은再造之恩의 망각. 왜란 때 도운 명의 은혜를 잊어버리고 후금과 내통했다는 것이다.

셋째, 과도한 토목 공사. 연이은 궁궐 공사로 민생을 도탄에 빠뜨렸다는 것이다.

이런 명분으로 일으킨 반정이 의외로 쉽게 성공한다. 광해 말년 측근의 내분 때문이었다. 권력이란 독점하면 부패의 온상이 되기 마련이다.

광해 때 권력을 독점한 대북파 실력자 이이첨이 조선의 실리를 찾고자 하는 광해의 외교 정책까지 대놓고 반대했다. 소수파인 대북 세력에만 권력 기반을 둔 광해의 한계였다.

이이첨은 어느덧 광해의 충신에서 광해를 조종하려는 자로 변해 있었다. 당시 이이첨은 왕의 경호를 책임진 훈련대장이었다. 이이첨의 변심을 깨달은 광해가 그를 해임했다. 그러나 대안이 없어 다시 임명했다. 그것을 열한 번 반복했다. 그 과정에서 훈련대장이 된 이흥립이 반정 세력에 포섭되었던 것이다.

광해는 진심 어린 충신이 없다는 것을 깨달은 후, 노비 출신 상궁 김개시에게 마음을 쏟는다. 김개시가 광해의 눈과 귀를 사로잡자 이이첨도 김개시에게 아부하며 조정의 인사, 재정 정책안 등을 광해에게 허락받게 했다.

주요 국사가 김개시의 손안에 들어간 것이다. 어느 날 김개시는 '이귀의 역모' 투서를 접수하고도 별것 아니라고 무시했다. 반정군의 군사력도 형편없었다. 황해도 평산부사 이귀와 경기도 장단부사 이서가 데려온 1,000여 명이 전부였다. 그중 700명은 산성을 쌓던 군졸이었고 나머지 300명은 유생과 노비 등이었다.

이만한 병력으로 한 나라의 왕을 쫓아낼 수 있었던 것은 훈련대장 이흥립이 궁궐 내에서 도와주었기 때문이다. 반정군이 창의문을 부수고 창덕궁으로 몰려가도 반발이 거의 없었다.

지난 10년간 덕수궁에 유폐되었던 인목대비는 대왕대비의 자격으로 인조에게 옥새를 주었다. 반정이 일어난 후에도 쫓겨난 광해를 비난하는 여론이 일지 않았다. 당황한 서인들이 남인 이원익을 영의정으로 모시고 민심 수습에 나섰다.

그래도 서인들 세상은 왔다. 이들이 제1당을 차지하고, 구색 갖추기로 2당은 남인에게 주었다.

기어이 권신의 자리를 차지한 서인들은 과연 어떠했는가? 반정 초기인 인조 3년의 실록에 기록된 〈상시가傷時歌〉를 보면 실상을 가늠할 수 있다.

> 훈신들아, 잘난 척 마라
> 그들의 집과 논밭을 차지하고
> 그들의 말을 타고, 같은 짓을 저지르며
> 너희와 그들이 다른 게 무엇이더냐

인조반정을 바라보는 민심이 담겨 있다. 반정 공신들이 광해 권신들의 저택과 전답을 백성에게 돌리지 않고 자신들이 차지했다는 것이다. 광해는 그래도 양반을 견제했으나 인조는 양반 대신 백성을 눌렀다.

이후 조선 역사의 수레바퀴가 거꾸로 돌아가며 차례로 정묘호란, 병자호란, 삼전도의 치욕이 발생한다. 반정 세력 중 1등 공신으로 책봉된 김류, 이귀, 김자점 등이 권신이 되었고,

광해의 측근 정인홍, 이이첨 등 대북 세력 200여 명은 숙청당한다. 광해는 강화로 유배 갔다가 병자호란이 끝난 직후 제주도로 이송되어 폐위된 지 19년 만에 생을 마친다.

서인들은 비밀리에 집권을 자축하는 자리에서 앞으로 왕비는 서인에서 독점하고, 산림에서 학문을 익힌 서인을 중용하자는 두 가지 맹약을 한다. 이 두 원칙, 즉 물실국혼勿失國婚, 숭용산림崇用山林이 이후 조선 정치를 독해하는 키워드다.

반정을 성사한 바로 그해 산림직山林職을 신설한다. 이 관직은 과거시험과 상관없이 재야, 즉 산림의 명망가로부터 추천받은 자들의 자리다. 이렇게 조선에 산림 정치가 탄생했다.

반정 공신들의 잔치가 무르익어 가던 1624년 1월 24일, 잔치에 재를 뿌리는 반란이 일어났다. 2등 공신으로 책봉된 함경도 병마절도사 이괄이 자신보다 공이 적은 김류가 1등 공신이 된 데 불만을 품은 것이다.

이괄의 반란군 1만 2,000여 명이 영변에서부터 한양 궁궐을 향해 남하하기 시작했다. 그 기세에 관군들은 몸을 사렸다. 반군이 임진강을 건널 준비를 할 때였다.

석양에 소식을 접한 인조가 환관을 시켜 숭례문의 자물쇠를 돌로 때려 부수게 하고 수원을 거쳐 공주로 피신했다. 반군은 2월 10일 한양에 무혈입성한 후 선조의 열째 아들 흥안군을 왕으로 추대했다.

그동안 반란군의 기세에 흩어졌던 관군이 다시 파주 길마재에 집결했다. 이 소식을 들은 이괄이 반란군 주력 부대를 보냈다. 그러나 관군이 길마재의 유리한 지형을 선점한 데다 모래 섞인 강풍까지 반란군 쪽으로 부는 바람에 대패했다.

이렇게 이괄의 3일 천하는 끝이 났다. 이괄의 난을 평정한 공으로 장만, 정충신, 남이흥 등 32명이 진무振武공신으로 책봉된다.

이괄의 난을 진압한 인조는 광해군의 기존 외교 정책을 파기하고 친명배금의 깃발을 들었다. 그 시각 후금의 누르하치에게 도주한 이괄의 잔여 세력 한윤 등이 불법으로 왕이 된 인조가 친명정책을 편다며 남침을 충동질하고 있었다. 3년 뒤 있을 전란의 예고였다.

외교 분쟁이 전쟁으로

인조 치세 동안 두 번 전쟁이 일어났다.

광해의 중립 외교를 포기하고 명나라만을 고집하여 일어난 즉위 5년째의 정묘호란과 10년째의 병자호란이다.

후금은 인조 14년(1636) 국호를 청으로 바꾼다. 정묘호란 이전에 이미 만주를 통일했고 도성을 홍경에서 심양으로 옮겨 중원 장악의 발판을 확고히 다지고 있었다.

그런데도 인종은 후금과의 사신 왕래를 금지하는 대신 평안도 철산 앞바다 가도에 진을 치고 청나라의 배후를 노리던 명나라 장수 모문룡을 적극 후원했다. 모문룡은 광해군 13년 (1621)에 요동을 공격했지만 후금의 반격을 받아 가도로 도망친 후, 광해군의 푸대접을 받았다. 그런 모문룡에게 엄청난 지원을 해준 것이다. 이 때문에 후금은 조선을 침략하면서 "광해의 원수를 갚자"는 구호를 외쳤다.

인조 5년(1627) 1월 8일, 홍타이지(청 태종)의 명을 받은 대패륵 아민이 3만 병력을 이끌고 압록강을 건넌다. 이 중 주력부대는 의주를 돌파하고, 나머지는 모문룡을 쳤다. 침략군의 파죽지세에 놀란 인조는 모문룡의 도움을 애타게 기다렸다. 그러나 모문룡이 조선을 돕기는커녕 민가를 약탈한다는 소식을 듣고, 허탈한 상태로 강화도로 피신한다.

왜란 때 선조에 이어 인조가 또 궁궐을 비운 것이다. 이에 각처에서 더 이상 관군을 믿을 수 없다며 자발적으로 의병이 일어났다.

후금군은 가는 곳마다 불시에 의병의 습격을 받으며, 혹 후방에서 명나라가 기습할 수도 있다는 우려 때문에 진격을 멈추고 인조에게 강화 조건을 제시했는데, '양 나라가 형제의 맹약을 맺을 것, 서로 압록강을 넘지 않을 것' 등이었다.

최명길이 앞장서 조선이 명나라와 국교를 유지하는 조건으로 후금과 형제지국의 맹약을 맺었다. 후금이 즉시 철군했다.

이어 후금은 국호를 청으로 고치고 청 태종 즉위식을 성대하게 치렀다.

청나라를 '미개한 오랑캐가 세운 나라'라고 깔본 조선도 축하 사절을 보내지 않을 수 없었다. 각국 사절이 태종에게 순서대로 하례하기 시작했다. 조선 사신의 차례가 되었으나 "하늘에 해가 둘일 수 없다"며 거부했다. 태종의 호위무사들이 목을 베겠다고 칼을 뽑자 태종이 만류하고 용골대 장군을 불렀다.

"조선의 사절들을 따라가서 인조 왕을 만나 오늘의 무례를 꾸짖고 앞으로는 양국이 형제지국이 아니라 군신지국이니 예를 다하라고 전하라."

편향된 정세 파악이 낳은 삼전도의 비극

청나라 장수 용골대와 마부태 등이 인조를 만나 청 태종의 뜻을 전하자 대신들이 격분했다. 인조도 "이번 기회에 오랑캐의 버릇을 고쳐놓겠다"며 결전 교서까지 내렸다.

일부 신하가 전쟁만은 피해야 한다며 주화론을 주장했지만 주전론의 목소리에 묻혔다. 이 소식을 접한 청 태종은 "뜨거운 맛을 보여주겠다"며 압록강이 얼기만을 기다렸다가 인조 14년(1636) 12월 북풍으로 사방이 얼어붙자 대군을 일으켰다.

청나라 군대는 태종이 앞장서서 압록강을 건넌 지 14일 만에 개경에 도착했다. 그제야 혼비백산한 인종이 어둠을 뚫고 강화도로 도피 길을 나섰지만, 벌써 청군이 길을 막고 있었다. 하는 수 없이 가까이 있는 남한산성으로 들어가야 했다.

조선군 1만 3,000여 명이 지키는 남한산성을 금세 청나라 20만 대군이 물 샐 틈 없이 둘러쌌다. 성안에 고립돼 버티던 인조는 식량은 물론 마실 물까지 떨어지자 견디지 못하고 47일 만인 1월 30일에 항복한다.

한강이 얼어붙을 만큼 추운 그날, 평민복으로 갈아입은 인조가 성문을 열었다. 세자와 대신들이 뒤따랐다. 이들이 가고 있는 한강 동남쪽 삼전도에는 이미 청 태종이 높은 수항단受降壇에 앉아 있고 청나라 병사 2만이 양옆으로 도열했다.

단상 앞에서 인종이 세 번 절하고 아홉 번 조아리는 삼배

서울특별시 송파구 잠실동에 있는 삼전도비
병자호란 때 조선이 청나라에 패배하여 강화 협정을 맺자, 이를 기념하기 위해 청 태종의 요구로 인조 17년(1639)에 세웠다.

구고두를 했다. 이것이 병자호란 때 있었던 삼전도의 치욕이다. 치욕도 그런 치욕이 없었다.

이로써 조선은 대대로 오랑캐라며 무시했던 여진족과 군신 관계를 맺어야 했다. 반정을 일으킬 때부터 시대착오적 명분을 고집하다가 삼전도의 굴욕까지 당한 것이다. 청나라 군대는 귀국하면서 소현세자와 봉림대군, 인평대군을 볼모로 끌고 갔다. 인평대군은 다음 해에 돌아왔고, 소현세자와 봉림대군은 8년간 심양의 심양관에 더 억류되어야 했다.

인조가 삼전도에서 청나라 태종에게 머리를 조아렸다는 것은 반정의 명분을 부정했을 뿐만 아니라 평소 사대부가 주장하던 조선의 근본을 부정한 것이다. 친청을 추구한 광해도 그러지는 않았다. 인조가 반정의 정당성을 스스로 부정한 뒤, 그 부작용이 엉뚱한 대상으로 투사된다.

다음에 보겠지만 현명했던 아들 소현세자를 부정하고 증오하는 형태로 나타난 것이다. 삼전도의 굴욕은 인조가 조선과 주변 여건을 객관적으로 보지 않고 자기가 선호하는 방식으로만 바라본 대가였다.

이런 왕은 백성과 더불어 미래를 도모하지 않고, 자기 입맛에 따라 통치한다. 선조도 마찬가지였다. 둘 다 나라를 밝은 미래로 안내하기는커녕 전쟁의 참화 속으로 밀어 넣었다. 그래서 두 왕은 포악했던 연산군보다 더 부정적인 리더로 비판받는다.

소현세자와 강빈

청나라 볼모로 심양관에 억류된 조선 왕자 일행만 200여 명이 넘었다. 이들의 8년간 체류비를 댄 사람이 소현세자의 부인 강씨였다. 외교는 소현세자가 담당했지만, 그 외 자금은 강비가 둔전屯田을 만들어 농사를 짓거나 국제 무역을 해서 마련했다. 강비의 경영 수완에 유목민 출신인 청나라 귀족들도 감탄할 정도였다. 세자의 탁월한 외교 수완도 강비가 벌어들이는 수입을 바탕으로 이루어졌다.

연례적으로 조선에서 청 태종에게 호서 지방의 홍시 4만여 개를 보내는데, 어느 해인가 청 측 조선 책임자 용골대가 인조가 직접 들고 와 바치라는 것을 세자가 무마했다.

호란 때 청나라에 끌려온 포로를 구하는 일에도 소현세자가 앞장섰다. 삼전도의 치욕을 가슴에 품어 청나라 관리와 관계가 좋지 않던 봉림대군은 이런 일이 마땅찮았다. 봉림대군은 청의 관리들이 자신을 패전국 왕자라 무시한다고 생각하고 청나라와 잘 지내는 소현세자와 인조를 이간질하는 일에만 열중했다.

봉림대군이 인조에게 고해바친 것 중 하나는, 청나라가 공물이나 포로 문제로 조선과 의논할 현안이 생기면 인조가 아닌 소현세자를 찾는다는 것이다. 청나라 처지에서는 이역만리 떨어진 조선 왕보다 근처의 세자와 상의하는 것이 당연한 일이었으며, 그럴 때마다 세자가 일 처리를 깔끔하게 했다. 그런데도 인조는 자존심이 상했다. 하지만 자신의 협량이 드러날까 내색하지 않았다.

인조가 봉림대군의 거듭된 고자질로 소현세자를 오해하고 있을 때, 심양에 다녀온 사은사나 역관들이 세자가 서학에 호감을 갖고 있다고 전했다.

이때부터 인조는 소현세자를 청나라를 배경으로 왕위를 노리는 정적으로 보고, 심양의 봉림대군에게 몰래 사람을 보내 소현세자와 청나라 관리의 동정을 염탐하게 했다.

인조 22년(1644)에 청은 북경을 수도로 삼으며 명을 완전히 정복했다. 심양에 억류되었던 소현세자 일행도 북경으로 따라가야 했다.

북경에서 소현세자는 이웃에 사는 독일 신부 아담 샬과 친하게 지내며 서양의 천문학과 종교 등을 배웠

아담 샬
독일 출신 예수회 선교사로 중국에 가톨릭을 전했으며 뛰어난 과학자이기도 했다. 소현세자와 북경에서 만나 순수하고 아름다운 우정을 꽃피웠다.

으며, 세계사적 조류에도 눈을 떴다. 그 시각으로 보면 숭명 반청의 이념은 너무 낡았으며, 조선은 한시바삐 청나라와 우호 관계를 맺어야 했다. 봉림대군도 똑같이 서양 문물을 접했지만 깨닫지 못했다. 청나라 관리들이 자신을 무시하고 세자만 존중한다는 피해의식에 사로잡혀, 소현세자의 동정과 청의 내부 사정을 인조에게 알리기에 바빴다.

청나라는 북경 천도 70일 만에 소현세자와 봉림대군의 영구 귀국을 허락했다. 더 이상 조선 왕자들을 볼모로 잡아둘 필요가 없다고 판단한 것이다. 귀국할 때 소현세자는 개방론자로 변해 있었고, 봉림대군은 반대로 삼전도의 굴욕을 갚아줘야 한다는 복수주의자로 굳어 있었다.

소현세자가 반가운 얼굴로 인조를 알현하며 서양 물품 몇 개를 선물로 드렸다. 인조가 선물을 보지도 않고 버럭 화를 내며 벼루를 집어 세자의 얼굴에 던졌다.

"그동안 보고 배운 것이 고작 이 정도란 말이냐? 에이, 배은망덕한 놈 같으니라고."

세자로서는 마른하늘에 날벼락이었다. 왜 인조가 화를 내는지도 모른 채 얼굴에 흐르는 피를 감싸며 물러나야 했다.

인조의 속내를 간파한 김자점이 인조의 후궁 소용 조씨와 결탁하여 인조와 세자 사이를 더욱 벌려놓았다.

어느 날 소현세자가 온몸에 열과 땀이 나는 한증에 시달리다가 자리에 드러누웠다. 인조의 어의 이형익이 달려와 사흘 동안 침을 놓는 등 온갖 처방을 했지만 끝내 일어나지 못했다. 귀국한 지 70일째 되던 날이었다. 세자 나이 서른세 살로 그동안 젊고 건강했기 때문에 이형익이 소용 조씨의 사주를 받았다는 풍문이 나돌았다.

모두가 고개를 갸우뚱하는 가운데 급기야 대사헌에서 어의를 처벌해야 한다고 주장했다. 그런데도 아버지 인조는 "쓸데없이 억측하지 말라"며 어의를 두둔했다. 세자의 장례식도 평민의 예식으로 축소했다. 장남이 죽으면 장손을 옹립하는 것이 종법이라 신하들이 소현세자의 장남을 세자로 세우고자 했다. 이 또한 인조가 반대했다.

"원손이 아직 미약하거늘 언제까지 성장하기만 기다리겠느냐."

결국 원손을 폐위했다. 이것으로 끝이 아니었다. 김자점이 세자빈 강씨가 인조를 저주했다고 모함한 것을 빌미로 강씨도 제거하고 세자의 세 아들 석철, 석린, 석견을 멀리 제주도로 유배 보내고 반청 사상을 지닌 봉림대군에게 왕위를 물려주었다. 세간에 인조가 권간權奸들과 짜고 정치 노선이 다른 아들과 며느리까지 독살했다는 풍문이 돌았다.

소현세자의 제거에 깊이 관여한 김자점은 간신의 전형적 행태를 그대로 보여준다. 인조반정을 주도한 친명 세력인 김자점은 명나라가 패배한 후, 청나라에 사은사로 다녀오더니 친청으로 변했다. 그랬으면 당연히 소현세자를 도와야 했지만 인조가

세검정
이귀, 김류 등이 세검입의(洗劍立義)를 내세우며 인조반정을 모의한 곳이다.

세자를 싫어하자 세자를 제거하는 모략을 꾸몄다. 그러면서도 뒤로는 청나라와 결탁해 배후 세력으로 삼았다. 이런 처세술로 인조 집권 말기에 영의정이 되어 국정을 주도했다.

소현세자의 종말과 함께 조선의 개방도 요원해졌다. 소현세자와 강비는 청나라는 물론 서양과도 인맥을 형성한 당대 최고의 외부 네트워크였다. 위선적인 데다 소심한 인조는 바로 아들과 며느리의 이런 모습에 콤플렉스를 느껴 죽음에 이르게 한 것이다.

북경에서 소현세자는 중국 저편에 서구 사상이 있듯, 동양의 주자학도 상대적임을 알았다. "주자학이 태동한 나라라고 명나라만 고집할 필요가 없다. 현실적으로 조선에 도움이 되는 나라들과 관계를 구축해야 한다."

이런 관점을 갖게 된 소현세자와 달리 봉림대군은 외골수였다. 청나라는 삼전도의 치욕을 되갚아 주어야 할 오랑캐일 뿐이었다. 이런 봉림대군의 생각은 효종으로 등극한 후에도 조금도 변하지 않고 더 강화되었다.

효종의 북벌정책, 웅지인가 통치 수단인가

효종은 인조와 두 가지가 닮았다. 수려한 풍채와 더불어 즉위 정황이 그것이다. 서인에 의해 왕이 된 인조는, 다시 서인과 함께 효종을 왕으로 앉히기 위해 세자를 독살했다는 의심을 산다. 이런 구도에서 효종도 인조처럼 강력한 군주가 되기 어려웠다.

그럼에도 효종은 북벌의 웅지를 품어, 고구려 광개토대왕과 비유되기도 했다. 하지만 별다른 실행이 없어 진정성을 의심받는다. 양대 호란의 악몽을 잊지 못한 민심을 다독여 왕의 입지를 강화하려 했다는 것이다.

장자 계승이 중요한 조선에서 멀쩡했던 소현세자와 원자까지 급서하고 그 자리를 효종이 차지했다. 그러니 정통성 시비에서 자유로울 수 없어 노회한 서인들에게 농락당하기 좋았다. 이 상황에서 중화주의를 신봉하는 사대부의 입지를 줄이고, 왕권을 뒷받침할 돌파구로 중국을 점령한 아시아 최강의 청나라를 공격하겠다고 나왔다.

효종이 즉위한 지 한 달 만에 사간원과 사헌부에서 김자점 탄핵 상소가 줄을 잇기 시작했다. 공사를 구분하지 않고 불의를 저지르며 사치와 교만이 극에 달했다는 것이다. 이에 김자점은 역관 이형장을 청나라에 보내 효종의 북벌 구상을 밀고했다. 청나라를 배경으로 벼슬을 보전하려 한 것이다. 이 일이 곧 발각되어 김자점 세력이 순식간에 무너졌다.

조정에서 친청 세력이 사라지자 효종은 어영청을 북벌의 선봉 부대로 삼고, 금군을 기병부대로 개편했다.

효종의 무치武治에 의도치 않게 네덜란드인 하멜이 도움을 주었다. 하멜 일행 36명이 탄 네덜란드 무역선이 효종 4년(1653) 8월 제주도 부근에 표류한다. 다음 해 5월 서울로 압송된 하멜 일행은 훈련도감에 편입되어 조총, 화포 등 신무기를 개량했다. 하멜은 봄가을이면 3개월씩 군대를 동원한 북벌 작전 훈련과 매달 세 차례 사격 연습에 참여했다. 그 뒤 전라도 지역에 잡역으로 배치되었다가 현종 7년(1666) 9월 본국으로 탈출한다.

효종은 장자 계승의 고정관념이 적은 무인들로 주변을 채우고 싶어 했다. 그때까지 무과 출신은 문과 출신보다 한 단계 낮은 대우를 받았고, 지방 수령으로도 가지 못했다. 이런 관례를 효종이 깼다. 무과 출신도 지방 수령으로 보냈으며,

유혁연 장군을 비서 격인 승지로 임명해 북벌 전략을 짜게 했다.

그 후 병조판서가 팔도의 군사 문제를 취합해 유혁연에게 주도록 했다. 1654년에는 한강 변에서 대대적으로 열병식을 거행하고 하멜 일행이 만든 서양식 무기를 시험했다. 효종은 대군 시절 청나라 기병들이 허리를 숙이고 사격하는 것을 보았다. 이와 달리 조선의 기병들은 허리를 세우고 사격하였는데, 적 화살을 피하도록 청나라 사격법을 보완하라고 했다.

이랬던 효종이 1654년 러시아와 충돌한 청나라가 원군을 요청하자 바로 파병했다. 이런 모순 때문에 효종은 북벌 의지를 의심받았다. 청나라는 흑룡강 유역을 두고 러시아와 몇 차례 충돌했지만 거점 확보에 실패하고 조선에 총수銃手를 보내 달라고 한 것이다.

광해라면 어떻게 했을까? 명나라가 파병을 요청했을 때 광해는 최대한 미루다가 전투 시늉만 하고 청나라와도 내밀히 소통했다. 따라서 광해는 원군을 되도록 늦게 보내고 러시아와 조율했을 것이다.

만일 효종이 러시아와 청나라 간 분열책을 썼더라면 동북아의 지형도는 크게 달라졌을 것이다. 그러나 효종은 북벌을 천명한 왕답지 않게, 청의 요청대로 러시아 정벌에 나섰다.

효종 5년(1654) 조총병 100명을 포함해 150명이 청병과 합세해 전승을 거두고 귀국했다. 청나라는 다시 러시아와 교착 상태에 빠지자 2차 파병을 요구했다. 효종은 1658년 대장 신유에게 조총병 200명과 그 외 60명을 딸려 보냈다. 원정을 다녀온 신유는 《북정일기》에 이런 기록을 남겼다.

'우리가 이겼지만 명나라 파병 때와는 달리 왜 이리 아쉬운지 모르겠다.'

효종과 송시열의 줄다리기

효종이 무신 중심의 중앙군 확대 정책을 지속하자 문신들이 안민책安民策으로 전환해야 한다고 주장하기 시작했다. 성을 쌓고 병기를 만드는 데 농민들이 동원되는 바람에 농사지을 일손이 부족하다는 것이었다.

그러나 속셈은 달랐다. 군비를 확장하려면 세금을 더 걷어야 하고 양반들까지 거액을 내놓아야 하기 때문이었다. 효종 8년에 송시열이 이들의 입장을 대변한 '정유봉사丁酉封事'를 올리고 사직했다. 봉사란 오직 왕만이 보도록 밀봉했다는 뜻으로 송시열이 상소를 올린 이유는 양반들의 이해관계와 함께 국제 정세의 변동을 감안해서였다.

1년 전인 1656년, 청나라가 명나라의 잔존 세력인 남명南明의 주산열도마저 장악하며 남명의 마지막 황제 주유랑이 종적을 감추었다. 그동안 서인은 춘추대의에 입각해 남명과 통교하자고 주장하는 의리론을 펼쳤는데 그 대상인 남명이 사라져 버린 것이다. 1662년 주유랑이 미얀마에서 잡혔을 때, 팔도의 향교에서 유생들의 통곡 소리가 끊이지 않았다. 그만 큼 조선 유림은 남명을 중국 남부에서 외롭게 버티는 '정통의 유일한 기둥'으로 보았다.

남명의 소멸이 정유봉사를 올리게 된 배경이었다. 우선 효종의 지난 8년 정치가 아무 성과가 없었다고 비판했다. 따라서 군정을 서두르지 말고 양민 위주의 정책으로 전환해야 하며, 산림의 현사들을 실망시키는 왕실의 사치를 금해야 한다고 했다. 결국 왕이 북벌의 웅지를 이루려면 먼저 산림의 적극적 지지와 인심을 얻으라는 뜻이다.

송시열을 필두로 사대부가 군비 확장을 포기하라고 종용하자 효종은 곤혹스러워졌다. 그렇다고 사림의 영수인 송시열을 벌할 수도 없었고, 군비 확장도 포기할 수 없었다.

할 수 없이 효종이 거듭 송시열을 달래야 했다. 그제야 송시열이 상경해서 이조판서를 제수받았다.

또한 산림의 영예직으로 성균관에 정3품 좨주祭酒를 신설해 성균관의 대사성보다 더 높게 대우했다. 첫 번째 좨주가 송준길, 다음이 송시열이었으며 이후 고종 때까지 주로 두 집안이 좨주 자리를 차지한다. 이리하여 산림이 산골에서도 나라를 좌지우지할 수 있는 요집조권遙執朝權의 기틀이 마련된 것이다.

1659년 3월 11일, 이조판서 송시열은 왕과 '기해독대'를 한다. 《경국대전》에 어떤 경우에도 임금과 신하가 독대하지 말라고 했는데도 이를 어겨가면서까지 독대를 한 것이다. 그 자리에서 효종은 '북벌'이라는 말을 처음이자 마지막으로 언급했다. 북벌을 위해 군대를 강화하고 있으며, 이대로 10년 동안 포수 10만을 더 양성하면 청나라를 이길 수 있다며 협조하라고 명령했다. 지엄한 왕명이었다.

송시열은 왕의 뜻을 존중한다면서도 차질이 생기면 나라가 망하니 우선 '필선수기형가必先修己刑家'를 하시라고 권했다. 전쟁 전에 인격 수양이나 먼저 하시라는 뜻으로 들릴 수 있는 말이었다. 송시열은 북벌론은 문치가 강한 조선에서 사대부를 억누르고 정통성이 약한 효종이 자신의 왕권을 강화하기 위한 수단에 불과하다는 것을 잘 알고 있었다. 그래서 효종에게 감히 군주의 인격 수양이 더 필요하다고 말한 것이다.

송시열은 삼전도의 굴욕 직후 오랑캐가 나라를 유린했다며 벼슬을 내려놓고 10년간 낙향했다. 그만큼 주자학의 원칙에 충실했기 때문에 유생들이 전적으로 그를 따랐다.

이런 송시열이라 왕도 자신을 은근히 폄하해도 눈감아 주고, 대신 북벌 추진에 앞장서도록 병조판서까지 겸직하라고 종용했던 것이다. 만일 송시열이 이마저도 거절하면? 그때는 정권을 회수하겠다는 뜻이었으며 송시열도 무사하기 어려웠다.

진퇴양난에 빠진 송시열은 머뭇거리다가 수락했다.

사실 효종과 송시열의 반청 관점은 같았다. 실행 방법에 차이가 있을 뿐이었다. 효종은 군사력을 동원하자는 것이고, 송시열은 먼저 나라 안을 가다듬고 밖의 오랑캐를 물리치자고 주장했다. 병자호란 이후 조선에 만연한 청나라의 야만적 영향력을 삼강오륜으로 바로잡다 보면, 청나라 국력이 기울 때가 올 테니 그때 북벌하자는 논리였다.

이것은 당대 사대부의 극히 정상적인 인식이었다. 효종의 북벌론을 따르자니 현실적으로 너무 큰 부담이 되었다. 만일 전쟁을 일으켰다 패하기라도 하면 먼저 반청의 골수들인 자신들부터 제거될 것이다. 그러나 자신들의 반청 감정을 대변하는 효종을 대놓고 비난하기도 어려웠다.

그래서 송시열은 효종의 강권을 거절하지 못하고 마음에도 없는 북벌을 앞장서서 추진해야 했다. 독대 이후 남인들이 독대를 문제 삼자 송시열이 수습하려 애쓰는 가운데 변고가 일어났다. 머리에 난 작은 종기를 어의 신가귀가 침으로 치료하던 중 효종이 과다 출혈로 급서한 것이다. 송시열과 독대한 지 두 달 만의 일이었다.

수전증이 있던 신가귀가 어떻게 왕에게 침을 놓을 수 있었을까. 효종이 원한 것이라고는 하지만 진상은 아무도 모른다. 중요한 것은 서인 등 산림 세력의 기득권에 방해가 되는 효종이 사라졌다는 점이다.

제18대 **현종**

왕은 성과 위주로 이슈를 주도해야 한다

현종(재위 1659~1674)은 조선 역대 왕으로서는 세 가지 면에서 유일하다. 조선 땅이 아닌 청나라에서 출생했고, 왕비를 한 명만 두었으며, 재위 기간을 예론 논쟁으로 보낸 점이다. 시절도 다른 시대와 달리 외침도 거의 없었다. 효종 때 추진한 북벌도 완전히 중단되어 한가롭기까지 했다.

이와 달리 서구에서는 뉴턴의 물리학 등 과학의 기초이론이 일취월장하고 있었고, 영국과 프랑스 등 열강들이 치열하게 식민지 확보 경쟁을 벌이고 있었다. 일본도 네덜란드 등과 통상하며 선진 문물을 도입하기 바빴다.

이런 중차대한 시기에 조선은 최대 정치적 쟁점으로 부각한 '예론 禮論'으로 세월을 보냈다. 이 논쟁은 현종이 즉위한 직후부터 남인과 서인 사이에서 본격화되었다. 물론 인조 때 소현세자가 의문의 독살을 당하고, 왕통이 차남 효종으로 이어진 것이 발단이었다.

그 바람에 효종은 물론 그의 아들 현종까지 정통성을 의심받으며 신권이 더 득세한 것이다.

정통성 시비가 잠재된 리더일수록 성과 위주의 핵심 이슈를 선점하고 주도해야 한다. 그래야 성과로써 정통성 시비를 누를 수 있다. 그래도 효종은 북벌이라는 거대 이슈를 주도하면서 넘어갔다. 하지만 현종은 정국의 이슈를 주도하지 못하고 예송禮訟 논쟁에 끌려갔다.

현종 15년(1674)은 예송 논쟁과 함께 자연재해가 61회에 달할 정도로 잦았다. 이 시기 조선 사대부는 서인과 남인으로 나뉘어 치열한 예법 논쟁을 벌이면서도 재앙을 극복하는 데는 합력했다. 사대부의 당쟁은 단순한 권력욕뿐 아니라 자신들의 신념 구현을 위한 측면도 강했던 것이다.

리더의 미래란 현재 무엇을 가지고 있느냐가 아니라, 끊임없이 추구하고 달성하려는 그 무엇이다. 왕이 초점을 미래 성과에 맞출 때, 타이밍에 맞는 이슈를 선별하고 주도해 낼 수 있다. 현종 당시 세계는 기초과학과 통상무역이 발전하고 있었고 이에 앞선 나라들이 식민지를 확장하고 있었다. 현종이 조선의 방향을 이런 흐름에 맞추었다면 예송 논쟁이 그리 오래가지는 않았을 것이다.

사람이 모인 조직에서 이슈는 항상 있게 마련이다. 성과와 크게 관계없는 논쟁은 가능하면 짧게 끝내야 한다. 격화하면 할수록 리더의 정통성에 흠집만 나기 때문이다. 시대가 영웅을 만들기도 하지만, 진정한 영웅은 이슈를 만들어 시대를 개척한다.

이슈의 형태는 외부적이냐 내부적이냐, 결과 중심이냐 형식 중심이냐로 나뉜다.

북벌이라는 외부를 향한 거대 이슈가 사라진 조선에 내부 이슈인 예송 논쟁이 부각됐다. 더구나 이 논쟁은 결과물과는 아무런 관계도 없이 지극히 의례적인 것에 불과했다.

탁월한 리더는 언제나 흐름에 맞는 이슈를 내놓거나 이슈를 만들어 흐름을 이끌거나 한다. 더구나 왕으로서 막강한 권한을 쥔 리더가 현명하기만 하다면 얼마든지 비전 있는 이슈를 만들어낼 수 있다.

기해 예송 논쟁

현종은 아버지 봉림대군(효종)이 심양에 볼모로 잡혀 있던 시절에 태어났다.

현종 즉위와 동시에 1차 예송 논쟁이 벌어졌다. 당시 효종의 상중이라 효종의 계모인 자의대비(장렬왕후 조씨)가 상복을 얼마 동안 입어야 하는지가 현안으로 떠올랐다.

예조에서 송시열에게 자문했더니 원론적으로 해석했다.

"예법에 따르면 차남은 1년입니다."

효종도 차남이니 자의대비가 1년만 상복을 입으면 된다는 것이다. 여기에 남인 허목과 윤휴, 윤선도가 "효종이 비록 차남이지만 왕이 되었으므로 장남과 다름없으니 삼년상이 당연하다"며 반발했다.

이렇게 하여 상복 문제가 서인과 남인의 당쟁으로 비화했다. 인조반정 이후 국왕을 선택할 권리가 사대부에게 있다고 생각했기에 이런 논쟁이 가능했다. 특히 소현세자가 억울하게 죽었다고 확신하는 서인은 종법을 어기고 왕이 되었다며 효종을 은근히 무시했다.

그래서 효종 즉위 초에도 서인들이 당론으로 김자점의 무고로 죽은 소현세자의 빈 강씨를 신원하기로 결정하고, 산림들이 앞장서서 공론화했던 것이다. 서인들의 이런 행위는 결국 효종의 왕위 계승에 하자가 있다는 뜻과 다르지 않았다.

효종은 누구든 강빈의 옥사를 거론하면 역률逆律로 다스리겠다고 했다. 황해도 관찰사 김홍욱(김정희의 7대조)이 재론하다가 곤장을 맞고 죽었다. 이런 흐름이 현종 즉위 초에 예송 논쟁으로 다시 표면화한 것이다.

본래 서인은 이이의 주리론, 남인은 이황의 주기론을 계승했다. 이와 기가 하나이며 이가 기의 원리라고 주장하는 것이 주리론이며, 그와 상반된 입장이 주기론이다. 이런 논쟁 덕에 조선은 어느 나라보다도 존재론적 사유가 풍성했다.

그런데 효종의 국상이 정치 논쟁화되면서 양대 당은 학문적 논쟁은 뒤로하고, 생사를 건 권력 투쟁에 돌입한다.

서인은《주자가례》의 상복 입는 기간을 들고나왔다.

부모상은 모든 자녀가 3년으로 동일하지만, 자식 상은 달랐는데 장자가 죽었을 때만 3년이고, 그 외는 1년이었다. 그래서 서인은 효종이 차남이니 자의대비가 1년만 상복을 입어야 한다고 했다. 하지만 남인은 효종이 왕위를 계승했으므로 적자로 보아야 하고 따라서 자의대비가 3년간 상복을 입어야 한다고 주장했다.

같은 문헌을 두고도 양측이 자신들 입지에 유리하게 해석했다. 신권정치가 지속되기를 원하는 서인에 비해, 남인은 이런 서인 집권을 깨는 수단으로 현종의 왕권 강화에 적극적이었다. 서인은 효종과 그 아들 현종이 장자 승계가 아니기 때문에 자신들과 같은 사대부의 하나라고 여겼다. 하지만 남인은 아무리 그래도 왕은 왕이라고 생각했다.

이런 시각 차이가 상복 논쟁으로 불거졌고 지방까지 번져 조선의 선비가 모두 이 문제를 두고 다투었다.

송시열 주장대로 종법을 따지고 들면, 결국 왕위는 소현세자의 아들이 이어야 옳다. 마침 소현세자의 세 아들 중 막내 석견(경안군)이 살아 있었다. 다른 두 아들은 귀양지 제주도에서 풍토병으로 이미 죽었다.

자칫하여 현종의 정통성이 부정당하며 석견을 옹립하자는 분위기가 생긴다면 정국에 일대 파란이 일 수도 있었다.

남인의 윤선도가 종통을 정통과 사이비로 나눈다는 이종비주貳宗卑主 대응 논리를 펴며, 서인 측이 현 임금을 사이비로 비하한다고 공격했다.

현종이 윤선도의 주장을 받아들이면 서인이 역모로 몰릴 수 있는 상황이었다. 서인도 물러서지 않았다. 윤선도가 흉악한 모함으로 정국을 혼란케 한다며 탄핵하기 시작했다.

현종은 누구의 손을 들어주어야 하는가. 서인의 손을 들어주면 석견이 살아 있는 한 자신의 왕위가 흔들리기 쉽고, 남인의 손을 들어주면 서인 전체를 대상으로 피바람을 일으켜야 한다. 이미 팔도에 예법 논쟁이 확산하며 재야의 선비들이 모이기만 하면 이 논쟁으로 침을 튀겼다.

결국 현종이 서인의 손을 들어주어 윤선도가 귀양 가면서 1차 예송 논쟁은 일단락되었다. 이로써 남인의 '왕가의 예는 일반 사대부의 예와 다르다'는 논리가 '왕가도 성역이 아니다'는 송시열의 논리에 패배한 것이다.

이후에도 1차 예송 논쟁의 여진은 계속해서 현종의 왕권 행사에 큰 부담으로 작용했다. 현종에게는 불행 중 다행이랄까, 현종 6년(1665) 9월에 석견이 온천에 갔다가 기력을 잃고 쓰러져 일어나지 못했다. 역시 소현세자처럼 의문사였다. 그 후 현종의 아들 이순이 왕세자로 책봉되면서 1차 예송 논쟁이 끝났다.

하지만 남인과 서인의 갈등은 깊어질 대로 깊어졌다. 남인은 기회만 생기면 송시열을 사형해야 한다고 주장했고 송시열은 허목을 독물毒物, 윤휴를 흑수黑水, 참적讒賊이라며 비난했다.

이런 조선의 정치 상황이 청나라까지 알려졌다. 황제 강희제는 1671년에 동지사 복선군 이남에게 말했다.

"너희 조선은 신하가 너무 강해 백성이 빈궁해졌느니라. 가서 너의 왕에게 그대로 전하거라."

왕권 약화에 시달릴 대로 시달리던 현종도 깨달은 바가 많아 연신 고개를 끄덕였다.

15년 천재지변과 예송 논쟁

현종 시기에 유달리 자연재해가 많았다. 특히 1670년과 1671년 두 해에 걸쳐 경신 대기근이 들었다. 태풍, 병충해, 홍수, 가뭄, 냉해 같은 5재※에 사람과 가축의 전염병, 겨울 혹한까지 겹쳐 8재에 시달렸다. 이로써 700만 인구가 600만 아래로 줄어들었다.

지구의 온도가 내려가는 소빙하기여서 역병과 재해가 조선뿐 아니라 세계를 휩쓸었으나 이를 알 리 없는 현종은 "과인의 부덕한 탓"이라고 자책했다.

조정은 당파 싸움을 하면서도 백성 구휼에는 당파를 떠나 전력을 다했다. 조선 사대부의 또 다른 멋진 면모였다.

1661년부터 서인인 영의정 정태화가 중심이 되어 진휼청을 상설 기구로 만들어 백성의 복지를 담당했다. 정태화는 대기근 시대에 "모든 사업을 정지하고, 오직 구황에만 전념하자"며 구휼에 들 총경비를 산출하고, 왕실의 공물과 백관의 녹봉을 줄였다.

이후 진휼청에서 남한산성, 강화도 등에 비축해 둔 군량미까지 가져다가 지방민들에게 나눠주었다. 여기에 남인의 영수 허적도 적극 후원했다. 허적은 송시열의 견제를 받아 영의정에서 물러났지만, 현종이 서인을 견제하기 위해 데리고 있었다. 어전회의에서 허적이 눈물을 흘리며 "팔도의 참상이 망극하옵니다"라고 아뢴 뒤 재난이 모두 볼품없는 신하들의 탓인데 그나마 성상이 후덕해 반란이 일어나지 않아 망국의 신하가 되지 않았다는 뜻을 피력했다.

한여름에도 우박과 서리가 내리고, 메뚜기 떼와 참새 1,000만 마리가 들판에 내려 곡물을 순식간에 먹어치웠다. 이런 전대미문의 재앙을 극복하기 위해 왕부터 신하가 똘똘 뭉쳤다. 중국 왕조사를 보면, 현종 시기처럼 천재가 잇따르면 농민반란이 일어나 왕조가 교체되었다. 이를 잘 아는 조선 사대부들도 전전긍긍했던 것이다.

대기근을 넘긴 후 나라가 보존된 이유를 찾아냈는데, 사간원은 '대동법의 은혜'라고 보았다. 광해 때 경상도부터 시작한 대동법을 인조는 이원익의 건의로 강원도에 실시했고, 효종은 영의정 김육의 강력한 추진력에 힘입어 전라도, 충청도까지 확대했다. 그럴 때마다 땅을 가진 수령과 부호 등이 세금을 더 많이 내야 했으며, 그 대신 부담이 준 백성은 식량이 늘어 구휼에 큰 도움이 되었던 것이다.

사대부들은 백성 구휼에는 한뜻이었지만 그렇다고 당파 싸움을 멈추지는 않았다. 다만 치열한 정략 투쟁에 백성을 끌어들이지는 않았다. 그래서 정치는 정치대로 굴러가고 민생은 민생대로 챙길 수 있었던 것이다.

기해예송 논쟁 때 패배한 남인이 재기를 노리던 중 현종 15년(1674)에 기회가 찾아왔다. 효종의 비 인선왕후가 죽으며 효종의 계모 자의대비가 상복을 얼마나 입어야 하는가가 다시 문제로 대두된 것이다. 이것이 갑인예송 논쟁이다. 자의대비도 자신의 상복 문제로 연달아 조정이 시끄러우니 곤혹스러웠지만, 인선왕후의 시어머니라 어쩔 수 없었다.

송시열 등 서인은 '효종 차남론'을 또 거론했다. 차남 며느리가 죽었으니 9개월간 상복을 입어야 한다는 것이다. '맏며느리가 죽었을 때 부모는 1년간 상복을 입고 기타 며느리가 죽으면 9개월간 상복을 입는다'고 돼 있는 《경국대전》을 근거로 내놓았다.

역시 남인은 '효종 장남 인정론'으로 맞섰다. 효종이 왕위를 계승했으므로 장남으로 보아야 하며, 따라서 자의대비가 상복을 1년간 입어야 한다고 했다. 현종은 마음이 편치 않았다. 1차 논쟁 때도 부왕 효종의 차남 논쟁으로 왕권을 실추하더니 또 시작이었다.

서인과 남인이 치열하게 논리 전개를 하고 있을 때, 권력 판도에 변수가 생긴다.

서인 내부에 갈등이 일어난 것이다. 1차 예송 논쟁 때 송시열을 밀던 서인 김우명과 그의 조카 김석주가 남인 쪽으로 돌아섰다. 김우명은 현종의 장인이었다. 여기에 힘을 얻은 현종이 1차 때와 달리 남인의 손을 들어주며 서인들이 실각했다.

이후 남인과 김석주가 숙종 초기까지 조정을 장악한다. 남인 중 허적과 윤휴가 김석주와 연대하여 다시 북벌을 추진하기로 하고, 윤휴가 1674년 7월 비밀리에 상소를 올린다.

"조선 정병의 활 실력은 천하제일입니다. 여기에 조총과 화포까지 동원하면 넉넉히 북경까지 진격할 수 있습니다. 이렇게 청나라의 목을 겨누는 한편, 바닷길로 반청인 대만의 정성공鄭成功과 협력해야 합니다. 동시에 중국 북부와 남부는 물론 일본까지 격문을 보내 천하의 기운을 격동하면 됩니다."

이에 현종은 일절 응답하지 않은 채 두 달 만인 9월 서른네 살로 눈을 감았다. 예송 논쟁과 자연재해에 너무 시달린 나머지 기진한 것이다.

1·2차 예송 논쟁이 조선 사회에 미친 긍정적인 역할도 있다. 대기근 시대였음에도 예절을 중시했다. 동성통혼이 완전히 금지되었으며, 상피법相避法이 제정되어 친족은 같은 부서나 송사를 맡지 않게 되었다. 제주도에 하멜 등 네덜란드인 8명이 포로로 잡혔다가 탈출해《하멜 표류기》를 발간한 것도 이 시기였다.

윤두서, 〈나물 캐기(埰艾圖)〉
가뭄과 홍수가 빈발하고 메뚜기 떼까지 창궐했던 시기에 나물을 먹으며 버텼던 백성의
일상이 담겨 있다.

제19대　　**숙종**

전형적
마키아벨리스트

진정한 마키아벨리스트 숙종(재위 1674~1720)은 어린 나이에 왕이 되었음에도 수렴청정을 단호히 거절했다. 현종의 외아들로 태어나 부왕이 정통성 시비에 시달리는 것을 지켜보아서인지 조숙했고, 그만큼 명석한 데다 승부사 기질이 넘쳤다.

이탈리아 정치사상가 마키아벨리는 일찍이 군주의 자질을 여우와 사자에 비유했다. 영악하고 잔인해야 한다는 것이다. 그래야 적의 덫을 피하고, 간교한 이리를 쫓아낸다. 사기 집단은 사술로, 사악한 집단은 사악한 방식으로 대처해야 한다는 뜻이다.

조직 관리에서는 무기력한 선은 악보다 더 나쁘다.

세상은 생각만큼 공평하지 않고 사람들은 기대만큼 정의롭지 않다. 빌 게이츠는 미국 고등학생들에게 충고했다.

"인생이 공평하리라 기대하지 마라. 현실을 불평 말고 수용하라. 세상은 안주하는 네가 아니라, 무언가 성취한 너를 보길 기대한다."

숙종은 부왕이 신하들에게 얼마나 시달리는지 보면서 자랐다. 선조 이래 확산한 붕당정치가 효종, 현종 때 왕권을 능멸할 정도로 거세졌고, 붕당의 기세는 숙종 치세에 이르러 최고조에 달했다. 그에 반비례해 왕권은 숙종 때 가장 안정된 기현상을 보였다.

즉위한 해에 예송 논쟁이 재연될 조짐을 보이자 숙종은 소년답지 않게 누구든 예송을 거론하는 자는 엄벌에 처한다는 명을 내렸다. 이런 강한 승부사 기질이 부왕의 시대를 주도했던 예송 논쟁을 사라지게 했다.

그 대신 왕 주도의 환국換局정치(경신환국, 기사환국, 갑술환국)를 전개했다. 숙종을 가운데 두고 당파 간 충성경쟁을 유도한 것이다.

그래도 사대부가 주도한 예송 논쟁 때는 다른 당끼리 정도껏 공존하며 밥그릇을 나눌 수 있었으나, 숙종의 경신환국 이후로는 달라졌다. 왕이 의도한 일당을 세우고 전제화가 시작된 탓이다.

숙종 중심의 환국이 거듭되며 집권당도 계속 물갈이되었다.

정국이 왕의 의도에 따라 반전에 반전을 거듭하자, 붕당정치의 기본 원리인 '견제와 균형check & balance'이 실종되고, 상대 당의 존재 자체를 부정하는 사사賜死가 빈번하게 일어났다.

숙종의 제왕적 카리스마는 기본적으로 확신에 근거한 압도적 권세dominance와 기회를 포착하는 순발력에 근거했다. 여기에 신하들이 압도당한 것이다.

리더가 카리스마를 행사해 보려고 해도 자신감이 없으면 무시당하기 쉽다. 카리스마 체제에서는 2인자가 없다. 2인자가 공식화되는 순간 통치의 구심력이 흐려진다.

카리스마 리더는 특정 파당의 힘이 과도하게 비대해질 때, 곧바로 등롱환조燈籠換鳥(새장을 비워 새를 바꾼다)를 시도한다. 송시열도 전왕 때처럼 2인자 노릇을 하려다가 숙종의 저돌적 기습에 당했다. 그러나 권력 축의 교체가 지나치면 미래 비전이 사라질 수 있다. 그래서일까. 숙종은 어느 정도 기간을 두고 등롱환조를 단행했다.

숙종은 조선에서 연산군 못지않게 철권통치를 했다. 그럼에도 연산군과 달리 모든 세력을 적으로 돌려 스스로 고립무원을 자초하지 않고 끝까지 왕위를 유지했다. 항시 대체 세력을 염두에 두고 기존 세력을 교체해 나갔다.

숙종처럼 카리스마로 성공한 리더들은 감상에 치우치지 않는 추진력, 냉철한 분석에서 나온 효율적 집중력, 압도적 기세의 영향력 등 세 역량을 보유하고 있다.

숙종은 여인들의 투기까지 정략적으로 활용한 왕으로 그야말로 목적이 수단을 정당화하는 마키아벨리스트의 전형이었다.

이처럼 카리스마 넘치는 리더십에 추종자들은 속절없이 빠져든다. 그 때문에 벼슬아치들은 황망하게 여기면서도 반발할 생각도 못하고 추종했던 것이다.

카리스마는 나이와 무관하다

숙종은 현종과 명성왕후 김씨 사이에서 외아들로 태어난 데다 현종에게 후궁도 없어 역대 왕자들 중 가장 원만하게 승계했다. 당시 열네 살로 명성왕후의 수렴청정을 받아야 했으나, 과감하게 바로 친정을 시작했다.

숙종은 먼저 최고 실세 송시열의 기를 꺾는 일부터 시작했다. 송시열이 누구던가? 17세기 중엽, 붕당정치가 최고조에 달했을 때 서인의 영수 겸 사상적 지주로, 인조, 효종, 현종 세 왕을 모셨다.

또한 효종의 왕자 시절 사부였고, 효종과 함께 북벌정책을 추진했으며, 현종 때는 1차 예송 논쟁을 벌여 남인을 제압했다. 2차 예송 논쟁 때 남인에게 패했지만 여전히 막강한 영향력을 행사하는 등 실각과 집권을 반복하는 불사조였다. 실각하면 향리로 내려가 막후에서 사림의 여론을 주도했고 집권하면 다시 한양에 와서 막강한 영향력을 행사했다. 향리에 머물 때는 군자를 상징하는 연꽃을 심어두고 왕이 불러도 조용히 지내겠다며 사양했다. 그럴수록 송시열의 몸값은 올라갔다. 이런 송시열이라 현종에게 훈계조로 정사를 언급하기도 했던 것이다.

송시열은 전면에 나서기보다 배후에서 조정을 움직이는 데 능했다. 특히 주자학적 의리에 입각한 세도정치를 추구했다. 여기서 세도는 훗날 순조시대 김조순의 세도와 달리, 세상을 도의로 다스린다는 긍정적 의미가 있다. 조광조가 그 대표적 사례이다.

그러려면 군주가 성인이어야 한다. 만일 군주가 성인이 아니라면? 현인이 재상이 되어 권한을 행사해야 한다. 현인을 군자라고도 한다. 그 군자를 배출하는 서인이 바로 군자당인 것이다. 이러한 송시열의 관점과 달리 남인은 송시열처럼 주자학에만 매이지 않고 공맹으로 돌아가 군주 중심으로 정국을 운영하자고 했다.

송시열은 모략에 능하면서도 과격한 원칙주의자였다. 왕 앞에서도 원칙은 한 치도 양보하지 않았다. 송시열이 2차 예송 논쟁에서 남인에 밀려 칩거하고 있을 때 숙종이 즉위하자 성균관 유생 이심 등이 아뢰었다.

"송시열은 덕을 갖춘 유가의 영수라 본인이 구차하게 진퇴를 할 수 없사오니 군주께서 정성스러운 예절로 다시 정사를 보필하게 하소서."

이에 숙종이 송시열을 다시 등용하려고 여러 번 시도했으나 거절했다. 아버지 현종과 할아버지 효종과도 대등한 권력을 행사한 사대부의 영수를 어린 왕이 상대하기 쉽지 않았다. 숙종은 궁리 끝에 송시열에게 현종 능의 지문誌文을 짓게 했다. 이 또한 거절당하자 기대를 접고 능지문을 좌부승지 김석주에게 맡겼다.

그다음 송시열의 제자인 이조참판 이단하에게 '현종 행장'을 쓰도록 하고 "예송 논쟁 당시 영의정 김수흥이 송시열을 따르다가 벌을 받았다"는 구절을 넣게 했다. 이단하는 스승을 욕보일 수 없다며 사직을 청했다.

"스승만 있고 임금은 없는 자로구나."

기다렸다는 듯 숙종이 이단하를 파직하고, 이 조치에 대사간 정석 등 유생 90여 명이 항의하자 엄히 꾸짖었다.

"내가 어린 왕이라고 이러느냐. 심히 통탄스럽고 해괴한 일이로다."

그와 함께 중앙 정계에서 서인을 내쫓고 남인에게 정권을 쥐여주었다. 이것이 갑인환국이다. 다음 해인 1675년 1월 13일 송시열을 유배 보냈다. 이렇게 소년 숙종은 집권 첫해부터 송시열과 서인의 기를 꺾었다.

인조반정에 따른 병자호란 이후 조선은 정통성 시비가 부각되며 당쟁이 심화했다. 이런 혼란한 정국을 숙종은 저돌적 추진력으로 돌파해 나갔다. 그 핵심이 바로 환국이었다.

숙종은 당파적 이해 충돌을 골치 아프게 여기지 않고, 요리하듯 45년 10개월간 철권통치를 했다.

숙종 1년(1675), 팔도에 '오가작통법'을 실시하고 신분증명서인 지패법을 실시한다. 그러나 신분증이 종이라 물에 젖어 번지는 단점이 발생하자 나무나 뿔 등에 새기는 호패로 바꾸었다. 호패법 덕분에 유민이 대폭 줄었다.

남한산성 외에 북한산성을 대대적으로 개축하여 한양 수비의 양대 거점으로 삼았다. 일본과 협상을 벌여 울릉도의 조선 귀속을 확실하게 했다.

환국정치의 달인

인조반정 이후 집권한 서인이 현종 때까지 대체로 정국을 주도하는 가운데 남인이 한 축을 이루며 대립했다. 이후 숙종의 장기 치세 중에 남인이 장희빈과 함께 몰락하고, 그 후 서인 내부의 노론과 소론의 싸움으로 전환된다.

이전의 왕들도 집권 세력을 교체하는 환국을 단행했지만 숙종의 환국은 이전 왕들이 몇 대신만 교체하던 것과 확연히 달랐다. 환국 단행 시 대신들을 모두 내쫓듯 하고 새로 채웠다. 이때 교체당하는 세력이 단결해 역습하기 쉽다. 그러나 숙종은 성공했다. 그만큼 기존 집권 세력에게 허점을 보이지 않았던 것이다. 환국이 발생할 때마다 충신과 역적이 바뀌어 어제의 충신이 오늘의 역적이 되어 줄줄이 처형당했다.

치밀한 데다 집중력까지 강한 숙종 앞에 언제 운명이 바뀔지 모르는 신하들은 끌려 다닐 수밖에 없었다. 환국이라는 카드로 숙종은 선대왕들과 달리 지엄한 왕 노릇을 하면서도 백성을 돌보려 노력했다. 팔도에 수시로 암행어사를 보내 지방 수령들의 수탈을 징벌했다. 각도 수령이 임지로 가기 전에는 친히 면담하여 단단히 주의를 주었다. 강력한 왕권을 바탕으로 숙종이 해낸 업적은 크게 세 가지다.

첫째, 대동법을 도입한 지 100년 만에 이를 전국으로 확대했다. 둘째, 상평통보를 상용화해 조선 후기의 상업 발달에

영향을 미쳤다. 셋째, 청나라
와 국경을 명확히 하기 위해
백두산정계비를 세웠다. 이
후 19세기 말에 이르러 정계
비에 적힌 '동쪽은 토목이 경
계'라는 글귀가 간도 땅을 우
리 땅이라 주장하는 근거가
되어 청나라와 분쟁하는 씨
앗이 된다.

상평통보
1633년 인조 때 최초로 시험 주조되고,
1678년 1월 23일 숙종 대부터 유통되기
시작했다.

　숙종은 선조 초부터 격렬
했던 당파 싸움은 물론 그 형성 과정까지 익히 알고 있었다.

　정몽주, 길재로부터 내려온 사림은 훈신과 외척에 눌려 지
내다가 성종 때 정치 전면에 등장했다. 선조에 이르러 사림이
정권을 독점한 후 이조전랑 벼슬을 놓고 동인·서인으로 분
열했는데, 이것이 붕당의 시작이었다.

　그 후 서인이 정여립 모반 사건을 계기로 권력을 장악했지
만, 정철이 광해군 세자 책봉을 꺼냈다가 동인의 탄핵을 받았
다. 동인은 다시 북인과 남인으로 나뉘고, 이 중 북인이 광해
군 시대를 주도했던 것이다. 하지만 인조반정이 성공하며 서
인이 집권하더니, 구색용으로 남인 이원익을 영의정으로 등
용하면서 남인도 세력을 결집할 수 있었다.

　이후 서인은 효종, 현종 때까지 50년간 장기 집권했다. 현

종이 숨지던 해 남인이 2차 예송 논쟁에서 이겨 겨우 정권을 잡았다. 이런 과정을 너무도 잘 아는 숙종은 서인 50년 집권의 핵심 인물인 송시열부터 축출하는 초강수를 두었던 것이다. 그 후 붕당을 이용해 각 당파의 충성 경쟁을 유도했다. 적당한 시기에 기존의 당을 다른 당으로 물갈이하며 오직 왕만이 권력의 시초이며 종착임을 확실히 주지하게 했다.

제일 먼저 갑인환국을 단행해 인조반정 이후 장기 집권한 서인을 단번에 쫓아냈다. 이는 현종이 급사하며 마무리 짓지 못한 2차 예송 논쟁을 정리하는 것이기도 했다. 송시열 등 서인이 사라진 자리를 남인으로 채웠다.

이 과정에서도 숙종은 남인을 견제할 최소한의 장치를 마련해 둔다. 남인의 영수인 허적을 영의정에 임명하면서도 병조판서는 김석주를 시켰다. 명성왕후의 사촌 동생 김석주는 원래 서인 세력이었다. 이 두 축을 중심으로 수년간 정국을 운영했다. 차츰 남인의 전횡이 심해지면서 국정에 소홀한 모습을 보였다. 드디어 환국할 때가 되었다고 본 숙종이 기회를 찾기 시작했다.

어느 날 허적이 집안 잔치를 벌인다. 마침 비가 내려 숙종이 내시를 불러 궁궐의 기름 천막을 빌려주라고 했는데, 내시가 이미 허적이 가져갔다고 아뢰었다. 본래 유악油幄은 왕실 행사에만 사용하게 되어 있었다. 그런데도 허적이 왕의 허락을 받지 않고 사사로이 유용한 것이다.

숙종이 "예전의 한명회도 이렇지 못했다"며 화를 벌컥 냈다.

얼마 지나지 않은 숙종 6년(1680)에 사전 각본에 따른 것처럼, 허적의 서자 허견이 형틀에 묶였다. 허견이 인조의 셋째 아들 인평대군의 세 아들 복창군, 복선군, 복평군과 역모를 꾸민다는 혐의로 엮였다. 이렇게 시작된 경신환국을 '삼복의 변三福之變'이라고도 한다.

허적, 윤휴 등 남인의 주요 인물이 대폭 제거되었다. 처형장에서 윤휴는 "조정이 왜 선비를 자꾸 죽이는가?"라고 한탄했다.

남인이 몰락하고 다시 서인 세상이 되며, 서인의 영수 송시열도 최고의 예우를 받는다.

그해 가을 숙종의 정비 인경왕후가 아들을 낳지 못하고 천연두로 별세하고, 다음 해 서인 민유중의 딸이 인현왕후가 되었다. 10여 년간 서인 세상이 전개되는 가운데 서인끼리 남인에 대한 탄압 강도를 놓고, 노장파인 송시열, 이이명 등과 소장파인 한태동, 윤증 등이 격렬하게 논쟁을 벌였다. 결국 서인은 남인을 강력히 탄압하려 한 노장 중심의 노론, 관용적인 소장 중심의 소론으로 분열했다.

남인 장희빈 대 서인 송시열

인현왕후도 아이를 낳지 못하자, 숙종은 총애하는 희빈 장씨에게서 왕자 윤을 보았다. 숙종 14년(1688) 10월 27일이었다. 숙종이 윤을 세자로 책봉하려 하니, 서인들이 인현왕후가 젊다며 반대했다. 하지만 숙종은 곧바로 윤을 세자로 책봉했다.

이에 서인의 노론을 대표해 송시열이 "갓난애를 세자로 책봉하는 것은 너무 빠르다"며 책봉 반대 상소를 올렸다. 송나라 신종도 후궁에게서 철종을 얻었지만 적자가 태어나기를 10년 이상 기다렸다가 병이 들자 비로소 철종을 태자로 삼았다는 사례까지 들었다. 한마디로 숙종을 훈계한 것이다.

상소문을 읽어본 숙종이 한밤중에 신하 몇을 불러 노기를 드러냈다. "국사가 결정되기 전이라면 여러 이견이 있을 수 있다. 그러나 정해진 후에도 이견을 내는 것은 달리 음흉한 속셈이 있기 때문이다."

신하들이 앞다퉈, 송시열이 노망들어 망발을 했다느니, 왕조의 대계大計를 망치는 반역자라느니 성토하기 시작했다. 결과적으로 일부 사대부가 중인 출신 장희빈을 지지하는 모양새였다.

장희빈은 본래 양반이 아니었다. 조선의 왕비는 후궁을 제외하면 45명으로 여흥 민씨, 청주 한씨, 파평 윤씨, 안동 김씨 등 내로라하는 가문 출신이었다. 후궁 중에서도 간택 후궁은 왕비나 세자비를 뽑을 때처럼 전국에 금혼령을 내리고 선발하기 때문에 유력 가문 출신이 많다. 하지만 왕의 승은을 입은 비간택 후궁은 궁녀, 기생, 여종 등도 가능했다. 연산군 때

장녹수나 숙종의 장옥정도 비간택 후궁이다.

　장옥정은 역관 집안 출신으로 중인이었다. 역관은 우어청偶
語廳에서 양성했다. 중국어, 몽골어, 일본어, 여진어 등을 구어
중심으로 가르쳤다. 수련을 마치면 잡과의 하나인 역과에 응
시해 합격하면 역관으로 활동하는 것이다.

　조선 중기부터 이들이 거대 자산가가 된 배경에 청나라와
일본이 있다. 중국은 명나라 때인 1551년 칭신稱臣과 조공을
하지 않는다는 이유로 일본과 외교를 단절했다. 이는 청나라
에도 이어져 일본 상선의 통행까지 막았다. 일본이 청나라 물
건을 구입하거나 자국의 상품을 청나라에 팔려면 조선의 왜
관을 통할 수밖에 없어 중국어와 일본어를 구사하는 역관들
이 중계 무역권을 확보했다.

　이런 배경에서 변승업, 장현 등 조선 최고 갑부들이 탄생
한다. 장현은 장희빈의 삼촌이었다. 변승업이 어떻게 하느냐
에 따라 도성의 이자율이 달라졌다고 할 정도였다. 역관들은
부를 축적했을 뿐 아니라 외교에서도 중요한 위치를 차지한
다. 청나라와 미묘한 외교 문제를 해결하려면 역관들의 통역
이 매우 중요했다. 이처럼 재력과 의사소통에서 힘을 가진 역
관들이 정치 자금으로 권력에 영향을 미치기 시작했다.

　장현은 특히 남인 세력과 친밀했다. 마침 장옥정이 숙종의
총애를 받자 남인들이 장옥정을 적극 밀기 시작했다. 이들이
송시열의 세자 책봉 반대 상소를 맹비난하고 나선 것이다.

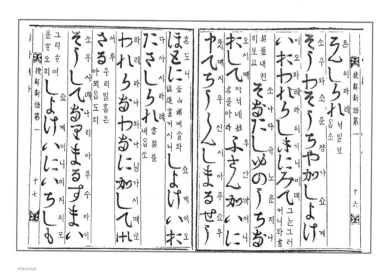

조선시대 일본어 교본 《첩해신어(捷解新語)》

　다음 날 송시열은 관직을 박탈당했고 그의 제자인 영의정 김수흥도 파직되었다.

　송시열을 죽여야 한다는 남인의 상소가 빗발치기 시작했다. 숙종이 남인과 의논한 끝에 제주도에 귀양 간 송시열을 한양으로 불러 국문하기로 했다. 송시열이 남부 해안에 내리자 제자들이 나와 눈물로 맞이했다.

　"나는 바른길로 가다가 죽는 것이 두렵지 않다. 두 발로 걸어 한양까지 가겠다."

　송시열이 걷고 또 걸으며 머무는 곳마다 유림들이 구름 떼처럼 모였다. 조정에서도 이 소식을 접한다. 송시열을 친국할 경우 더 큰 소란이 일 것 같아 그 전에 없애기로 하고 송시열이 정읍군에 도착했을 때 사약을 내려보냈다.

항시 숙종은 한 세력이 비대해졌다 싶으면 어떤 빌미든 잡아 일망타진했다. 숙종은 인조, 효종, 현종도 무시 못 한 50년 거물 송시열을 제거하고 그를 추종하는 서인들도 유배 보냈다. 내친김에 인현왕후 민씨를 폐위한 다음 희빈 장씨를 중전으로 삼았다. 이 기사환국으로 장희빈을 내세운 남인들이 기적처럼 정권을 독점하게 된 것이다.

각기 왕자를 앞세운 소론과 노론

장희빈이 중전이 된 지 6년째 되던 어느 날, 숙종은 달밤에 후원을 거닐다 한 나인이 떡을 만들고 있는 모습을 보았다. 달빛에 비친 그 모습이 단아해 들어가 보니 인현왕후의 몸종 최씨였다. 그날 밤 최씨가 훗날 영조가 되는 연잉군을 잉태하며 숙종은 중전보다 최씨에게 더 관심을 쏟기 시작한다.

이를 기회로 그동안 숨죽이고 있던 서인 세력이 '민씨 복위 운동'을 추진한다. 숙종도 남인 세력이 비대해졌다고 보고 서인의 손을 들어주어 1694년(숙종 20)에 갑술환국을 일으켰다. 하루아침에 남인 대신들이 쫓겨나고, 중전 장씨는 희빈으로 강등되었다.

그 대신 민씨가 다시 중전으로 복귀했으며, 서인 세력 중 소론이 정국을 주도한다. 어느 날 숙종이 인조·효종·현종

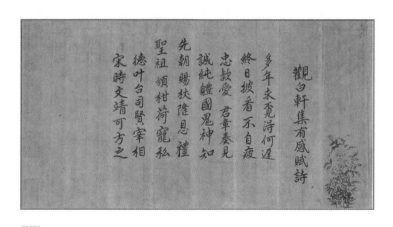

숙종 어필 칠언시
인조 때의 명상 이경석(李景奭)의 문집《백헌집(白軒集)》을 살펴본 뒤 이경석 후손에게
내려준 것이다.

3조에 걸친 명재상 이경석의《백헌집》을 보다가, 그의 후손
을 불러 칠언시를 하사했다.

예송 논쟁 때 이경석은 사의를 버리고 공의를 따라 해결하
려고 노력했기 때문에 현종이 궤장几杖을 하사했으며 당파를
떠나 그를 노성인老成人으로 추앙했다. 이경석의 진가를 당파
싸움을 조장하고 조정하는 숙종도 인정했던 것이다.

소론이 정권을 잡은 지 7년이 지난 1701년 인현왕후 민씨
가 서른다섯 나이로 병사했다. 온 나라가 어진 국모를 잃었다
며 슬픔에 잠긴 가운데 이상한 소문이 돌았다. 희빈 장씨가
취선당 서쪽에 신당을 차려놓고 매일같이 중전 민씨가 죽기
를 염원하며 굿을 했다는 것이다. 소문을 확인한 숙종이 장희
빈에게 사약을 내리는데, 소론이 나서서 세자를 보아 용서해

달라고 간청한다. 숙종은 단호히 거절하고, 소론의 대신들인 남구만, 최석정, 유상운까지 귀양 보냈다. 이것이 '무고의 옥'이다.

그뿐 아니라 앞으로 후궁이 왕후가 될 수 없게 하는 법까지 만들었다. 이 때문에 숙빈 최씨 또한 왕비에 오르지 못한다.

조정에서 왕세자(경종)를 옹호하는 소론은 대폭 줄고, 왕자(영조)를 지지하는 노론은 대폭 늘었지만, 두 세력의 정쟁은 더 가열된다. 허목의 제자로 남인의 마지막 거두가 된 성호 이익에게는 스무 살 위의 형 이잠이 있었다. 그 역시 세자를 보호하기 위해 노론을 공격했다가 곤장을 맞고 죽음에 이르렀다. 이를 본 이잠의 친구 윤두서는 은둔의 삶을 택하고 그림을 그리며 살았다.

노론 이외의 선비들이 윤두서처럼 조정에서 사라지면서 노론의 힘이 1당 독재 수준에 다다른다. 노론은 세자를 축출하기 위해 갖은 궁리를 한다. 소론의 영수 최석정이 과거 편찬했던 《예기》의 주석까지 꼼꼼히 뒤져 몇 문장을 뽑아냈다.

이 문장들을 주자와 다르게 수식하고 수정해서 본령을 훼손했다며 숙종에게 일러바쳤다. 그래도 숙종이 최석정을 축출하지 않자 최석정이 숙종의 시약侍藥을 잘못했다는 의혹을 퍼뜨렸다. 당시 최석정은 영의정과 내의원 도제조를 겸직하고 있었다. 대궐이 노론과 소론의 말싸움으로 하루도 조용할 날이 없었다.

소론과 노론의 입지 확보 다툼

노론과 소론의 다툼 이면에는 두 번의 대형 국란 이후 국가 재조國家再造 방향을 놓고 발생한 갈등이 있었다.

정통 주자학을 신봉하는 노론은 양반의 지배 구조와 지주 제도를 유지하고자 했고, 소론은 중국도 버린 주자학 대신 양명학을 수용해 실용적으로 개혁하고자 했다.

이들의 학문적 용도도 결국 권력을 잡고 유지하기 위한 수단에 불과했다. 이에 반해 양쪽을 지켜보던 숙종은 최석정을 삭직하고 송시열의 수제자인 노론 이여를 영의정에 제수했다.

이제 소론은 작은 섬처럼 되었고 세자는 작은 섬 위에 홀로 서 있는 모양새가 되었다. 이후에도 숙종은 병신처분 등을 활용해 소론을 계속 숙청해 노론의 입지를 넓혀주었다.

숙종 시대의 정쟁은 주로 왕실 문제로 야기되었다. 그럴 때마다 숙종은 군주의 고유 권한인 인사권을 행사하는 기회로 이용했다. 이때도 당쟁에 백성을 끌어들이지 않고 궁정 안에서 해결했다.

얼핏 보기에 숙종이 후궁들의 애증에 말려 숱한 옥사를 유발한 것처럼 보이나 그렇지 않다. 당쟁은 왕의 통치 구상에서 나왔다. 그래서일까, 숙종은 조선 왕 중 왕비를 가장 많이 두었다.

정비로 인경왕후 김씨, 인현왕후 민씨, 인원왕후 김씨가 있고, 후비는 희빈 장씨, 숙빈 최씨, 명빈 박씨, 영빈 김씨, 귀인 김씨, 소의 유씨가 있다. 희빈 장씨는 경종을, 숙빈 최씨는 영조를 낳았다.

왕족이 아닌 사대부들은 권력 확보에 왕비를 이용하려 했고, 숙종은 아홉 부인을 이용해 은막 뒤에서 인형을 조종하듯 당쟁놀이를 벌이며 권력의 맛을 즐겼다. 영악한 숙종은 신하들이 너무 잘 뭉쳐도 왕권에 위협이 되고, 지나치게 대립해도 국정 운영이 어렵다는 것을 잘 알았다. 따라서 붕당을 살려두되, 방치하지 않았고 자신의 손아귀 안에서 움직이게 했다. 그 과정에서 특히 인현왕후와 희빈 장씨, 숙빈 최씨를 이용했다.

숙종에게 환국은 일종의 붕당놀이였다. 자신이 조절할 수 있는 범위 내에서 각 당이 충성 경쟁 게임을 하게 했다. 특정 당의 힘이 과도하다 싶으면 환국을 단행했다. 환국이 반복될수록 왕권은 더 강화되었다.

숙종은 연산군보다도 더 나르시시즘적 전능감에 사로잡힌 왕이었다. 그런데도 연산과 달리 왕의 지위를 평생 유지했다. 연산이 붕당의 견제 세력인 종실까지 적으로 돌린 데 반해 숙종은 종실이 든든한 후원자 역할을 하도록 했으며 또한 역사적 사례 등도 꾸준히 살펴, 국면 전환을 시도할 때도 지지 기반 유실 등의 오류에 빠지지 않았다. 정치권에 수시로 돌풍이 불었지만 조선 사회는 안정적이면서 고요했다.

숙종의 왕좌 옆에는 〈주수도舟水圖〉가 걸려 있었다. 거기에 적힌 '군자주야君者舟也 서인자수야庶人者水也'를 보며 숙종은 수시로 신하들에게 일렀다.

"군주가 배라면 신하는 물이오. 물이 고요해야 배가 안정되듯, 신하가 어질어야 군주가 편하니 잘 헤아리길 바라오."

훗날 변혁적 개혁의 리더십을 펼친 정조도 똑같은 〈주수도〉를 놓고 이렇게 말했다.

"군주가 배라면 백성은 물이다. 물은 배를 띄우기도 하고 뒤엎기도 하니 군주는 백성을 두려워해야 한다."

왕이 어떤 리더십을 지녔느냐에 따라 같은 문장도 달리 이해하는 것이다. 당시 세계는 산업혁명 직전으로 시민계급이 성장하며 자유와 평등의식이 자라고 있었다. 조선도 숙종이 상평통보를 적극 유통시키며, 물물교환보다 화폐경제가 활발하게 일어나 상인들이 자본을 축적했다. 이로써 사농공상 가운데 가장 아래에 속했던 상인들이 양반의 부를 추월하기 시작했다. 그중 역관이 선두에 섰다.

상평통보를 엽전이라고도 했다. 이 엽전이 시중에 돌 때 사람들은 이 작은 것으로 어떻게 땅도 사고 집도 사고 쌀도 사는지 의아해했지만 곧 익숙해져서 투전놀이까지 등장한다. 여하튼 화폐 유통으로 숙종이 나라 재정을 튼튼하게 했기 때문에 후대 영·정조의 르네상스도 가능했다.

숙종은 말년에 성인병을 다스리려 온천에서 반신욕을 즐겼으며, 예순 살에 생을 마쳤다.

제20대   경종

전략적 사고가 약한
비애미^{悲哀美}의 군주

경종(재위 1720~1724)은 몸과 마음이 다 약했다. 강한 숙종은 당쟁을 이용했으나 약한 경종은 4년 내내 당쟁에 이용당했다.

중종반정 이후 추락한 왕권을 숙종이 철권통치로 회복해 놓았으나, 거꾸로 경종은 당쟁에 눌려 지도력을 상실했다. 경종은 착한 왕이었지만 약했다. 리더의 가장 큰 죄는 무엇보다도 지도력을 상실하는 것이다.

모든 리더가 숙종처럼 천성적으로 강인할 수는 없다. 본성이 약하더라도 만약 리더 역할을 하려면 스스로 강인해져야 한다. 경영의 스승 피터 드러커도 '리더십 역량은 배우고 익히는 것'이라 했다.

모든 환경에 적합한 전방위적 리더 역량을 가지고 태어난 사람은 없다. 리더 각자가 여건에 맞는 리더십을 배우고 익혀야 한다.

여건이 어떤가를 따지기 전에 리더의 기본은 조직 관리이다. 유효한 조직 관리의 힘은 전략적 사고에서 나온다. 전략적 사고가 부족하면 조직이 크면 클수록 경종처럼 쓸쓸히 퇴장한다. 전략적 사고를 계발하려면 두 가지가 필요하다.

첫째, 리더 스스로 구체적이며 논리적 사고력을 길러야 한다. 추상적이며 신비한 접근 방식을 지양하고, 근거를 기반으로 인과관계를 파악해야 한다. 매사를 이런 시각으로 보려고 노력하다 보면 논리적 사고력이 신장한다. 그래야 리더의 말과 행위가 객관성을 갖게 되며 다른 사람의 공감을 얻는다.

둘째, 나무와 숲을 동시에 보는 통합적 사고력을 갖추어야 한다. 부분을 보되 전체를 놓치지 않고 전체를 보되 부분을 고려할 줄 알아야 한다. 그러면 전략적 사고가 저절로 따라온다. 이렇게 생겨난 전략적 사고는 행동 지향적인 특성이 있다. 전체 계획을 위한 계획, 부분별 토론을 위한 토론에만 멈추지 않는다는 것이다.

왜 그럴까? 부분별 토론은 동적인 면이 많고, 전체 계획은 정적인 면이 많다. 그래서 정적이거나 동적인 다양한 변수를 놓고 그 관계를 인과적으로 재구성해 시뮬레이션을 해보아야 한다. 그러면 행동으로 옮겼을 때 나타날 작용과 반작용까지 충분히 예측할 수 있다.

거듭된 대리청정, 그리고 게장과 생감

장희빈의 아들 경종이 왕이 된 1720년, 조정은 장희빈을 죽인 노론이 대세였다. 이들은 경종을 임금으로 인정하려 하지 않았고, 경종을 쫓아내는 데 힘을 쏟았다.

숙종이 운명하기 한 달 전, 정신이 오락가락할 때에도, 세자 교체의 유언을 받아내려고 혼신의 노력을 기울였으나 성공하지 못했다. 이런 상황이니 심신이 약한 경종은 더 불안할 수밖에 없었다. 경종뿐 아니라 소론도 마찬가지였다.

소론이 정국 돌파용으로 궁리해 낸 것이 '장희빈의 신원伸冤'이었다. 장희빈의 한을 풀어주자는 것으로, 그렇게만 되면 장희빈 제거에 앞장섰던 노론이 궁지에 몰리게 될 것이다.

경종 즉위년에 소론 조중우가 상소를 올렸다.

"어미를 존귀하게 하는 것은 춘추의 대의이며, 선대왕의 영혼도 이해하실 것입니다."

아들이 왕이 되었으니 하루빨리 모친에게 명호名號를 정해 지극한 정리를 펴고 나라의 체통을 높이라는 내용이었다.

노론도 올 것이 왔다고 보고, 여기서 밀리면 끝장이라는 자세로 총력 대응했다. 사헌부 집의執義 조성복이 먼저 "선대왕께서 이미 정해놓으신 뜻이 있거늘 신하가 거짓으로 왜곡한다"며 비난했다. 뒤이어 곳곳에서 탄핵이 빗발쳐, 조중우는 끝내 옥중에서 맞아 죽었다.

기선을 잡았다고 본 노론은 경종보다 여섯 살 아래인 연잉군(영조)을 세제로 추대하기로 하고, 사간원 정언 이정소를 시켜 "전하의 춘추가 한창이신데도 왕자가 없다"면서 "마땅히 대계를 세우는 것이 억조 신민의 소망"이라는 상소를 올리게 했다.

조선왕조 사상 초유의 사태였다. 이방원도 형 정종의 양자 형식으로 태종이 되었다. 그런데 이복동생을 세제라는 미명

으로 후계로 세우라는 것이
다. 그만큼 연잉군의 왕세제
책봉 상소는 충격적이었지
만, 영의정 김창집, 좌의정 이
건명, 호조판서 민진원, 병조
판서 이만성, 형조판서 이의
현 등 노론 대신들이 한밤중
에 경종을 찾았다.

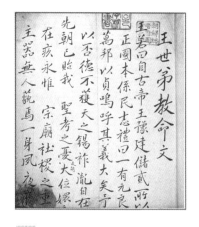

연잉군 왕세제 책봉 죽책문

이들이 밤을 새워가며 경
종을 압박해 연잉군의 왕세
제 책봉 허락을 받아냈다. 경종이 집권한 지 두 달도 채 안 된
1721년 8월의 일이었다.

당연히 소론이 격렬하게 반대했지만 소용없었다. 두 달 뒤
노론은 다시 조성복을 앞세워 연잉군 대리청정을 주장했다.
한마디로 서른세 살 경종은 아예 정사에서 손을 떼고 스물일
곱 살 세제에게 맡기라는 요구였다. 이런 황당한 상소마저도
경종은 받아들였다.

그러나 소론의 우의정 조태구, 이조판서 최석항 등은 물론
지방의 수령들과 성균관 유생들까지 소를 올리는 등 격렬하
게 반대하자 다시 친정체제로 돌아갔다. 이후 노론과 소론의
당쟁에 따라 대리청정과 친정체제가 수차례 반복되었다.

이 바람에 당쟁의 골은 더 깊어졌고, 급기야 경종 원년(1721)

12월 경종의 신임을 받던 소론의 김일경을 비롯해 7명이 영의정 김창집 등 노론 4대신을 '왕권 교체를 시도하는 역모 주동의 4흉'으로 공격하는 상소를 올렸다. 이 사건으로 신축환국이 일어나 노론 4대신이 파직되고 소론이 정권의 기반을 잡았다.

소론은 아예 연잉군을 제거하기 위해 환관 박상검에게 은화 수천 냥을 주어 다른 환관과 궁녀를 매수하게 했다.

1722년 1월부터 연잉군이 다니는 길에 깊은 함정을 파거나 여우 덫을 놓았고, 대전의 궁녀들은 연잉군을 아끼는 왕의 마음을 돌려놓기 위해 왕에게 연잉군을 헐뜯었다.

위기를 직감한 연잉군이 경종에게 환관의 독수毒手가 자신을 향하고 있다며 왕세제에서 물러나겠다고 했다. 경종이 누구냐고 묻자 박상검과 문유도를 지목했다. 다음 날 아침 이 사실이 알려지자 소론의 영수들이 먼저 나서서 관련자를 색출해야 한다고 주장했다. 결국 두 환관, 박상검과 문유도는 국문을 받아 죽으면서도 혐의를 인정하지 않았다. 또 다른 혐의자 궁녀 석렬과 필정이 자살하는 바람에 사건의 전모는 미궁에 빠진 채 종결되었다.

3개월 후 '목호룡의 고변'이 정국을 강타한다. 남인 출신 목호룡이 노론이 삼급수三急水로 경종을 시해하려 한다고 폭로한 것이다. 대급수大急水는 노론이 환관, 궁녀와 결탁해 칼로 살해하는 것이고, 소급수小急水는 음식에 독을 타서 죽이는 것이며,

마지막 평지수平地手는 모함으로 경종을 폐출하는 것이다.

풍수지리를 익힌 목호룡은 정치적 야심을 품고 처음에 노론 편에 접근했으나, 소론이 정국을 주도하는 것처럼 보이자 노론의 음모를 터뜨렸다.

이 고변으로 '신임사화'가 일어나 노론은 상당한 타격을 입는다. 173명이 화를 입고, 목호룡은 동지중추부사 자리를 맡는다. 목호룡의 고변 내용에 연잉군도 연루된 것으로 되어 있지만 인원왕후의 도움과 경종의 배려로 연잉군은 겨우 살아났다.

경종은 이복동생 연잉군이 자신의 정적인데도 혈육이라며 아꼈다. 그의 천성은 조부 현종을 닮았을까? 어려서부터 욕심이 없고 선하기만 했다. 왕이 된 후에도 수령들이 임지로 떠날 때면 격려했고 종친들에게도 각별했으며, 대신들의 상사喪事에 곡을 할 정도였다. 신하뿐 아니라 백성들을 배려하는 마음이 커 어지간한 죄는 책임을 물으려 하지 않았다. 그러나 잔병치레가 잦았던 경종은 비를 두 명 두었지만 후사를 잇지 못했다. 노회한 노론이 관리하기에 딱 좋은 왕이었다.

이런 왕과 운명을 같이해야 하는 소론은 얼마나 답답했을까. 분별력 없이 사람만 좋은 탓에 경종은 당쟁 사이를 오가며 많은 사람을 다치게 했다. 그리고 1724년 대비와 연잉군이 올린 게장과 생감을 먹고 복통과 설사에 시달리다가 5일 만에 사망했다.

심사정, 〈호취박토(豪鷲搏兎)〉(1768)
까치가 노래하며 날고 꿩 두 마리가 소곤거리는데, 매가 급강
하하여 토끼를 낚아채고 있다.

제21대 **영조**

양가감정을 지닌
전략적 성군

조선의 르네상스를 연 영조(재위 1724~1776)는 재위 내내 경종 독살설과 숙종의 아들이 아니라는 두 가지 소문에 시달렸다.

그럼에도 조선의 르네상스를 연 것은 전략적 사고를 했기 때문이다. 경종이 전략이 부족한 비애미의 군주였다면, 영조는 계략미計略美가 탁월했다.

영조는 무엇을 위한 계략을 구상했을까?

군주가 시비 판단을 공정히 하여 붕당의 폐해를 없애는 탕평蕩平이었다. 영조는 탕평을 위한 방편으로 경연을 자주 활용했다.

조선의 왕은 아침, 점심, 저녁 하루 세 번 경연을 열었다. 경연장은 학문을 논하고 주요 국정 과제를 살피는 '국정 운영의 장'이다. 왕의 성향에 따라 경연장이 활기를 띠기도 하고 연산군 때처럼 아예 폐지되기도 했다.

세종과 성종, 영조는 꾸준히 경연을 열어 사서삼경, 사서뿐 아니라《율려신서》등 음악 이론서까지 다양한 분야의 지식을 축적해 나갔다.

경연으로 세종이 성군 자질을 더 빛냈다면, 세종에 비해 성군 자질이 부족한 성종은 인품을 닦았다. 영조는 경연을 자기 뜻을 전달하는 통로로 활용했다. 이처럼 세 왕은 각자의 방식으로 경연을 활용해 조선의 태평시대를 열었다.

영조의 통치는 '혁명은 의지로 하지만 개혁은 정치로 한다'는 경구를 실감케 한다. 그만큼 정치력이 탁월했는데, 평생 괴롭힌 두 소문을 불식하기 위해 전략적 사고를 할 수밖에 없었을 것이다.

영조에게 배울 수 있는 전략적 리더의 특징은 무엇일까?

첫째, 자기 절제가 강했다. 마치 철학자 칸트처럼 일상이 규칙적이었다. 기상과 취침이 일정했으며, 소식했다. 고기와 술을 멀리하는 대신 보리밥, 고추장, 수제비 등을 즐겼다. 그래서 조선 왕 중 최고 장수를 기록했던 것이다.

둘째, 전략적 판단을 내릴 때 관련 자료를 살폈다.

영조는 재위 52년 동안 경연을 무려 3,459회 열었다. 1년 평균 66회에 달하는 경연 기록을 세우며 다양한 학자와 엄청난 양의 학식 있는 토론을 진행했고, 이를 바탕으로 《경세편》, 《자성편》, 《경세문답》 등 후세 왕들이 참고할 교훈서를 남겼다.

영조는 왜 이토록 학습에 열중했을까? 온고지신溫故知新을 원했기 때문이다. 과거의 사례를 알고 현재의 실수를 줄이기 위한 것이다. 물론 그 자료는 시간이 제한적이라는 것을 염두에 두고 학습했으며, 이를 바탕으로 전략적 판단을 했던 것이다.

셋째, 과거와 미래를 잇는 가치 구조의 핵심을 추출해 냈다. 달리 말해 자료보다 해석이 더 중요하다는 것이다. 지식의 전문성으로만 따지면 영조는 경연에서 해당 분야 학자를 앞설 수 없었을 것이다. 그러나 영조는 해당 지식을 현재에 비추어 해석하는 데 탁월했다. 그 때문에 항시 전문 지식을 갖춘 신하들이 영조에게 압도되었던 것이다. 고립된 전문 지식, 연결되지 않는 전문성은 조직의 과제를 풀어나갈 때 장애가 될 수 있다.

넷째, 어떤 결정도 위험이 따른다는 것을 알고, 그 위험이 감당할 만하고 가치 창출의 여지가 있는지를 살폈다. 특히 불확실한 상황일수록 위험을 기회로 전환하는 리더십이 필수. 영조는 솔선하는 리더십으로 관료 조직을 장악했고, 분당의 당수를 불러 탕평을 권했다가 듣지 않으면 축출했다. 모범적인 영조 앞에 변명이나 불합리한 반항은 허용되지 않았다. 이런 완벽주의 성격 때문에 사도세자의 비극을 자초했다. 영조는 세자가 식탐이 많아 비만하다고 꾸짖고 자기 관리를 못 해 일탈을 일삼는다고 못마땅해했다.

영조는 과거를 통찰하고 미래를 조망하며 현재의 위험을 기회로 삼는 전략적 리더의 전형을 보여주었다. 그에게도 약점이 하나 있었다. 감정 기복이 심하다는 것이었다. 그 피해는 백성이 아니라 오롯이 사도세자의 몫이었다.

어머니가 무수리인 영조는 명문거족들에게 많은 열등감을 느끼며 자랐다. 왕이 된 후 《사기》의 〈노중련전〉에 나오는 '네 어미는 종이다'라는 구절을 보고는 바로 금서로 지정할 정도였다.

삼정승도 수시로 교체하고 똑같은 신하도 평가를 자꾸 달리했다. 그만큼 감정 기복이 심했지만 뛰어난 전략적 발상으로 백성을 편하게 했다.

의심의 눈초리 속에 등극하다

영조는 경종을 독살했다는 의심 속에 왕이 되었다. 빈농의 딸 무수리가 낳은 '천한 소생'이라는 차가운 눈초리도 받아야 했다. 이 두 콤플렉스가 평생 영조를 짓눌렀다.

왕이 되는 과정도 장인 한명회와 할머니 인수대비의 정치적 결탁으로 친형 월산대군을 제치고 왕이 된 성종보다 더 극적이었다. 영조의 어머니는 궁녀의 세숫물이나 바치던 무수리로, 숙종과 하룻밤 보냈는데 그야말로 우연찮게 연잉군이 태어난 것이다.

그나마 경종의 어머니 장희빈은 무수리보다 높은 내인內人 출신으로 한때 숙종의 총애를 독차지했으며 그녀의 뒤를 거부인 역관들과 남인과 소론이 비호했다. 뭐로 보나 연잉군이 왕이 되기는 어려웠다.

그런데 경종이 열네 살 때 사약을 마시는 장희빈을 직접 목격한 후 심신이 약해져 후사를 생산할 능력마저 상실한다. 이를 알게 된 노론이 영조를 옹립하려고 노리는 가운데 경종이 즉위했다.

연잉군에게 힘을 몰아주려는 노론과 경종을 사수하려는 소론의 공방전이 가열되며 소론이 매수한 목호룡의 고변까지 일어났던 것이다. 연잉군도 죽어야 마땅했으나 왕통을 이을 사람이 없었고, 연잉군이 대비 인원왕후 김씨를 찾아가 결백을 거듭 호소해 겨우 왕세제 자리를 유지할 수 있었다.

이후 경종이 승하하기까지 2년 동안 소론이 조정을 장악했으며, 연잉군은 온갖 고초를 겪어야 했다. 그런데 경종이 갑자기 승하한 것이다. 하필 연잉군과 대비가 올린 게장을 맛있게 먹은 다음 날이었다.

이처럼 극적으로 등극했지만 경종 독살이라는 의심의 눈초리가 쏟아졌다. 즉위 후 전국에 '경종 독살' 벽서가 나붙었을 지경이었다.

경종이 갑자기 죽자 목호룡의 고변을 기회로 노론을 역모로 엮어 대대적으로 숙청했던 소론은 당황할 수밖에 없었다. 노론은 다시 반등할 더없이 좋은 기회를 잡았다. 경종이 소론의 군주였다면 영조는 누가 봐도 노론의 왕이었다.

영조 즉위와 동시에 바짝 긴장한 소론과 절호의 기회라 여긴 노론이 곧바로 힘겨루기를 시작한다. 여기서 영조의 절묘한 리더십이 빛을 발한다.

보통 리더들은 권력을 잡으면 보복전에 나서지만 이는 곧바로 권력 약화를 불러온다. 반대 세력이 사라지면 자당에서 내분이 일어나게 마련이기 때문이다. 리더의 힘은 반대 세력을 묶어두는 우월적 지위를 행사할 때 강화된다.

영조의 즉위 일성은 '탕평'이었다. 동시에 붕당의 폐해를 하교했다. 붕당이 국정을 주도하는 것이 아니라 왕이 주도해야만 요순시대의 탕탕평평 치세를 실현할 수 있다고 했다.

하지만 소론과 남인은 물론 백성까지 영조의 '경종 독살설'을 믿는 상황에서 국정 장악력은 현저히 떨어질 수밖에 없었다. 심지어 영조 1년(1725), 능행길의 어가를 군사 이천해가 가로막고 비난하는 일까지 발생했다. 이날 이천해가 영조에게 퍼부은 말이 실록에 기록할 수 없을 정도라 사관은 '차마 들을 수 없는 말不忍之言'이라고만 적었다. 영조와 노론이 경종을 독살했다고 소리친 것이다.

이런 소문을 가라앉히는 방법은 무엇일까? 이 소문의 진앙인 소론과 영조가 화해하는 것뿐이었다. 그래서 영조는 탕평을 주장하고, 첫 내각을 소론 중심으로 구성했다.

영의정과 좌의정에 각각 소론의 이광좌, 조태억을, 우의정에 자신의 세제 책봉 반대에 앞장섰던 유봉휘를 발탁했다. 노론이 가만있지 않았다. 유생 이의연을 내세워 신임옥사의 책임 문제를 거론하며 소론의 핵심 김일경을 처벌하라는 상소를 올렸다.

소론이 "영조 즉위가 경종과 김대비 덕분인데, 노론이 공을 가로채려 한다"며 극렬하게 반발했다. 노론과 소론의 연합정권이던 때라 영조도 도리 없이 이의연을 귀양 보내야 했다.

다시 소론은 영조에게 귀양 간 이의연을 불러 국문해서라도 배후 세력을 밝혀야 한다고 주장했다. 노론이 반발했고 전국 각처에서 목호룡을 매수한 김일경을 처벌하라는 상소가 빗발쳤다.

이에 영조는 탕평을 내세우며 이의연뿐 아니라 목호룡 고변건도 친히 국문하는데, 환관 손형좌가 김일경이 환관 박상검을 매수했고, 목호룡도 사주했다고 털어놓았다. 그때 끌려 나온 김일경과 목호룡은 영조를 '나리'라 부르며 임금으로 인정하지 않는다. 역적은 자신들이 아니라 바로 영조와 노론이라는 것이다. 둘 다 당고개에서 목이 잘려 사흘간 거리에 효수되었다.

당시 소론 온건파인 영의정 이광좌는 영조에게 김일경과 친하지 않다고 말해 겨우 살아났다. 이들뿐 아니라 이의연도 곤장을 맞고 죽었다. 이것이 신임옥사가 소론의 무고에서 비롯되었음을 밝히는 을사처분이다. 이 처분으로 김일경 등 소론 강경파와 영조와 공존을 추구하는 소론 온건파가 분리된다. 영조의 소론 분열책이었다. 신임옥사의 추국으로 노론과 소론의 강경 인물을 제거하며 조정의 기강을 잡고자 한 것이다.

하지만 노론은 이에 만족하지 않았다. 영조가 즉위하면서 노론에 진 부채를 갚으라며 소론의 온건파까지 정리하라고 압박했다. 이런 일을 경험하면서 영조는 숙종의 환국정치를 떠올렸을 것이다. 이후 자신의 탕평책이 막힐 때면 환국으로 정치판을 바꾸며 돌파한다. 영조와 노론은 소론을 대하는 목적이 달랐다. 영조는 명예 회복을, 노론은 복수를 원했다. 영조의 목적은 을사처분으로 어느 정도 이루어졌다. 그러나 노론은 여기서 그치지 않았다. 이에 영조는 노론의 청을 받아 영의정 이광좌, 우의정 조태억 등 소론 대신들을 몰아내고 그 자리를 민진원, 정호, 이관명 등 노론 인사들로 채웠다.

이 나라가 노론과 소론만의 것이더냐

드디어 정권을 잡은 노론은 소론의 5대신 이광좌, 조태억, 유봉휘, 조태구, 최석항을 축출하는 것으로 그치지 말고 극형에 처하라고 요구했다. 영조가 만류했다.

"나도 분하고 원통하오. 하지만 무고를 밝혔으면 그만이지 보복까지 해서야 되겠소?"

왕이 수차례 부드럽게 달래도 노론은 포기할 줄 몰랐다. 그러자 왕도 화를 냈다.

"경들은 왕을 사람 죽이는 일만 하도록 유도하려는가?"

이렇게까지 해도 노론은 전원 사직이라는 초강수를 두며 처형 요구를 거듭했다. 그럼에도 영조는 여러 당파를 불러 녹두묵이 들어간 음식을 내놓고 '탕평채'라며 화합을 도모했다. 하지만 전국에 산재한 송시열 계보의 제자들이 탕평책을 반대하는 상소를 계속해서 올렸다.

이쪽도 좋고 저쪽도 좋다는 '탕평'이라는 두 글자로 300년 종묘사직이 저잣거리의 비웃음거리가 되고 있다는 내용이 많았다. 탕평책을 잡탕이라고까지 비하했다.

노론의 반대에 지칠 대로 지친 영조는 보복의 악순환을 방지할 근본 대책을 모색하던 중 다시 정국을 바꾸어야겠다고 결심한다. 정호, 민진원, 홍치중 등 노론 대신과 관료 140여 명을 일거에 축출하고, 그 자리를 2년 전 파면했던 소론들로 채웠다. 이것이 영조 3년(1727)의 정미환국이다.

조정으로 돌아온 소론은 영조가 노론과 한편임을 확인한 후라 처음처럼 노론을 몰아붙이지는 않고 적당히 공존하려 한다. 그런데 이듬해 소론의 강경파가 이인좌를 중심으로 난을 일으켜 소론 정권을 곤경에 빠뜨린다. 영조가 숙종의 아들이 아니며, 경종 독살에 가담했다는 것을 반란의 명분으로 내세워 소현세자의 증손 밀풍군 탄을 추대하고자 했다. 원래 이 난은 소론 전체가 함께 일으키려 했지만 온건파가 집권하는 바람에 과격 소론 세력이 남인을 포섭해 일으켰다.

만일 영조가 정미환국을 단행하지 않았다면 소론 전체가 뭉쳐 왕위를 빼앗았을 수도 있다. 다행히 정미환국으로 노론이 물러나고 온건 소론이 권력을 잡으면서 동조자가 줄었고 도성 내 소론 세력이 호응하지 않았기에 무사할 수 있었다. 정미환국이 난을 진압하는 신의 한 수로 작용했던 것이다. 온건 소론인 최규서 등이 급히 상경해 역모를 고변했고, 역시 온건 소론인 박문수, 오명항 등도 반란 진압에 앞장섰다.

역모가 탄로 나자 이인좌는 1728년 3월 15일 밤 청주성으로 쳐들어갔다. 이인좌와 내통한 기생 월례와 비장 양덕부가 성문을 열어두어 쉽게 점령할 수 있었다. 반란군이 관의 창고를 열어 백성들에게 곡식을 나눠주고, 각지에 '경종 독살설'이 담긴 격문을 보냈다. 이로써 동조 거사가 잇따랐다. 조정이 바짝 긴장했고, 출전 명령을 받은 총융사 김중기까지 겁을 먹고 숨어버렸다. 이때 소론 온건파 오명항이 출정을 자청했다.

반군은 오명항의 관군에게 안성과 죽산의 전투에서 궤멸 수준의 타격을 받았다. 이인좌는 죽산의 산사로 숨어들었다가 승려들에게 붙잡혔다.

소론이 이인좌의 난을 진압하기는 했으나 여하튼 소론이 주도한 반란이었기 때문에 입지는 더 약화되었다. 이후의 정권은 주로 노론이 주도하게 된다. 심지어 노론은 이 기회에 소론을 숙청하고자 했다. 노론이 장악한 언관들이 이인좌의 난을 평정한 오명항조차 믿을 수 없다며 탄핵하자 오명항은 근심에 싸여 죽고 말았다.

영조는 이런 붕당정치의 현실과 한계를 보면서 노론·소론을 막론하고 당파심이 지나친 사람을 제거하며 당파를 고르게 하는 탕평책을 더 강력히 시행한다. 강경 붕당파가 탕평책을 비난하고 나설 때 영조가 호통 쳤다. "이 나라가 누구의 나라더냐. 노론과 소론만의 나라라는 말인가?"

또한 역변이 강경 당론에서 비롯되었다고 규정하고, 당파나 의리와 상관없이 인재를 등용하겠다며 기유처분을 내렸다. 이 처분의 핵심대로 탕평을 지지하는 노론 내 온건파와 소론 내 온건파를 고르게 등용했다.

이처럼 초창기 탕평책의 인사정책은 노론과 소론의 균형에 초점을 맞추었으나 점차 능력 위주로 발전한다. 그래서 이미 정계에서 밀려난 남인, 소북, 더 나아가 이들 사색당파에 속하지 않은 인물들까지 등용했다. 당쟁의 뿌리를 뽑고자 사림의 기반인 서원을 대폭 줄였다. 선조 이후 영조 때까지 150년간 당쟁의 시발점이던 이조전랑의 인사권을 이조판서에게 돌렸다.

탕평 강화의 일환으로 같은 당파끼리 혼인을 금하는 '동색금혼패同色禁婚牌'를 벼슬아치들 대문마다 걸어두게 했다.

탕평책의 만성화에서 싹튼 사도세자의 비극

탕평책이 25년 가까이 지속되다 보니, 온건파였던 각 당파의 권력 독점욕도 덩달아 자라났다. 이들의 계략에서 '사도세자 사건'이 잉태했다.

영조는 건강상의 이유로 사도세자에게 대리청정을 시킨다. 사도세자는 열다섯 살 때인 1749년부터 13년간 대리청정을 하는데, 이 시기에 남인, 소론, 소북 세력이 세자 중심으로 권력 장악을 시도한다. 세자는 이들을 가까이하며 노론을 멀리했고, 노론은 정순왕후 김씨 등과 결탁해 세자와 영조 사이를 이간질했다.

이 사건을 제외하면 영조는 별다른 실정 없이 백성을 편안하게 했다.

영조는 애민의 군주임에는 틀림없지만, 양가감정兩價感情에 시달렸다. 좋으면 애착했고, 싫으면 지나칠 정도로 증오했다. 툭하면 잘 울어 눈물의 왕으로도 불렸다. 성장 경험 속에 녹아든 '열등감'과 '정당성 확보 욕구' 때문이었다.

연잉군 시절 혼인한 첫째 부인 정성왕후 서씨와는 무자식이었고, 다음 정빈 이씨가 첫아들 효장세자를 낳았지만 세자는 영조 4년(1728)에 열 살 나이로 요절했다. 다른 후궁인 영빈 이씨도 화평옹주, 화협옹주, 화완옹주 등 딸만 낳았다.

왕위를 이을 아들을 얻지 못해 애타던 영조는 드디어 영빈 이씨에게서 1735년에 사도세자를 얻었다.

왕실에 큰 기쁨을 주며 태어난 사도세자는 매사에 탁월한 재능을 보였다. 나날이 자라는 세자를 보기만 해도 좋았던 영조는 사도세자가 열다섯 살이 되던 날 선위 교서를 내려 대리청정까지 하게 한 것이다.

2년 후 효장세자의 빈 현빈 조씨가 세상을 떠났다. 영조는 죽은 효장세자를 생각해 극진히 아끼던 현빈 조씨의 빈소를 친히 찾았다. 거기서 현빈 조씨의 궁녀 숙의 문씨를 만나 정을 통한다.

이런 문씨를 사도세자는 마땅치 않게 여겼다. 아버지가 며느리 상중에 며느리 수하의 궁녀를 만났다는 것부터 옳지 못하다고 보았고 주위에서도 숙의 문씨를 두고 해괴한 낭설이 떠돌았다.

그런데도 한번 마음에 들면 마냥 총애하는 영조는 숙의 문씨를 창경궁 내에 들어와 살게 했고, 화령옹주(1753)를 낳자 정4품 소원昭媛으로 책봉하며 숙의 문씨의 교지에 어보날인을 하라고 파격적으로 대했다. 오죽하면 승지가 지나치다며 어명을 받들지 않아 대리청정 중인 세자까지 곤혹스러워졌다.

《영조정순왕후가례도감의궤》
정순왕후 행차 모습.

이 틈에 노론이 숙의 문씨와 그녀의 오빠 별감 문성국과 결탁한다. 문성국은 동궁전 별감들을 매수해 세자의 사생활까지 일일이 숙의 문씨에게 전해주었다. 그중 세자를 욕 먹일 만한 것만 골라 숙의 문씨가 영조에게 고자질한다. 이때부터 세자와 영조 사이가 벌어지기 시작한다.

영조 33년(1757), 정성왕후가 서거했다. 숙종이 후궁을 왕비 삼지 말라는 유지를 남겨, 영조는 예순한 살 나이에 새 왕비를 간택해야 했다.

그녀가 경주 김씨인 열다섯 살 정순왕후로 사도세자보다도 열 살이나 아래였다. 이 왕비를 간택할 때의 일화가 있다.

영조가 왕비 후보들에게 '세상에서 가장 깊은 것'과 '세상에서 제일 고운 꽃', 두 가지를 물어보았다. 첫 질문에 각기 '계곡', '꿈속', '바닷속' 등이라 답했으나 정순왕후는 '인심人心'이라고 했다. 두 번째 질문에 다른 후보들이 국화, 매란, 연꽃 등이라 했지만 정순왕후는 '면화綿花'라 했다.

그 까닭을 물으니 '실을 내어 백성의 의복을 만들어주기 때문'이라 했다. 이에 영조가 정순왕후를 아내로 택한 것이다. 노론이 다시 숙의 문씨는 물론 정순왕후까지 아들을 낳기만 하면 세자로 세울 수도 있다고 암시하며 꼬드겼다.

이때부터 왕비도 숙의 문씨처럼 영조와 세자를 이간질하기 시작했다. 한 여자도 아니고 자신이 아끼는 두 여자가 계속 세자를 무고하자 영조도 물들기 시작했다. 틈만 나면 세자를 불러 질책했다. 그동안 영빈 이씨와 사이가 좋은 정성왕후가 사도세자를 영조 앞에서 늘 감싸주었다.

그런 정성왕후가 사라지고 새로 온 왕비가 사도세자를 견제하자 압박감을 느낀 세자가 돌출 행동을 하기 시작한다. 궁중을 몰래 빠져나가는 것은 물론이고 살인까지 저질렀다. 영조가 불러 "왜 그랬느냐"고 묻자, "속에 화증이 올라오면 무엇이든 죽여야 풀립니다"고 했다. 다시 "왜 그리되었느냐"고 묻자 "아비의 사랑을 못 받으니 서럽고 야단만 치시니 무서워서 그렇습니다"고 했다.

영조도 안쓰러운 마음에 한동안 질책하지 않았다. 그러나 이런 평화는 나주 벽서사건으로 깨지고 말았다. 사도세자가 스무 살이 되던 1755년 2월에 전라감사 조운규가 나주 객사에 붙은 벽서의 내용을 담은 장계를 올렸다. 강경 소론파인 윤지와 나주목사 이하징 등이 영조를 역적의 수괴라 비판하며, 노론 4대신을 4흉으로 지목했다.

윤지 등 관련자 60명이 한양으로 압송되어 극형을 받았다. 그러나 여기서 끝나지 않았다. 5월 과거시험장에서 경종 독살설을 거론하며 왕을 비난하는 답안지까지 나왔다. 조사해 보니 역시 소론 강경파 자제인 심정연이었다. 이것이 시권試券(답안지) 사건이다.

이 두 사건으로 영조가 돌변했다. 세자가 소론 처벌을 말렸지만 영조는 무시하고 매일 직접 관련자들을 국문했고, 그들의 자식까지 노비로 만들었다. 이후 소론은 한두 명 정승으로 잠시 재직했을 뿐 노론 천하가 되었다.

이 시기에 사도세자는 의대증衣帶症이라는 희한한 강박증에 시달렸다. 옷을 갈아입을 때 벗기는 잘했지만 입는 것을 어려워했다. 두세 벌씩 준비해야 겨우 갈아입었다. 나머지 옷은 귀신을 불러온다며 불태우기도 했다. 그러다가 세자가 영조의 허락 없이 관서 순행을 나갔다.

노론이 이를 문제 삼는다. 반란을 시도하려 했다는 것이다. 춘천에서 유생들을 모아 선동했으며 동궁전에 무기를 감출 땅굴을 파놓았다는 것이다. 뚜렷한 물증은 없었다.

그래서 노론이 나경언의 고변을 터뜨렸다. 노론 내에서도 남산 일대 남촌에 거주한다 하여 남당이라 불리던 정순왕후의 아버지 김한구와 그의 아들 김귀주가 홍계희, 김상로, 윤급 등과 함께 만든 작품이다. 형조판서 윤급의 하인 나경언이 환시宦寺들이 반란을 모의한다고 거짓으로 고발하여 영조의 친국을 자초했다. 친국장에 미리 준비해 간 고변서를 영조에게 주었다.

고변서에는 사도세자의 비행 열 가지와 더불어 사도세자가 반역을 도모하고 있다고 적혀 있었다. 사도세자를 향한 영조의 불신은 극에 달했다. 영문도 모른 채 끌려온 사도세자에게 영조가 자결을 명했지만 완강히 버티자 폐세자하고 뒤주에 가두었다. 어린 아들 세손(정조)이 안타깝게 지켜보는 가운데 사도세자는 8일 만에 유명을 달리했다. 그 후 영빈 이씨는 생의 의지를 잃고 지내다가 2년 만에 아들의 뒤를 따랐다.

사도세자의 죽음을 두고 영조의 처분이 지당하다는 벽파僻派와 사도세자에게 동정적인 시파時派로 노론이 나뉜다.

신하는 믿지 않았으나 백성은 사랑했다

사생활은 편집증적 애정과 증오로 오락가락했으며 사도세자까지 뒤주에 가두었지만 영조가 성군이 된 것은 변함없는 애민정책을 폈기 때문이다. 영조가 탕평을 추구한 것도 만백성이 행복했던 요순시대를 재현하기 위해서였다.

그래서 사형私刑을 금지했고 세금을 감면했다. 사형이란 양반이 공적 절차 없이 백성에게 벌을 주는 것으로, 민가에서 주리를 트는 압슬형壓膝刑, 불로 지지는 낙형烙刑, 얼굴에 글자를 새기는 자자刺字 등을 포함한 형벌을 일절 금지했다. 또 신문고를 설치해 백성이 억울할 때 왕에게 직접 호소하게 했다. 다음 균역법을 실시해서 양민이 국방 의무를 대신해 내던 포목을 2필에서 1필로 줄였다. 궁전 및 병영의 둔전도 일정 수준을 초과하면 과세했으며, 권문세가의 토지장부에서 누락된 토지를 찾아내 과세했다.

그동안 변질된 환곡의 기능도 회복했다. 이 제도는 원래 빈농 구휼책으로 봄에 관청에서 빈농에게 저리로 곡식을 빌려주고, 가을에 받는 제도였는데, 차츰 문란해져 탐관오리가 고리로 착취하고 있었다.

또한 홍수 때면 범람하고, 평소 물이 고여 악취가 진동하던 청계천을 준설했다.

춘궁기에 두 달간 진행된 이 공사에 21만여 명이 동원되었다. 영조는 준설 공사를 시작하면서 "민력民力을 지치게 할 수 없다"며 거액을 쾌척해 일당을 주도록 했다. 영조의 3대 치적으로 탕평책, 균역법과 함께 청계천 준설 작업을 꼽는다.

왕 스스로도 채식과 소식 위주로 검소하게 살았다. 관리들

〈어전준천제명첩(御前濬川題名帖)〉
지금의 청계천에 오물과 토사가 쌓여 수로가 막히는 것을 방지하기 위해 국가적으로 벌인 개천 청소 및 보수 작업을 기념하여 그린 서화첩이다. 영조가 공사를 둘러보고 있다.

에게도 수시로 사치와 술을 멀리하라는 주의를 주면서, 자신의 장수 비결이 술과 여자를 멀리하는 대신 거친 음식을 먹고 얇은 옷을 입는 것이라고 자랑했다.

1763년에 일본 통신사 조엄이 고구마를 가져왔다. 영조가 몇 개를 맛보더니 즉시 팔도에 보급하라고 명해 흉년 때면 고구마가 구황 식량이 되었다.

태생적으로 영조는 노론을 공동 운명체로 안고 정치해야 하는 입장이었다. 문제는 노론이 반세기가 넘는 집권 경험으로 패권정치에 능통하다는 것이었다. 영조도 여기에 말려들지 않기 위해 자신에게 반감을 품었던 소론 또는 남인들까지 등용했다.

하지만 영조가 오래 통치하는 동안 정치 감각이 무뎌졌을 때, 총비들까지 동원한 노론의 충동질에 넘어가 사도세자의 죽음으로까지 이어졌다. 오직 남인의 영수 채제공만이 목숨을 걸고 사도세자를 지키고자 했지만 소용없었다.

세자가 죽던 날 밤에야 제정신이 돌아온 영조는 왕궁 밖으로 쫓아낸 세손과 채제공을 함께 불렀다. 사관을 내보낸 영조가 세손에게 입을 열었다.

"네 아비를 죽인 원수는 노론의 거두 김상로이다. 채제공은 사심 없는 신하이며 네게도 충신이다."

영조는 후원 세력을 자처하는 노론을 믿지 못했고, 도리어 노론의 반대편에 서 있는 채제공을 믿었다. 노론이 국익을 내

세우지만 속내는 당파의 이익이 우선이라는 것을 알았기 때문이다. 왕을 두고 악성 뜬소문이 계속되는 근본 요인도 왕권을 농락하려는 당파의 권력욕에서 비롯되었다. 그 와중에도 영조는 돈의문에 경기의 농부를 불러 형편을 묻는 등 백성을 먼저 생각했다. 이런 왕을 백성도 사랑하며 알현하기를 열망했다.

영조는 재위 25년 이후 50차례 넘게 거리 행차를 했으며, 미리 일시와 장소를 정해주고 도성문 밖에서 백성들을 만났다. 평소에도 새문안 대궐인 경희궁에 머물 때면 누각에 올라 백성의 형편을 살폈다. 어느 날 한 소녀가 새문안 고개로 황급히 달려오는 것을 보았다.

"여봐라, 저 아이를 데려오너라."

어졸을 따라온 소녀에게 영조가 물었다.

"무슨 일로 그리 서두르느냐?"

"소인은 동촌 이 판서 댁 여종입니다. 내일이 대감 생신이온데 대감 댁 살림이 궁색하여, 마님의 편지를 들고 친정 남 판서 댁에 조반을 마련할 돈을 빌리러 가는 중이옵니다."

"오호, 남 판서도 청렴해 변통할 여력이 없을 터. 내가 마련해 줄 테니 남 판서 댁에 가지 말거라."

그리고 편지를 써 어졸에게 주었다.

"이 편지를 선혜청에 전하고 물품을 받거든 이 아이를 따라가 이 판서 댁에 주거라."

그날 이 판서 댁에 한동안 넉넉히 쓸 돈과 곡식이 전달되었다.

경종 독살의 의혹 속에 즉위한 영조는 의혹설을 이용해 주도권을 행사하려던 노론에 맞서 네 당파를 고루 등용해 제어했지만, 노쇠해진 말년에 이르러서는 제어력이 약해졌다. 결국 사도세자를 죽게 하는 조선 왕실 초유의 비극이 발생한 가운데, 손자 정조를 두고 여든셋에 승하했다.

김두량, 〈삽살개〉
김두량은 영조가 총애한 화가로 이 그림에 영조가 직접 '사립문의 밤을 지키는 것이 네 할 일이거늘 어찌 대낮에 길에서 짖어대느냐'라는 뜻의 글을 썼다.

제22대   **정조**

새로운 판을 짜라

"절망으로 단련되었고 희망으로 움직였다."

미완의 혁신 군주 정조(재위 1776~1800)의 일생을 압축한 말이다. 경영인이나 정치인이 서로 본받겠다고 하는 인물이 세종이라면, 정조는 인문학자들의 찬사를 받는 왕이다.

두 왕은 성군의 자질은 비슷했지만 처한 환경은 전혀 달랐다.

세종이 왕조 초기 태종이 외척 등 권신을 정리해 준 상태에서 왕 노릇을 했다면, 정조는 16세기 말 선조 이후 200년 이상 깊어진 붕당정치의 한복판에서 등극했다. 같은 해 애덤 스미스가 《국부론》을 출간했고, 미국이 독립을 선포한다. 정조의 통치 중반기인 1789년에 프랑스 대혁명이 일어난다.

이처럼 대내적으로 극심한 당쟁과 대외적으로 대변혁기를 맞이한 정조는 어떻게 대처했을까? 일단 주자를 신봉하면서도 실학을 수용하고자 했고, 금난전권의 특혜를 폐지하는 등 상업을 활성화했다.

한반도라는 같은 공간과 전혀 다른 시대 상황에서도 세종과 정조는 조선 최고의 리더들답게 귀감이 되는 리더십을 보여주었다.

명필은 붓을 탓하지 않는다. 두 왕의 리더십 구현 방식은 차이가 있으나 기본 정신은 같았다. 백성에 대한 진심 어린 애정이었다. 그 정신으로 세종이 안정된 조정에서 융성한 문화의 꽃을 피웠다면, 정조는 정적이 가득한 조정과 격변의 시대를 선견적 개혁의지로 뚫고 나갔다.

정조의 강철 같은 의지는 어디서 생겼을까?

'탄력적 회복력resilience'이었다. 성장기에 반복적으로 '예측 가능한 가벼운 스트레스'에 노출된 사람은 이 회복력이 강하다. 아무 스트레스 없이 온실에서 자란 사람보다 적절한 스트레스를 견뎌낸 사람이 예측 불가능한 도전에도 우울해하지 않고 충분히 극복해 나간다.

정조는 세손 시절 아버지의 죽음을 목도했고, 수없는 역경을 헤치며 왕이 되었다. 그런 스트레스가 정조의 인지기능을 담당하는 전전두피질을 더 강화해 주었던 것이다.

그래서일까? 정조와 세종이 둘 다 영민하고 진보적이며 결단력이 강했으면서도 세종이 소통을 중시하는 리더였다면 정조는 강력한 카리스마로 일을 풀어갔다.

어전회의 풍경도 차이가 있었다. 세종은 신하들에게 스스럼없이 말하라며 주로 듣는 편이었고 정조는 논쟁을 주도했다. 정조는 스트레스에 강한 왕, 격정적인 달변가였던 것이다.

당시는 조선왕조의 유일 신앙인 주자학에 균열이 가고 있었고, 남인과 북학파를 통해 청에서 들여온 서양의 평등사상이 스며들었다.

만약 정조가 10년만 더 살았더라면? 그래서 화성 신도성이 완성되고, 군민 공치체제가 정착했다면 조선은 청나라는 물론 동아시아를 넘어서는 나라로 웅비했을 것이다.

정조의 일대기는 정적에 둘러싸인 변혁기 리더가 과연 어떻게 처신해야 하는지 보여주는 좋은 사례이다.

과인은 사도세자의 아들이다

등극 후 경복궁 빈전 밖에서 처음 대신들을 마주한 정조가 선언했다.

"과인은 사도세자의 아들이다."

동궁 시절부터 정조는 아버지 사도세자를 부정하도록 강요받았다. 백성들은 정조가 왕이 된 후 과연 어떻게 할까를 궁금해하던 차였다. 조선은 낳아준 부모, 가르친 스승, 길러준 임금이 하나라는 군사부일체의 나라다. 혹 부모의 허물이 드러나도, 자식 된 도리로 덮어주고 성심을 다해야 한다. 부모가 몰라주더라도 서운케 생각 말고 '내게 무슨 불효가 있는가?'라며 자책해야 한다.

이런 나라에서 아비를 부정하면 금수만도 못하게 된다. 그렇다고 정조가 사도세자를 인정하면, 조정에서 언급하면 안된다는 금기를 깨는 것이다. 정조는 왕이 되자 바로 이 금기를 깨고 사도세자의 아들임을 공개적으로 천명했다.

정조는 이 한마디로 백성들 마음을 사로잡으며 노회한 정객들보다 도덕적 우위에 섰다. 정조 통치의 전반적 성격도 바로 이 한마디가 규정한다. 왕 자신의 굳건한 정체성과 민심의 지지로 권력을 농단하는 노론을 뚫고 나간 것이다.

열한 살 정조는 뒤주에 갇혀 목숨을 잃는 사도세자를 지켜보았다. 사도세자가 뒤주 속으로 들어갈 때는 할아버지의 곤룡포를 붙잡고 눈물로 애원하기도 했다.

"할바마마. 제발 제 아비를 살려주세요."

정조의 어머니 혜경궁 홍씨도 정조와 함께 영조에게 호소했다. 이날의 슬픈 광경을 정조가 잊었으랴.

사도세자 서거 후 정조는 동궁에 오른다. 이때부터 영조와 노론은 동궁에게서 사도세자의 흔적을 지울 방법을 찾는다. 그것이 2년 후 2월 동궁을 요절한 효장세자의 후사로 삼는 것이었다. 법적으로 더 이상 정조는 사도세자의 아들이 아니었다.

남편을 잃은 뒤 다시 아들까지 빼앗긴 혜경궁 홍씨는 큰 충격을 받았고 어린 정조도 괴로웠지만 일절 내색할 수 없었다. 이렇게까지 해놓고도 노론은 불안감을 떨치지 못하고 어떻게든 정조의 즉위를 막을 궁리를 했다. 이런 분위기에서 정조가 할 일은 칩거해 독서하는 것뿐이었다.

그 덕분에 정조는 세종에 버금가는 박식한 군주가 되었다. 동궁 시절 살얼음판 같은 정국을 정조는 이렇게 회고했다.

"그 시절 나는 엎드려 하라는 대로만 했다."

그런 세월을 13년이나 보내고 스물네 살이 된 영조 51년(1775) 11월이었다. 당시 여든두 살로 치매 증상을 보이던 영조는, 마치 석 달 후의 종말을 예견하듯 처음으로 세손의 대리청정 의사를 밝혔다.

노론은 화들짝 놀라 "죄인의 자식은 왕이 될 수 없다"며 3불

정조 어진

필지설三不必知說을 내놓았다. "동궁은 노론, 소론을 알 필요가 없고, 이판, 병판을 누가 맡든 알 필요가 없고, 더구나 조정의 일은 더 알 필요가 없다"는 것이다. 노골적으로 동궁의 권위를 전면 부정한 것이다.

노론의 거두 좌의정 홍인한이 이 일에 앞장섰다. 홍인한은 정조의 외종조부로 혜경궁 홍씨의 작은아버지다. 심지어 왕이 대리청정 하교를 내려 도승지가 받아 적으려 하자 몸으로 가로막기까지 했다. 그럼에도 영조는 11월 30일 정조에게 순감군의 지휘권을 넘겨주어 최소한의 즉위 발판을 마련해 주었다.

사흘 후, 풍전등화와 같은 정조를 지키기 위해 소론 서명선이 홍인한을 탄핵하는 상소를 올렸다. 홍국영, 정민시, 이

진형 등이 뒤를 따랐다. 연이은 상소 행렬에 힘입은 영조가 마침내 홍인한을 삭탈관직했다. 만약 그동안 정조가 영조의 권력에 조금이라도 위협적이었다면 이때 쫓겨났을 것이다.

영조는 자신의 사후에 노론과 어린 정순왕후가 후환을 당할까 걱정이 컸다. 이런 영조가 의심하지 않도록 정조가 눈물 나는 노력을 기울였다. 직접《동의보감》등 의학 서적을 외다시피 해서 영조의 병환을 보살폈다. 12월 7일, 영조가 대신들의 반대를 물리치고 정조에게 대리청정을 명했다.

그때도 정조는 사흘 동안이나 대리청정을 사양하다가 받아들였다. 영조는 정조가 사도세자를 얼마나 생각하는지 시험하려고, 2월 4일 사도세자 묘에 가서 제를 올리게 했다. 처음으로 아버지 무덤을 찾은 정조는 아무리 참으려 해도 흐르는 눈물을 막을 수 없었다.

수행한 신하들이 영조가 이 광경을 알게 될까 봐 얼굴이 샛노래졌는데, 정조가 의외의 명을 내렸다. "사도세자의 일을 기록한《승정원일기》를 모두 세초洗草하라!"

사도세자가 뒤주에서 사망한 전말의 기록을 물로 깨끗이 씻어 없애라는 것이다. 그제야 신하들은 안도의 눈물을 흘렸다. 정조는 이보 전진을 위해 일보 후퇴했다. 권력을 잡는 대가로 정적의 행실이 기록된 역사를 없앴다. 이 일을 전해 들은 영조는 마음이 놓여 세자시강원 관리들에게 말 한 필씩을 선물했다. 한 달 후 영조가 승하하고 정조가 즉위했다.

거듭되는 암살 시도

조선에서 정조는 세종 다음으로 토론을 많이 한 왕이다. 때로 밤을 새우면서까지 토론했다. 정조가 구상한 정책은 양반의 양보가 필요한 것이 많아, 그만큼 신하들과 열띤 토론을 벌여야 했다. 그 뜨거웠던 기록이《홍재전서》에 나온다.

정조는 즉위한 해 5월 28일, 과거제도의 폐단을 신랄하게 비판했다.

"천하의 일이란 크게 변혁하면 크게 유익하고 작게 변혁하면 작게 유익하다. 지금 나라에 과거제도보다 더 큰 폐단은 없다. 과거제도가 나쁘다는 것이 아니라 실제 효과가 적다는 것이다. 해마다 합격자가 나와도 꼭 필요한 인재라는 칭찬을 듣지 못하고 있지 않느냐. 과거로 한자리 차지한 사람이 하루가 다르게 도도해지니, 장차 나라가 나라 같지 않게 되리라. 오늘날 선비를 보라. 젊어서 마땅히 천하의 이치를 강구해야 하거늘, 방문을 닫고 시험공부만 했으니 어찌 염치를 숭상할 수 있겠느냐. 과거제도가 이처럼 인재의 재질을 무너뜨리고 있으니 대체 방안을 강구하라."

몇 과목 시험을 쳐 과거에 합격했다고 하여 복잡한 국사를 해결할 인재가 될 수 없다는 것이다. 더구나 답안지도 권문세가들에게 빈번히 누출되었다.

정조는 주역의 '어떤 상황이 궁극에 이르면 변화가 일어나고, 상황이 변하면 길이 열리며, 그렇게 통하면 오래간다'는 '변즉통통즉구變則通通則久'까지 인용하며 인재 등용 방식의 변혁을 강조했다. 그러나 인적 기반이 취약해 과거제도의 폐단을 통쾌하게 고치지는 못했다.

그 대신 규장각을 설립하고 여기서 왕이 대과를 직접 관장하는 정도로 개선했다. 그 덕분에 다산 정약용 등을 선발할 수 있었다.

정조가 수구 세력의 기반을 없애려 하자 취임 초부터 3대 반역 사건이 발생한다. 노론 벽파가 정조를 암살하려고 꾸민 일이었다.

먼저 홍계희의 손자 홍상범이 암살단을 궁중에 보냈다. 사도세자를 죽이는 데 앞장섰던 홍계희는 정조 즉위 전에 죽었고 그의 아들 홍술해가 광해도 관찰사로 있을 때, 횡령죄로 흑산도에 위리안치되었다. 마땅히 참형해야 하는데 정조가 감형해 주었던 것이다.

어찌 보면 성은을 입은 것인데도 홍술해의 아들 홍상범이 정조에게 악감정을 품고, 천민 출신으로 힘이 장사인 전흥문과 왕실 호위군관 강용휘를 포섭했다. 이를 강용휘의 딸 궁녀 강월혜가 눈치채고, 정순왕후 김씨의 측근인 상궁 고수애에게 귀띔해 주었다. 당시 정순왕후는 대궐의 가장 큰 어른으로 정조의 최대 정적이었다. 이렇게 궐내에서조차 왕을 노리는 세력들이 활개치고 있었던 것이다.

정조가 1777년 7월 28일 깊은 밤, 왕의 숙소 존현각^{尊賢閣}에서 세손 때부터 암살 위협에 떨며 책만 보던 습관대로 책을 읽고 있는데 행랑채 지붕 위에서 발소리가 났다. 존현각 위로 건너오는 것이었다.

동시에 정조가 "게 누구 없느냐"라고 고함치자 놀란 자객들이 궁궐 지붕을 넘어 도망가 버렸다. 그제야 내시와 군사들이 몰려왔다.

다음 날부터 궁궐 경비가 더 강화된 가운데 8월 11일 밤, 암살단이 재차 대궐 담을 넘다 잡혔다. 친국한 결과 홍술해가 드러났다. 그의 아내 이효임도 공모했음이 발각되었다. 그녀는 무녀를 동원해 붉은 물감으로 정조를 저주하는 굿을 벌였다.

이 모든 일의 배후 인물이 노론으로 드러나자 노론 전체가 전전긍긍했다. 이럴 때 홍상범의 사촌 홍상길이 주도한 세 번째 역모 사건이 일어났다.

국청에 잡혀온 홍상길이 엉뚱하게 열여섯 살의 은전군을 추대하려 했다고 실토했다. 은전군은 사도세자의 서자로 정조가 지극히 아끼는 동생이었다. 노론은 이것을 대반전의 기회로 삼아 '은전군 사형 주청'으로 정국을 몰아갔다. 하지만 정조는 은전군을 아끼기도 했지만, 홍상길의 일방적 주장 외에 역모 증거가 없는 동생을 죽일 수 없었다. 이러한 정조에게 영의정이 신료들을 데리고 44회나 찾아왔고 삼사에서도 62번이나 은전군 사형을 주청했다. 견디다 못한 정조가 은전군에게 자진을 명했다.

왕의 행차 앞에 징과 꽹과리를 들고 선 백성들

영조의 삼년상을 마친 1778년 정조는 대소신료를 모아 '경장대고^{更張大告}'를 선언했다. '경장'이란 거문고의 늘어진 줄을 조이고 끊어진 줄을 교체한다는 뜻이다. 2년간 통치해 보니 조선이 병들어 있다는 것이다. 창업의 시대인 태조와 태종을 이어 수성의 시대 세종과 성종 때 부흥했던 조선이 후대 임금들을 거치며 사회 구조가 정체되었다. 이에 영조에 이어 정조도 경장의 정치를 해야만 하는 시기라고 판단했던 것이다.

병든 조선 사회를 고칠 치유책으로 4대 과제, 즉 민산^{民産}, 인재^{人才}, 융정^{戎政}, 재용^{財用}을 내놓았다. 민산은 경제, 인재는 교육, 융정은 국방력, 재용은 국가 재정이다. 이 중 민산을 우선순위에 둔 것은 살림살이가 나아져야 민심이 순해지기 때문이다. 이를 위해 교육도 국방도 국가 재정도 필요한 것이다.

"하늘이 왜 임금을 만들었겠느냐? 백성을 위해서이다. 백성이 곧 나라의 근본이니라."

사대부는 물론 왕도 다 백성을 위해 존재하며 조선이 양반의 나라가 아니라 백성의 나라가 되어야 한다는 뜻이기도 했다.

하지만 당시 조정을 장악한 노론은 정조의 신하라기보다 정적에 가까웠다.

이들과 정순왕후는 정조를 겉으로는 왕으로 인정하는 척했지만 내심 죄인의 아들이라며 무시했다. 이런 상태에서 정조가 백성과 직접 소통하기로 결단하고 정조 3년(1779) 8월 처음 한강을 건넌다. 첫 번째 대외 행보로 여주에 있는 세종의 영릉을 참배한 것이다.

대중은 왕의 동선을 보고 의중을 짐작한다. 정조가 첫 행선지로 태종 또는 세조의 능이 아니라 세종의 능을 찾아가자 위민의 군주라며 흐뭇해했다. 한강을 건너려던 정조는 백성들이 몰려오자 외쳤다.

"임금이 배라면 백성은 물이다." 그리고 신하들을 돌아보았다.

"왕이 이 배를 타고 가니, 너희도 더욱 조심해야 한다."

정조는 세종 능에 도착해 참배를 올리며 스스로 다짐했다.

"이 나라의 백성을 위한 예악문물은 대왕께서 만드셨습니다. 이를 잘 발전시키는 것이 소자의 몫입니다."

영릉 참배를 마친 정조의 어가가 남한산성으로 향했다. 경기도 이천에 이르렀을 때 구경 나온 사람들이 인산인해를 이루었다. 어가에서 내린 정조가 승지에게 물었다.

"구경하는 인파가 어제보다 많구나. 근처 백성들인가? 먼 지방에서 온 백성도 있는가?"

"이 고을은 물론이고 저 멀리 삼남과 양서兩西 및 북관北關에서도 왔습니다."

"내가 왕이 된 후 작은 은택도 미친 것이 없거늘, 천 리를 멀다 않고 찾아와 나를 바라보니 더욱 조심스러울 뿐이다."

이어서 이천행궁으로 가는데 경기 암행어사 김면주가 찾아왔다.

"민폐를 끼치는 수령이 누구던가?"

"음죽현감 이보첨이 제일 잘 다스리고, 과천현감 이의화, 양주목사 엄숙, 여주목사 박사륜, 양근현감 김재화가 민폐를 제일 많이 끼치고 있습니다."

"여봐라, 이보첨에게 말을 하사하고, 네 고을 수령은 즉시 파직한 뒤 처벌하라."

정조는 8월 7일에 남한산성에 당도했다. 인조가 청나라 황제에게 이마를 조아린 곳이며, 마침 송시열이 효종과 함께 북벌을 주장한 지 120년째 되던 해였다. 이런 상징적인 해에 구호로써의 북벌이 아니라 부국강병으로 북벌의 숙원을 풀겠다는 의지를 보여준 것이다.

이런 정치적 상징성을 띤 행보와 함께 구체적으로 백성과 소통하는 기회를 만들었는데 바로 '격쟁擊錚'이다. 본래 민본이 국시인 조선은 신문고, 격쟁, 상소제도 등을 두어 백성의 권리를 증진하고자 했다.

태종은 신문고를 설치해 백성과 양반 사이에 송사가 벌어지면 백성을 편들었다. 세종은 한글을 만들어 한문을 배우지 못한 기생이나 노비 등 백성도 언문 상소를 올리게 했다. 이처럼 양반에게 엄격하고 백성에게는 자비로운 군주들이 많았다. 정조도 그러했다. 임금이 달빛이라면, 신하는 구름이고, 백성은 산하라 여겼다. 구름이 달빛을 가리지 말아야 하듯, 신하가 임금과 백성의 소통을 막으면 안 된다. 임금의 자애가 백성에게 전해지고 백성의 사정이 그대로 임금에게 전해져야 한다.

그래서 정조는 격쟁 제도를 백성들이 활용하도록 장려했다. 왕이 행차할 때 억울한 백성이 꽹과리나 징을 치면 왕이 멈춰서 사연을 듣는 것이다. 물론 벼슬아치들은 자신들의 부정이 왕에게 알려질까 봐 싫어했다. 정조는 행차하기 전 미리 전국에 방을 붙여 백성들에게 알렸다. 25년 동안 정조가 격쟁 등으로 해결한 민원만 5,000건이다.

서얼허통책과 시파의 중용

조선은 유별나게 귀천을 가렸다. 심지어 아버지가 사대부라도 어머니가 양인이면 서자가 되고, 어머니가 천민이면 얼자가 된다. 노비의 자식은 무조건 노비로 살아야 했다.《경국대전》에 문과, 생원진사시生員進士試 등에 첩의 자식은 응시하지 못하도록 규정해 놓았다. 이러한 서얼금고법과 노비세전법奴婢世傳法은 주자학의 종주국인 명나라는 물론 고려에도 없다. 무엇이든 극단으로 치닫는 성향이 있는 조선만의 악법 중 악법이었다.

양반이 관행처럼 첩을 두던 시대라 서얼의 수가 자꾸 늘어났다. 이들 대다수가 양반 바로 아래 중인 계층을 형성했다. 중인 다음이 상민(평민 또는 양인)이고 마지막이 천인이다.

서얼 중 출중한 자는 유자광처럼 벼슬에 나아가기도 했고, 중종과 명종 시대의 양대박, 양사언, 어숙권 등은 문장에 뛰어나 명성을 떨쳤다. 하지만 이들은 극히 일부였다. 그래서 조광조나 이이도 서얼허통을 주장했고, 1,600여 서얼이 연대하여 허통을 요구했으나 받아들여지지 않았다. 영조에 이르러서야 서치법序齒法을 만들어 서얼도 아버지를 아버지라 부르고 형을 형이라 부르게 했으며, 어기면 처벌했다.

이토록 완고한 적서 차별을 정조가 타파한다.

즉위 직후 창덕궁 후원에 급진 개혁 정책 연구와 자문을 위한 규장각을 설치하고, 다음 해 서얼허통 정책을 공표했다. 신분 사회의 일대 변혁을 예고하는 파격이며, 성인 양반 남성만을 인재로 한정하던 차별을 무너뜨리는 것이다.

그 일환으로 규장각 검서관檢書官에 서얼 출신 박제가, 이덕무, 유득공 등을 임명하고, 선천내금위宣薦內禁衛도 중인과 서얼로 채웠다.

서얼은 조선 초기부터 저항과 굴종의 역사를 거듭했다. 조선 중기에 이르러 재야의 지식인 허균 등이 양반보다 더 부각되면서 서얼층에 진취적이며 탁월한 인물이 많다는 사실이 알려지기 시작했다. 정조는 이런 민심을 읽기도 했지만, 근본적으로 '백성이 나와 한식구'라는 신념에서 서얼허통을 허락한 것이다.

수령이 제멋대로 백성을 심문하지 못하도록 몽둥이 등 형구의 규격을 정한 흠휼전칙欽恤典則을 내리기도 했다. 이 전칙보다 형벌을 남용하는 수령을 엄벌에 처하자 물고당하는 자가 대폭 줄었다. 정조 7년(1783) 11월에는 천재지변 등 여타 사정으로 버려진 아이는 나라가 책임지는 《자휼전칙》을 간행했다.

정조, 〈파초도(芭蕉圖)〉
정조는 시와 글에 능하였을 뿐만 아니라 그림에도 뛰어났다.

이런 왕을 백성은 흠모할 수밖에 없었다. 1791년의 4월 어느 날이었다. 정조가 유생들과 대화를 나누기 위해 성균관 식당을 찾았다가 서얼들만 남쪽에 따로 앉아 있는 것을 보았다.

"성균관에 들어오면 왕공귀인을 가리지 않고 누구나 나이대로 앉는데, 어찌 서얼들만 따로 앉아야 한단 말인가? 천부당만부당한 일이로다."

임금이 서얼허통을 명령해도 오랜 관습이 쉽게 고쳐질 리 없었다. 특히나 정조의 불만 세력인 노론 벽파는 서얼허통 정책을 '가정 내부 일'이라며 묵살했다.

이들을 정조가 서서히 밀어내고 남인인 채제공, 정약용, 이가환과 북학파인 박제가, 유득공, 이덕무 등, 그리고 노론 일부만 중용했다. 이들은 시파를 중심으로 뭉쳤다.

인적 자원의 보고, 노비를 해방하라

시파가 정국의 중심을 차지하자 궁지에 몰린 벽파는 더욱 굳게 결속하며 재기를 노렸다. 정치란 참으로 묘하다. 노론 벽파에게 절호의 기회가 찾아온 것이다.

성균관 사태 후 한 달이 지난 5월, 전라도 금산에서 남인이며 정약용의 외사촌으로 윤선도의 6대손인 윤지충이 천주교인이 되더니, 모친상을 당해 제사를 폐하고 신주神主를 불에 태웠다. 그 장면을 목격한 친척과 이웃이 윤지충을 무군무부의 패륜아로 고발했다.

이 사건을 노론 벽파는 정조가 천주교에 관대해 일어난 패륜으로 몰고 갔다. 각지에서 불효와 불충의 종교인 천주교를 배척하라는 상소가 빗발쳤다. 결국 이 사건이 조선의 지배 이념에 정면으로 도전하는 행위로 비화하며, 신해박해가 일어났다. 전국적으로 천주교도를 박해하는 사건이 일어났고, 엉뚱하게 서얼허통 정책까지 사라질 분위기였다. 그만큼 벽파의 공세가 거세지며 사회 분위기가 수구화된 것이다.

정조는 노론의 공세를 무디게 하고자 나랏일은 서얼이나

적자나 평등하게 하되, 문중이나 가족 내의 적서 관계는 나라가 개입하지 않는다는 식으로 정리했다. 동시에 서얼허통과는 비교도 안 되는 정책을 준비한다. 바로 노비해방 정책이다.

조선에서 노비는 말만 사람이지 짐승이나 다를 바 없이 살았다. 정조는 이들의 굴레를 벗겨 능력껏 살게 해주고 싶었다.

당시 서구는 '이성과 과학의 시대'로 들어서고 있었다. 영국의 제임스 와트가 1765년 증기기관을 개발하여 산업혁명이 활발하게 진행되고, 봉건 체제와 사고방식이 급격히 변하고 있었다. 이 물결이 청나라까지 들어와, 박지원 등 청나라에 다녀온 인물들도 관념적 성리학 대신 실용적 기술을 중시하는 북학파를 형성하기 시작했다.

그러나 조선 양반들은 북학파를 천박하다며 무시했다. 양반들은 몸소 일을 하지 않는다不親庶事, 천한 일은 하지 않는다絶棄鄙事, 아무리 춥고 배고파도 체면을 지킨다忍飢耐寒는 세 가지를 자랑으로 여겼다.

자기 집 마당의 풀도 아랫것들을 불러 뽑게 했고, 배고파도 뒷짐 지고 다녔다. 이런 오랜 관습에 물든 양반의 머릿속을 바꾸기란 천지개벽보다 어려웠다. 정조는 차라리 노비를 해방해 나라의 인재로 충원하는 것이 낫다고 판단했다.

그렇게 되면 양민 수가 늘어나 조세 수입도 증가한다. 조선에서 세금은 양반과 노비는 제외하고, 양민만 납부의 대상이었다. 양민은 세금도 내고, 군역과 노역에도 동원되었다.

대동법 이후 비로소 양반 중 지주들도 세금을 내기는 했지만 여전히 양민이 내는 몫이 컸다. 세금 부담을 견디지 못한 양민은 권문세가의 노비로 전락하거나, 유민 또는 도적이 되었다.

서양 노예가 대부분 전쟁 포로라면, 조선의 노비는 파산한 양민이거나 정치적으로 숙청당한 사람들이 많았다. 정조 때로 내려올수록 노비는 급증하고 양인은 줄어들었다. 그만큼 양인은 납세, 군역, 노역의 짐을 더 감당해야 했다.

이런 상황에서 정조는 노비제도 혁파를 구상하며 일석삼조의 효과를 노렸다. 권문세가의 세력을 약화하고, 국가 재정은 늘리며, 인적 자원을 확보한다는 것이다. 양반의 상속 재산이던 노비가 나라의 인적 자원이 되면, 혈통 하나로 경쟁의 무풍지대에 있던 양반의 위선과 허풍도 사라질 수밖에 없다.

바로 그 노비 혁파의 전 단계로 정조가 서얼의 사회 진출을 열어주었던 것이다. 이듬해에 도망 노비를 잡는 '추쇄도감'을 없앴다.

정조의 이런 정책에 양반들은 노비가 양민이 되려면 시험을 치게 하자거나 일정 기간을 채우게 하자는 등 온갖 조건을 내걸며 노비제도를 유지하고자 했다. 정조는 노비를 완전히 없애려고 노력하던 중 승하했고, 다행히 순조가 즉위한 해에 공노비 해방으로 결실을 맺었으며, 고종 때에 가서야 갑오개혁으로 노비제도가 폐지된다.

만인 초청 토론회

절대 권력은 반드시 부패한다. 만인과 소통하지 않기 때문이다. 세종은 왕이 되기 전이나 되고 나서나 민정 시찰을 계속했다. 정조도 가끔 평복을 입고 민생 탐방을 했다. 백성과의 진솔한 만남의 순간Moment of Truth을 가졌기 때문에 두 왕은 성군이 되었던 것이다.

정조와 세종은 '줄탁동시啐啄同時'의 리더십을 지녔다. 알 속의 병아리가 세상으로 나오려고 약한 부리로 알을 두드릴 때, 밖에서 같이 알을 쪼아주는 어미 닭처럼 백성의 성취를 도왔다.

줄탁동시의 비결은 경청과 타이밍이다. 어미 닭은 달걀 속 병아리에게 귀를 기울이다가 적시에 병아리가 두드리는 그곳을 쪼아준다. 왕도 평소 백성의 필요need와 욕구want가 무엇인지를 파악해야 한다. 왕에게 합리적이라도 신하에게 비합리적일 수 있고, 신하에게 합리적이라도 백성에게 비합리적인 것도 많다. 그래서 세종과 정조는 만백관은 물론 백성과도 골고루 만났다.

왕이 백성의 소리를 신하를 통해서만 들으면 나라가 신하만을 위해 움직이게 되므로, 중간 굴절 없는 의사소통을 위해 현장 체험을 해야 한다.

정조 15년인 1791년 1월 18일, 현륭원을 참배하고 귀경길에 오른 정조 앞을 맹추위를 무릅쓰고 흑산도에서 온 김이수가 꽹과리를 치며 가로막았다.

흑산도는 종이 원료인 닥나무가 많아 닥나무 종이로 세금을 부과하던 곳이다. 주민들이 납세하려 남벌하다가 닥나무가 멸종하고 말았다. 그런데도 닥나무 세금을 계속 부과하자 주민들이 견디지 못했다. 김이수가 나서서 흑산도 관할청인 나주목사, 그리고 전라감영까지 찾아가 하소연했으나 허사였다. 마지막으로 정조를 찾아와 격쟁을 벌였던 것이다.

"닥나무가 사라졌는데도 종이를 만들어 바치라 하니, 거북 등딱지에서 털을 깎아오라는 것과 같습니다."

정조가 현장 조사를 명해 몇 달 후 조사 보고서가 올라왔다.

"섬 주민들의 고통이 크지만, 전라감영의 세수 결손을 막으려면 종이 징발을 해야 합니다."

이럴 때 왕이 어떤 입장에 서느냐가 중요하다.

"위에서 손해 보아 아래에 이득이 되게 하라. 그것이 나라가 할 일이다. 흑산도의 민폐를 변통해야 하니 닥나무 산지로 지정한 것을 영원히 혁파하라."

주민의 고통을 대변한 김이수도 훌륭했고, 약자의 소리를 경청한 정조도 성군이었다.

조선 왕들은 "왕이 큰 줄기를 잡아주고, 작은 줄기는 아래에서 잡아야 한다"고 보았지만 정조는 달랐다. 작은 시내가 모여 큰 강이 되듯, 개개인의 사정과 필요도 살펴야 전체의 방향이 자연스럽다고 보았다.

정조 8년(1784) 3월 20일, '백성 초청 토론회'를 열었다. 장소는 창덕궁 선정문 앞 넓은 마당, 대상은 재래시장 상인들을 포함한 백성이었다. 거상이던 육의전 상인은 배제했다.

왕이 먼저 말을 꺼냈다.

"내가 왕이 된 후 이용후생利用厚生의 일념으로 정치를 했는데도, 춘궁기에 윤달까지 끼어 백성의 어려운 상황이 불 보듯 뻔하다. 어찌해야 물가를 공평히 하고, 전황錢荒을 구제할 수 있겠는가? 왕 앞이라고 어렵게 여기지 말고 숨김없이 말해보라."

그러자 너도나도 나섰다.

"근래 가뭄과 홍수로 곳간이 텅텅 비었으나 성은으로 굶주림은 면했나이다. 어찌 그 큰 덕을 우러러 받들지 않겠습니까? 하오나 10만 냥의 구휼을 더 입게 된다면 백성들이 살아갈 방도가 될 것입니다."

거상들이 시장을 독점해 소상인은 난전이 아니면 장사하기 어려웠고, 흉년까지 들어 돈이 말랐으니 왕실의 돈으로 더 도와달라는 이야기였다. 이에 정조가 하교했다.

"곤궁한 소민들에게 혜택이 골고루 가야 한다. 금위영의 1만 8,000냥은 공인貢人에게, 1만 냥은 본영 군병들에게, 훈국의 1만 냥과 어영청의 2,000냥은 군병들에게, 수어청의 4,000냥은 태학의 노비들에게 주도록 하라. 또한 내수사에서 1만 냥, 금위영에서 2,000냥, 어영청에서 3만 8,000냥, 총융청에서 1만 4,000냥, 수어청에서 6,000냥을 걷어라. 이 돈 역시 이자와 구전을 금지해 골고루 나누게 하라. 아울러 앞서 내린 4만 3,000냥을 합하면 총 15만 7,000냥이 된다. 이와 같이 한다면 기아에 허덕이는 백성에게 실제 효과가 있겠는가?"

소상인들에게 소개비와 이자 등을 받지 말고 거액의 나랏돈을 대출해 주고, 하급 군인 등 어려운 백성에게도 무이자로 대출해 준 것이다. 정조는 나라의 재정을 꿰고 있었다. 어디에 얼마의 잉여 자금이 있는지 잘 알고 있어 백성의 필요에 맞게 공급했다.

이른바 통화 팽창을 막고 확보한 재정 가운데 효과적으로 구휼을 집행해 과도한 인플레이션을 일으키지 않았던 것이다.

적은 적으로 제어한다

정조는 백성들과 소통하면서 관료와도 소통을 소홀히 하지 않았다. 측근인 채제공은 물론 정적 심환지 등과도 극비리에 어찰을 주고받으며 정국을 관리해 나갔다.

영조 때 을해옥사로 소론은 물론 남인까지 대거 제거되어 정조 주변은 노론 일색이었다. 정조가 탕평책의 일환으로 소론과 남인을 기용하려 했지만 노론의 반대가 심했다. 이런 상황에서 정조는 분열된 노론의 틈을 더 벌려놓는다. 절대 강자인 노론 내부에 사도세자의 죽음을 놓고 생겨난 벽파와 시파를 적절히 이용했다. 노론의 일부인 시파를 중용하며, 남인과 소인은 물론 서얼허통으로 새로 등용한 중인들로 보강한 것이다.

만일 정조가 왕의 권위를 내세워 일방적으로 노론 전체를 몰아붙였다면?

벽파는 물론 시파도 자신들과 연결된 궁궐 세력과 단합해 정조를 음해하고자 했을 것이다. 이를 내다본 정조는 시파를 중용하는 대신, 벽파의 영수 심환지와 편지를 주고받으며 벽파를 원격 조종했다. 그렇게 보낸 비밀 어찰만 297통이었다.

심환지 역시 왕과 전면전을 벌이는 위험 부담을 피하고, 이른바 적대적 공생관계를 택했다. 정조는 심환지에게 어찰을 보낼 때마다 남겨두지 말라며 없앨 방법까지 알려주었다.

'읽은 후 즉시 찢거나 세초하거나 소각하라.'

심환지와 나눈 깊은 이야기가 외부로 알려지길 원치 않던 것이다. 그러나 심환지가 누구인가. 어찰을 없애는 척했으나 아무도 몰래 깊이 숨겨두었다. 하필 정조는 심환지를 택했을까? 그가 사사건건 따지기는 잘하지만 청렴하고 불의를 싫어하며 원칙을 지켰기 때문이다.

영조가 통치하던 시절, 정조의 고모 화완옹주는 노론과 결탁해 사도세자를 괴롭혔고 정조의 대리청정도 반대했다. 그 때문에 정조가 즉위한 후에 유배 보냈는데, 정조가 풀어주려고 하자 신하들이 거세게 반대했다. 심환지는 관을 벗고 어전을 나가면서까지 항의했다. 왕 앞에서 무례한 짓을 한 죄로 심환지는 파면당했다.

사실 이 장면의 연출자는 정조였고, 심환지는 연기자였다. 전날 정조는 심환지에게 이런 어찰을 보냈던 것이다.

'내일 옹주 석방을 논할 때 강력히 반대하라. 뜰로 내려가 관을 벗고 나가라. 형세를 보아 처분하고 다시 부르리라.'

심환지와 정조가 그대로 했다. 화완옹주는 누가 봐도 노론 사람이다. 옹주의 석방에 적극적이어야 할 노론의 거두 심환지가 반대로 연출한 것이다. 이렇게 두 사람은 대립하는 척하며 내밀한 협조로 정국을 풀어갔다.

또 다른 어찰에서는 심환지가 '소론과 남인에게 미움받고, 같은 편인 벽파에게도 경시당하는 것 같다'며 더 확실히 노론을 장악하라는 뜻을 내비쳤다. 정조는 어찰에 꼭 무거운 정치 이야기만 담지 않았다. 자신의 사사로운 일상과 농담 등도 적었다.

붕당보다 의리를 중시한다며 백성 염려에 침상을 맴돈다거나, 항상 빙수를 마신다고도 했다. 심지어 '호래자식眞胡種字'이라는 욕설, '가가呵呵' 같은 웃음소리, '뒤죽박죽' 등의 표현도 거리낌 없이 썼다. 그러나 조정에서는 왕의 위엄을 잃지 않았다. 가끔은 심환지가 어디까지나 신하에 불과하다는 것도 상기하게 해주었다.

정조 17년(1793) 새해가 밝자 심환지를 이조참판에 임명했다가 일주일 만에 대사헌으로 보냈고, 다시 사간원으로 보냈다. 그 후 또 대사성으로 벼슬을 돌렸다.

다양한 경험을 해보라는 의도 같지만, '너와 내가 사사로운 이야기를 나눈다 해도 어디까지나 나는 왕이고 너는 신하에 불과하다'는 신호였다.

정조의 어찰 정치는 측근 중의 측근인 채제공과도 이루어졌다. 채제공의 아버지는 두 고을의 현감을 지냈으나, 밥 짓는 연기가 이어졌다 끊어졌다 할 정도로 청빈했다. 이런 아버지 밑에서 자란 채제공이지만 남인이라 줄곧 무시당했다. 그런 그를 영조가 사관으로 발탁했으며, 영조가 사도세자를 폐하려 할 때, 목숨을 걸고 철회하도록 말렸다. 이후 채제공이 모친상으로 물러나 있을 때 사도세자는 죽고 말았다.

채제공은 정조 즉위 후 바로 형조판서가 되어 사도세자의 죽음에 책임이 있는 홍인한, 정후겸 등 70여 명을 처단했다.

그렇게 해도 왕에게 적대적인 노론 수백 명이 왕실 안팎의 요직을 차지하고 있었다. 이들이 남인인 채제공을 집중 공격하는 바람에, 채제공은 세 차례 낙향과 등용을 반복했다.

그러다가 정조 12년(1788) 2월 11일에 채제공은 우의정이 되었다. 노론과 균형을 이루고자 하는 정조의 뜻이었다. 다음 날부터 노론의 상소가 빗발쳤다. 주로 '채제공이 국왕을 가볍게 여겼다', '역모까지 꾸몄다'는 내용이었다. 물증은 없었다. 길거리에서 아녀자들이 숙덕이는 소리를 들었다는 것이다.

이런 집요한 공격을 왕은 막아주었지만, 채제공이 지쳐서 사직서를 냈다. 정조는 어찰을 보내 만류했다.

"수없는 비방에 상처 입은 뒷모습으로 눈 덮인 길을 걷는 그대를 보니 가슴이 아리다. 그래도 돌이켜 나를 돕도록 하라."

왕의 간곡한 설득에 채제공이 복귀하면, 또 반대 상소가 올라오는 등 끝이 없었다. 왕이 이들을 무고로 처벌해도, 더 많은 상소가 올라와 대응하기도 어려웠다. 어쩔 수 없이 채제공을 한직으로 보내야 했다. 그럴 때의 심경이 편지에 적혀 있다.

'경은 뜻대로 잘될 때나 안 될 때나 기개가 한결같고, 대신의 일이나 향리의 일이나 기상이 한결같구나. 나도 그 기상을 배우고 싶구나.'

정조는 '사대부는 차마 하지 못하는 일이 있은 후에야 능히 국사를 처리할 수 있다士大夫有有所不爲 然後方可以做國事'는 자신의 신념을 채제공의 행동에서 보았다.

정권 비전의 산실, 규장각

정조는 어려서부터 자기 관리를 잘했다.

하필 정조가 태어난 해에 사도세자와 영조의 사이가 벌어졌다. 그 후로도 영조와 세자 사이는 더 멀어져, 영조는 골치가 아팠다. 그럴 때면 어린 손자를 불러 《소학》을 읽게 했고, 그 소리를 들으면 머리가 맑아졌다. 정조는 여섯 살 때 영조 앞에서 《동몽선습》을 한 자도 틀리지 않고 외웠다.

영조는 자신만 보면 주눅 들던 사도세자와 달리 야무진 정조를 보면 껴안고, "네 아비 사도세자보다 영특하다"고 칭찬했다. 그럴 때면 정조는 아버지에게 송구한 마음으로 곤혹스러웠다.

조선시대 학업 성적은 '대통大通, 통通, 약통略通, 조통粗通, 불不' 5단계로 매기는데, 이 중 어린 정조는 배운 것은 물론 다른 것까지 막힘이 없는 대통 수준이었다. 참고로 통은 배운 분야만 아는 정도이며, 약통은 평범하고, 조통은 부족하며, 불은 '하생'이라 하여 낙제 단계다.

얼마나 손자가 자랑스러웠으면 영조가 조강朝講 시간에 강의를 시켰을까. 어린 정조의 강의를 들은 대학자들도 모두 흠탄했다. 그런 손자의 아버지 사도세자가 뒤주에 갇혀 죽고 나서 영조는 손자를 껴안고 "조선 천지에 이제 너와 나 둘뿐이다"라고 통곡했다.

정조는 죽은 죄인의 아들이며 동시에 세손이라는 묘한 위치였다. 이후 집권까지 14년을 노론에게 흠 잡히지 않아야 했고, 변덕이 심한 영조의 심기를 살펴야 했다. 오해를 피할 가장 좋은 방법은 공부에 몰두하는 것이었다.

그렇게 좌절 대신 사람과 세계를 해석하는 힘을 기르고 왕이 된 후, 세종이 집현전을 만들었듯이 규장각을 만들었다. 총인원은 105명으로, 각신 6명, 이들을 보좌하는 각감 2명, 검서관 4명, 이속 70명 등이었다. 당론에 물들지 않은 개혁 세력을 양성할 의도였지만 노론 벽파의 의구심을 피하기 위해 왕실 도서관을 표방했다.

당시 관료 사회는 부정부패가 일상화되어, 잘잘못을 떠나 어느 편이냐에 따라 영웅도 되고 죄인도 되었다. 이런 구태에 물들지 않은 사람은 어디에 있을까?

그런 참신한 인재를 정조는 신분 사회에서 소외된 서얼, 노론에 의해 사학邪學으로 규정된 천주교도 중에서 찾기 시작했다.

그래서 검서관에 서자 이덕무, 박제가, 유득공을 특채했고 서학에 빠진 이가환, 정약용 등도 각신으로 선발했다. 이 중 각신에게 백관을 청죄할 탄핵권을 주었고, 입직 각신은 매일 왕을 문안하도록 했다. 엄청난 권력이었다. 순식간에 규장각 각신들이 조선 전체의 주목을 받게 되었다. 이들과 정조는 밤을 새워가며 학문과 시정을 논했다. 이로써 북학파와 중상주의가 조선의 사상 기류에 가세하기 시작했다.

정조는 합리적 통치와 창의적 발전을 원했다. 그 일환으로 정조 5년(1781)부터 규장각에 문신을 재교육하는 '초계抄啓문신제'를 도입했다.

초계문신의 교육과정 대상으로 정조 24년(1800)까지 10회에 걸쳐 130명을 뽑았다. 선발 기준은 37세 이하로, 일신우일신의 안목을 지닌 자들이었는데 주로 남인, 북인, 실학자였다. 정약용, 이가환, 서유구 등이 대표적인 초계문신 출신이다.

이들은 먼저 고을 수령을 지내고 중앙 부처로 옮겨 실무를 익힌 다음 다시 지방 관찰사로 내려갔다가 성과에 따라 중앙으로 올라와 국정 전반을 경험한 뒤 정승까지 되었다.

초기 규장각은 홍국영과 힘을 합쳐 정조의 적대 세력을 탄핵하고, 외척과 환관의 발호를 막는 데 앞장섰으며, 그 후로는 붕당을 초월해 신진 문물 연구에 열중했다.

규장각의 박제가나 박지원, 홍대용, 이덕무, 유득공 등은 중국에 연행사로 가서 신문물을 보고 왔다. 그중 박지원은 《연하일기》를, 박제가는 《북학의》를 펴내며 이용후생 정신을 기르자고 주장했다.

문체반정

사농공상이 엄연한 조선에서 입신양명을 최고로 아는 양반들에게 실학자들의 주장은 가소롭기 그지없었다.

이들 양반은 공자 왈, 맹자 왈을 읊고, 족보에 나온 조상의 관등성명을 자랑하기 좋아할 뿐, '쌀값을 묻는 것도, 돈을 만지는 것도 수치'라 여겼다. 이처럼 무위도식하는 양반이 지도층으로 있는 한 나라가 발전할 수 없었다.

그래서 정약용이 정조에게 '겉만 착해 보이는 군주 같은 양반보다 독수리처럼 매서운 기상을 가진 자'를 등용하라고 건의했던 것이다.

　실용 군주였던 정조도 정약용이 군주의 덕목을 '용인用人과 이재理財'라고 한 데 공감하며 조선에 맞는 이용후생 방도를 고민했다. 그때 박제가가 '병오소회丙午所懷'를 제출했는데, 한마디로 '양반들도 장사하라'는 것이다.

　"나라를 부강하게 하려면 여러 국가와 통상할 수밖에 없습니다. 서양인도 데려와 그들의 시각을 배워야 합니다. 누가 이 일에 앞장서야 할까요? 바로 사족입니다."

　이를 구현하기 위해 정조 13년(1789) 7월, 수원 팔달문에 상설 시전을 열었다.

　사대부들은 북학파가 신분을 타파해야 한다고 주장하더니, 양반들더러 천한 장사까지 하라고 하니 더는 참기 어려웠다. 마침 1790년이 청나라 건륭제의 팔순이라, 정조가 북학파를 북경에 다녀오게 했다. 사대부의 공격을 일시 피하라는 뜻이었다. 그래도 분위기가 심상치 않자, 1792년 정조가 '문체반정'이라는 사상 정화 카드를 꺼냈다. 유행하는 문장이 규범에 어긋나므로, 정통고문으로 돌아가라는 것이다.

　"근래 선비들의 문풍이 날로 비속해지고 있다. 내용도 없이 기교만 부리며 옛 성현의 체취는 전혀 없고 경박하기만 하다."

중국판 잡서 수입 금지, 과거시험 답안지에 패관 잡기류 글 기재 금지 등도 명했다. 때맞춰 노론이 북학파를 신랄하게 공격했으나, 왕이 '문장 검열' 수준으로 가이드라인을 미리 정해놓아 북학파가 큰 피해를 보지는 않았다.

가장 큰 공격 대상은《열하일기》였다. 특이하고 다채로운 문장을 구사해 연암체라 불리며 전국에 화제를 불러온 책이었다. 이런 가운데 예문관에서 숙직하던 김조순과 이상황이 청나라의 유명 연애 소설《평산냉연》을 정신없이 읽다가 걸렸다.

박지원에게 자송문自訟文을 바치라는 처분을 내렸던 정조는 노론의 남공철, 이상황, 김조순에게도 자송문을 쓰게 했다. 남인이 자유롭고 순정적인 문체를 좋아하리리 생각했는데, 조사해 보니 성리학을 따르는 노론이 더 좋아했다. 문체반정으로 남인을 잡으려던 노론의 계획은 수포로 돌아갔다. 박지원은 자송문을 쓸 수 없다고 버텼지만 처벌도 받지 않고 의금부도사와 고을 수령까지 지냈다.

반면 김조순은 정조가 흡족하도록 자송문을 썼다. 이 덕분에 정조에게 신임을 얻고, 훗날 안동 김씨 세도정치의 발판을 마련한다.

문체반정의 효과는 두 가지로 나타났다. 남인 등이 전통을 훼손한다는 노론의 공격 명분을 약화했다. 그리고 개혁 군주이기는 하지만 조선의 규범을 지키며 새 시대를 열고자 했을 뿐 왕권이 약화하는 상황까지는 원치 않던 정조가 이로써 노론, 소론, 북인, 남인의 사당 구도를 이용하며 정국을 주도하게 되었다.

온화한 성품으로 뒤에서 밀어주는 세종과 달리, 격정적인 정조는 끌고 가는 타입이었다. 어전회의에서도 회의를 주도하며 신하들의 적극적 참여를 주문했으며 "결코 그렇지 않다", "하는 말들이 참 한심하다"며 비판도 주저하지 않았다. 붕당의 토론 자체를 억눌렀던 영조와 달리 정조가 난상토론을 즐기자 회의가 활기를 띠었다.

지방 수령에게는 최대한 권한을 위임하고자 했다. 왕-대신-관찰사-수령으로 이어지는 공적 조직은 얼마든지 현실을 왜곡하고 은폐할 수 있다는 것을 잘 알고, 지방 수령이 승정원(비서실)을 거치지 않고 왕에게 직접 보고하도록 했다. 그 대신 암행어사를 자주 파견해 수령의 권한 남용을 조사했다.

정조 18년(1794) 10월, 정조는 정약용을 경기 암행어사로 임명하며 당부했다.

"고을 수령의 선치 여부와 백성의 고통을 몰래 찾아내라."

금난전권 철폐로 노론 벽파의 자금줄을 조이다

정조가 경계하는 문자는 '쾌快'였다.

쾌락을 절제해야 타인을 포용할 수 있다고 보고 포용력 없이 탁월하기만 한 신하도 멀리했다. 산이 높으면 골이 깊듯,

높아지기만 하려는 간교한 신하는 틈만 있으면 월권을 한다.

"낮에 한 일도 그날 저녁 돌아보면 만족스럽지 못할 때가 많다. 하물며 평생을 만족하기 바라는가. 아무리 산이 높아도 바다를 품을 수 없듯, 사람도 가슴이 넓어야지 매양 높은 것만 추구하면 후회할 일이 생긴다."

권력이 있다 하여 남용하지 말라는 것이다.

정조는 치세 시작과 동시에 등극을 도운 서명선, 정민시, 홍국영, 김종수 등을 모아 '동덕회同德會'를 결성했다. 이들은 매년 12월 3일에 모였다.

"오늘은 종묘사직이 다시 자리 잡은 날이다. 공들은 내가 저 푸른 소나무처럼 장수하기를 바랄 것이고, 나는 공들에게 오랫동안 내 빗이 되고 나라 원로가 되기를 바란다. 나라가 편해야 이 모임도 오래갈 수 있다."

동덕회는 정조 시대의 시작과 함께 뜬 별이었다. 그러나 과욕을 부리면 버림을 받았다. 정조 최고의 측근 홍국영이 바로 그 경우였다. 동궁 시절 경험으로 신변 안전을 중시한 정조가 홍국영에게 도승지는 물론 숙위대장, 금위대장, 훈련도감까지 맡겼다. 인사권 및 군권까지 다 준 것이다.

홍국영은 정조의 뜻대로 기존의 외척 세력을 제거하며 최고 실력자가 되었다. 이쯤에서 멈췄으면 좋았을 것을 더 큰 욕심을 냈다. 정조 2년(1778) 자기 여동생을 정조의 후궁으로 앉혔으니 곧 원빈 홍씨다. 그러나 원빈 홍씨는 후사를 보지 못하고 1년 만에 죽었다.

다급해진 홍국영은 정조의 이복동생인 은언군의 아들 상계군을 죽은 원빈 홍씨와 정조의 양자로 삼고자 했다. 나이가 서른도 안 된 정조가 얼마나 황당했을까. 정조는 은언군과 그 가족을 강화도로 유배 보내고 홍국영도 쫓아내고, 정사를 직접 주관하기 시작했다.

하지만 월권을 하지 않은 서명선 등은 오랫동안 정조를 보좌했다. 정조는 채제공처럼 주어진 권한 내에서 충실한 신하는 끝까지 지켜주었다.

채제공이 정조 14년(1790)에 좌의정이 된 후, 3년간 영의정, 우의정은 공석이었다. 그동안 채제공의 독상獨相 체제로 정국을 운영했다. 정조에게 직책이란 반드시 채워야 할 자리가 아니라 해야 될 일을 해내는 수단이었다. 정승 자리가 셋이라도 하나만 두는 것이 효율적이다 싶을 땐 그렇게 했다.

채제공은 정조의 기대대로 1791년 신해통공辛亥通共을 주도했다. 그 내용은 '금난전권을 철폐하여 도매상의 매점매석 행위를 엄금한다'는 것이었다.

한양이 조선의 도성이 된 후 종로를 따라 가게가 형성되었다. 이 중 규모가 커진 비단, 명주, 무명, 모시, 종이, 생선을 취급하는 거상을 육의전이라 했다. 이들이 권세가들과 결탁해 궁궐의 물품을 독점 조달하더니, 채소나 소금, 옹기그릇 같은 생필품도 허가받은 가게에서만 팔게 하고 난전을 금했다. 다른 상품의 독점권과 영업 허가권까지 확보한 것이다. 이것이 금난전권이다.

무뢰배도 끼어들어 지방에서 물품이 오는 길목을 지키다가 헐값으로 팔라고 강요했다. 만일 거절하면 '난전'이라며 형조와 한성부로 끌고 갔다. 그런 식으로 강탈한 물품을 세 배 이상 수익을 남기고 되팔았다. 노파가 호박, 고추, 상추만 팔아도 난전으로 몰아 몰수했다. 도매상들이 싼 가격에 물건을 독점 구매한 후 비싼 가격에 팔았고, 혹 가게를 팔 때 거액의 권리금을 붙여 물가만 계속 높아졌다.

이를 잡으려 신해통공를 추진한 것이지만 수구 세력에게는 큰 타격이었다. 시전 상인들의 특권을 비호해 준 주 세력이 그들이었던 것이다. 도매상들은 매점매석으로, 시전 상인들은 금난전권으로 서민들의 고혈을 짜냈고, 그중 일부가 한양 벌열에게 흘러갔다. 물론 한양 벌열은 대부분 노론 벽파였다.

신해통공으로 백성이 환호하는 가운데 자금줄이 끊긴 세력이 채제공을 성토하는 상소를 올리기 시작했다. 수백 년 왕실 용품을 안정적으로 공급해 온 시전 상인을 괴롭히지 말라거나 시전 상인이 장사를 잘할 수 있도록 도와야지 금난전권을 폐지해 힘들게 하면 물품을 제때에 공급할 수 없다는 식이었다.

이런 상소가 매일같이 빗발쳐 정조를 괴롭혔지만, 정조는 흔들리지 않고 육의전을 제외한 금난전권을 철폐했다. 그 후

사사로이 물건을 사고파는 난전이 가능해졌다. 생산자, 중소 상인, 남녀노소 누구나 자유롭게 상행위를 시작하면서부터 물가는 안정되고 화폐경제도 발전했다.

천도로 제2의 개국을

같은 왕조를 유지하면서 개혁하기란 역성혁명보다 어렵다. 혁명으로 들어선 왕은 전 왕조를 전면 부정하는 데서 정당성을 확보하지만, 승계받은 왕은 전대의 관습과 유산을 어느 정도 이어가야만 한다. 정조가 심혈을 기울인 정국 구도 역시 영조의 탕평책을 계승한 것이다.

물론 영조와 정조의 탕평은 차이가 있다. 영조는 붕당을 부정하고 왕과 신하의 의리를 당파의 의리보다 중시하는 완론緩論탕평을 폈다. 붕당을 억누르려고 영조가 서원을 대폭 정리하고 붕당의 뿌리인 산림의 공론도 인정하지 않았지만 효과는 일시적이었다. 당파에서 왕과 외척 관계를 만들고, 그 고리로 특권을 만들어갔기 때문이다.

정조는 이의 반성에서 출발해 붕당의 현실과 대립을 인정하고 정당하게 겨루게 하여 특권이 아닌 실력 위주의 사회를 만들려는 준론峻論탕평을 폈다. 실력이란 분명한 시비와 의리를 말한다. 이런 실력자가 군자다.

그래서 정조는 외척 당을 와해해 궁중 세력과의 연결을 끊으려 노력하는 한편 의리, 공론 등을 중시하는 청요직淸要職을 활성화했다. 정조의 군자란 조선의 전통 군자와는 거리가 먼 정약용, 이가환 같은 실용적 인물이었다. 이런 인물을 등용해도 80년 이상 집권하며 각계에 깊이 뿌리내린 노론의 영향에서 벗어나기란 쉽지 않았다.

궁리 끝에 정조는 천도를 구상했다. 지역 간 이동이 쉽지 않던 사회에서 한양이야말로 노론의 철옹성이었다. 도성 내는 물론이고 도성 밖에도 노론과 연계된 양반이 가득했다. 누구보다 천도가 쉽지 않다는 것을 잘 아는 정조가 일절 발설하지 않아 사료에도 기록되지 않았다. 수원 화성을 염두에 둔 정조는, 노론의 반대에도 불구하고 사도세자의 묘를 1789년에 양주 배봉산에서 수원 용복면의 '화산'으로 옮겼다. 묘 이름을 현릉원이라 하고 10년 동안 무려 열두 차례 능행했다.

천도를 염두에 두고 1794년에 화성(수원시)에 성곽을 건설하는 등 신도시 건설을 시작했으며 1년 후 화성행궁에서 어머니 혜경궁 홍씨의 회갑잔치를 열었다.

정조의 평소 식탁은 검소했으나 어머니의 잔치만큼은 최선을 다했다. 편육, 숭어, 꿀, 초장 등 갖가지 반찬에 소의 골과 위, 꿩, 닭, 태 속의 새끼 돼지, 표고버섯, 전복, 해삼 등을 재료로 만든 잡탕 신선로가 천하 일미였다.

왕모의 회갑잔치를 도읍지가 아닌 화성에서 열었다는 데 의미가 있다. 화성이라는 이름도 정조가 1793년에 수원 팔달산에 올라 벌판을 바라보며 지은 것이다.

수원성은 정약용과 유형원이 설계하고 축성했다. 사실상 정문인 북문의 이름은 장안문, 남문은 팔달문이라 했다. 장안은 1,200여 년간 중국 역대 왕조의 수도였다. 팔달은 중심지라는 뜻으로 도읍지가 아니면 붙이기 어려운 이름이다.

누가 봐도 새 도읍지의 성곽이라 볼 수 있는데도 정조는 천도는 입도 뻥긋하지 않았다. 그 대신 장용영壯勇營 중 외영外營 부대 5,000명으로 화성을 수비하게 했다. 장용영은 정조가 즉위 후 친위부대로 신설했으며 기존의 중앙군보다 전투력이 강했다. 장용영의 내영 5,000명은 한성을 수비했다.

정조가 수시로 현륭원에 행차한 이유 중에는 사도세자와 장용영, 그리고 백성을 하나로 묶기 위한 것도 있었다. 능행

수원성 팔달문

때면 말 1,400여 필과 6,000여 명이 따랐다. 능행길에 한 맺힌 아버지의 묘소를 참배하러 가는 왕을 보기 위해 사람들이 구름처럼 몰려와 눈물을 흘렸다. 양반에 억눌려 살던 백성들이 정조의 한에 더 공감했던 것이다.

1795년의 능행길에 한 여인이 징을 치며 어가를 가로막았다. 충원부사 이여절이 무고한 남편을 죽였다는 사연이었다. 평소에도 곤장을 남발하기로 알려진 부사였다. 정조는 바로 이여절을 유배 보냈다.

정조의 현릉원 행차는 왕과 백성이 어우러지는 '씻김굿' 역할을 했다. 수원성은 1796년에 완공했다. 수원에 신도시 건설을 시작할 때 정조는 10년 후인 갑자년(1804)이 되면 열다섯이 되는 세자에게 왕위를 물려주고, 모친 혜경궁 홍씨와 신도시에 거주할 뜻을 품었다. 신해통공도 이런 장기적 정국 구상에서 나온 것이다.

이를 눈치챈 노론은 왕의 구상을 좌초시키기 위해 골몰했다. 그 와중에 정조 23년(1799), 지난 30년간 변함없이 정조 곁을 지켜준 개혁의 우군 채제공이 전염병으로 죽었다. 채제공이 사라지자 남인들도 사학邪學에 연루되었다 하여 지리멸렬했다.

깊은 침묵에 빠져 지내던 정조는 두 가지 조치를 취했다. 먼저 세자의 후견인을 선정했다. 노론 중 시파 입장을 취했던 안동 김씨 김조순의 딸을 세자의 정비로 내정한 것이다.

그다음 5월 30일에 청천벽력 같은 오회 연교五晦筵敎를 내린다. 그 취지는 다음과 같다.

"내 생부 사도세자가 옳았도다. 그럼에도 선대왕의 유지를 받들어 앞으로도 관련자들을 처벌하지는 않겠다. 그러나 계속 거짓말하고 나와 맞선다면 노론을 숙청하고 남인을 중용할 것이다."

정조의 최후통첩에 노론은 심환지를 중심으로 대책 마련에 골몰하기 시작했다. 그리고 한 달이 채 안 되어 정조가 신하를 접견하던 중에 쓰러졌다. 보름 전에 생겨난 종기가 악화되었다고 했다. 정순왕후가 상태를 보겠다며 달려왔다. 대비가 오니 법도상 어의와 모든 신하가 물러가야 했다.

그 상태에서 곡소리가 났다. 이때 정조는 마흔아홉 살로, 공식 사인은 울화증과 종기였지만 독살설이 떠돌았다. 정약용은 심환지가 친척인 '의관 심인을 시켜 독약을 올렸다'는 기록을 남긴다.

정조가 죽자 정조가 추구하던 정책이 정순왕후파에 의해 물거품이 되면서 조선의 국력은 급격히 쇠퇴한다.

변상벽, 〈계자도(鷄子圖)〉

어미 닭이 벌을 입에 물고 병아리들을 보고 있다. 조선에서 닭은 오덕(五德, 文武勇仁信)의 상징이다. 벼슬은 문관의 기상이며, 발톱은 무관의 위엄이며, 싸울 때 꼿꼿이 서는 털은 용이고, 모이를 보면 나눠 먹는 것은 인이며, 새벽을 알리는 소리는 신이다. 정조에게서 이 모습을 본 정약용은 "아! 자애로운 그 성품/하늘로부터 타고났으니 누가 빼앗으랴"라는 시조 한 수를 읊었다.

제23대	순조
제24대	헌종
제25대	철종

영혼이 서야
왕이지!

정조 이후 순조(재위 1800~1834) 때부터 나라의 중심을 잡는 왕의 기능은 거의 사라지고 세도정치가 횡행한다. 하필 1809년부터 1815년까지 대흉년이 겹쳐 경제적 기반까지 허물어진 상태였다. 정조가 세계 조류에 맞게 조선을 실용적으로 개조하려 했다면, 다음 순조와 헌종(재위 1834~1849), 철종(재위 1849~1863)은 왕이면서도 한 나라의 중심 역할을 하지 못했다.

세 왕 모두 세도가와 연결된 수렴청정을 장기간 거치며 세도가의 입맛에 맞춰 통치해야 했다. 그 기간이 순조 35년, 헌종 15년, 철종 15년으로 65년이었으며, 그중 안동 김씨가 60년간 세도를 부렸다.

세 왕은 측근에게 권한을 위임하기는커녕, 도리어 세도가로부터 한정된 권한만 위임받고 얼굴마담 노릇을 했다. 순조, 헌종의 유약한 리더십을 어린 나이 때문이라거나 철종은 무경험자라는 식으로만 치부할 수도 없다. 숙종처럼 어린 나이에 별 경험 없이 등극해서 수렴청정도 거부하고 카리스마를 보여준 왕도 있다.

부서의 권한은 조직의 비전에 따라 리더가 위임·회수할 수 있어야 한다. 그 정반대였던 세 왕의 통치로 조선은 근대화를 이루지 못하고 암흑기로 접어들었고, 그 결과 정조 사후 100년 만에 역사 속으로 사라진다. 리더가 되어서도 중심을 잡지 못할 바에는 리더가 되지 않는 것이 낫다.

리더나 리더가 되려는 자는 늘 자문해야 한다.

'나는 조직의 확실한 중심점Point-Person이 될 의지가 있고 역량을 갖추었는가?'

그런 의식 없이 왕이 된 철종은 앞뒤 분별없이 술과 후궁에 빠져 지내다 내리막길에 들어선 조선을 더 곤두박질치게 했다.

왕이 주도권을 상실하면 나타나는 증세가 있다.

인사가 역량이 아니라 연줄 위주로 이루어지며, 왕도 공적 성과를 무시한 채 개인적 잡기에 더 심취하게 된다. 이런 리더를 둔 조직은 곧 수렁에 빠진다. 한 왕도 아니고 세 왕이 연달아 이와 유사한 특징을 보여 조선에 봉건사회의 모순이 더 심화한 것이다.

세 왕에게서 심리학자 저스틴 크루거가 언급한 '무능의 이중고'에 빠진 모습을 본다.

"무능한 리더는 무능하다는 평가조차 받지 못할 만큼 무능하다. 그런데도 무능한 리더일수록 자기 확신은 더더욱 강력하다."

자유방임형이면서 방종하는 리더는 자기 역량에 대한 확신이 부족한 경우가 많다. 이들이 어떻게 해야 중심을 잡는 리더가 될 수 있을까?

먼저 자기 폄하적 관점을 버리고 자신감을 가져야 한다. 타인의 평가를 과도하게 의식하지 말고, 작은 성공도 심상화하여 자기 확신의 방아쇠Trigger로 삼아야 한다.

자신의 강점은 더 강화하고 약점은 보완하도록 노력하며 '불광불급이면 세상에 못 할 일이 없다'는 돌파 의지를 가다듬어야 한다. 그다음 어디로 갈지 방향을 명확히 하고 설득력 있는 마스터플랜을 세워야 한다.

이것만 잘해도 자유방임형 방종의 리더십이 개선되며, 이완된 조직 분위기도 어느 정도 수습할 수 있다.

그리고 함께할 작은 리더Change Agent들을 양성해야 한다. 이들을 스태프 조직보다 현장의 라인 조직에 더 많이 배치해서 톱 리더와 현장을 잇는 소통 채널로 삼아야 한다.

또한 무엇보다 리더가 일부가 아닌 전체를 위한 정책을 내놓은 다음, 초기에 주도권을 잡아야 한다. 초기의 저항을 방치하면 시간이 흐를수록 주도권 상실의 만성화로 이어질 수 있다. 레임덕을 막기 위해 주도권을 확보할 때에도 핵심은 장악하되 허명이 높은 지위는 양보해 주어야 한다.

왕의 리더십이란, 정조처럼 '나라의 미래를 위해 백성이 움직이도록 영향을 미치는 것'이다. 왕이 중심을 못 잡으면 대신들이 득세하여 국정 문란은 필연적으로 생긴다.

세 왕의 통치 기간에 삼정三政(토지세田政, 군포軍政 징수, 양곡還政 대여)의 문란으로 농민 수탈이 절정을 이루며 크고 작은 민란이 그치지 않았다. 철종 13년(1862) 한 해에만 37차례 민란이 일어났다.

순조의 배후, 정순왕후와 심환지

순조는 정조와 수빈 박씨 사이에서 태어났다. 정조가 사랑했던 의빈 성씨(성덕임)가 낳은 문효세자가 다섯 살 때 홍역으로 죽었다. 그리고 10년이 흘러 정조가 마흔이 다 될 무렵에야 순조를 얻었다.

다시 10년 후 정조가 급서하며 순조가 즉위했다. 아직 순조가 어렸으므로 정순왕후가 수렴청정을 시작한다.

정순왕후는 사도세자를 죽이는 데 앞장섰고, 정조 시기에 노론 벽파와 함께 왕의 대척점에 섰으며, 정조 독살 의혹까지 받는 인물이었다. 그런데도 법도상 대왕대비의 자격으로 조선을 통치하게 된 것이다. 열다섯 살 어린 나이에 궁중에 들어온 지 20년 만이었다.

조선의 대비 가운데 정순왕후처럼 외로운 처지는 없었다. 궁중에 혈육이 하나도 없을 뿐 아니라 사도세자의 부인 혜경궁 홍씨, 정조의 두 부인 효의왕후, 수빈 박씨 등이 건재했다. 순조 입장에서도 정순왕후는 부친 정조와 조부 사도세자까지 괴롭힌 증조할머니였다. 그것도 피가 섞이지 않은 명목상 어른일 뿐이었다. 이런 정순왕후를 지탱해 줄 세력은 오랫동안 고락을 함께한 왕실 밖 심환지를 비롯한 노론 벽파였다.

수렴청정을 시작한 정순왕후는 국장 중에 인사 조치를 중단하는 기존 관례를 깨고, 심환지를 영의정에, 친척 김관주를 이조참판에 임명했다. 당시 영의정은 소론인 이병모로 청나라에 사신으로 가 있었다.

이후 정조의 탕평을 도운 인물들을 내쫓고, 정조가 축출한 노론 벽파 인물들을 불러들였다. 이런 상황에서 대사간 유한녕이 어의 심인을 흉적이라 칭하고 효종 때의 어의 신가귀보다 죄가 크다며 국문하라는 상소를 올렸다.

이를 계기로 심인을 향한 비난 여론이 거세게 일었다. 심인의 비호 세력이던 정순왕후와 심환지는 "인심의 분노를 따르지 않을 수 없다"며 심인을 국문 절차도 없이 사형에 처했다. 이로써 정조 죽음의 진상까지 묻혀버렸다.

유한녕은 정조의 세손 시절 대리청정을 반대했던 김상익의 사위였다. 그렇다면 유한녕의 상소는 심환지의 계략이라 볼 수도 있다. 심인이 사라진 후 홀가분해져서일까? 노론 벽파가 본격적으로 일당 독주를 시작한다.

먼저 심환지는 정조가 만들고 김조순 등 시파가 주도한 장용영을 해체하고, 규장각까지 대폭 축소한다. 그런 다음 1801년 1월 사대부의 반발을 무릅쓰고 선왕 정조의 뜻이라며 궁궐 등에 속한 노비 6만 6,000명을 양인으로 풀어주었다. 그날 노비원부奴婢原簿도 불태워 재로 날려 보내, 고조선의 8조금법에도 나올 만큼 유구한 역사를 지닌 노비제도를 돌이킬 수 없게 했다. 다시 조선을 노론 벽파 세상으로 만든 정순왕후의 최대 치적으로, 힘 있는 보수가 파격적 개혁을 한 사례였다.

정순왕후는 모든 문서를 한글로 적어 올리게 해 일일이 열람하며 정국의 흐름을 파악하더니 2월에 정조가 묵인했던 천주교를 인륜을 부정하는 무군무부의 사학으로 규정하며 강력하게 금지한다.

'정학(주자학)을 밝혀 사학(천주교)을 종식'하겠다는 것이었지만 이로써 야당이던 남인과 소론, 그리고 시파까지 숙청했다.

이렇게 시작된 신유박해(1801)는 기해박해(1839), 병오박해(1846), 병인박해(1866)로 이어졌다. 오가작통법은 신유박해 때부터 시행했는데, 다섯 가구를 묶어 그중 한 사람이라도 사학을 따르는 자가 나오면 모두 처벌하는 것이다.

정약용은 배교하는 바람에 겨우 참형을 면하고 강진으로 귀양 갔다. 그 외 주문모 신부, 정약용의 형 정약종, 이승훈, 이가환 등 100여 명이 처형되고 400여 명은 유배형을 받았으며 더 많은 사람이 도망 다녔다.

그중 정약종의 영향을 받아 천주교도가 된 황사영은 제천 배론의 토굴에 숨어 박해일지를 기록하고 천주교의 재건 방안까지 적었다. 이를 동지사 일행인 옥천희에게 주어 북경 주교에게 호소하려다 발각되었다. 이름하여 '황사영 백서 사건'으로, 이를 계기로 천주교도 탄압이 다시 거세졌다. 백서의 주된 내용은 조선 천주교의 안전을 위해 청나라는 물론 서양도 나서달라는 것이었다.

이 때문에 황사영은 양박청래洋舶請來의 원흉으로 찍혀 능지처참되었다. 당시는 서양인들이 큰 배를 타고 다닌다고 보던 때라 신해박해 이후 조선의 신자 중 일부가 서양에 대박청래 大舶請來를 하자고 주장했다. 물론 서양의 배를 요구한 목적은 신앙의 전파와 보호에 있었지만 조정에서는 이를 심각하게 여겼다. 거대한 서양 배와 조선 신도들이 연락을 주고받을 경우 변란이 일어날 수 있다고 본 것이다.

이후 정부는 천주교와 서학을 동일한 것으로 인식하고 이 단이라며 국경까지 통제한다. 이런 분위기라 정조 시대에 양반, 중인, 서얼, 평민을 막론하고 싹텄던 실용을 숭상하던 분위기가 순조 시대에 와서 후퇴했다.

순조 즉위 후 2년간의 모든 조치는 정순왕후가 순조에게 보낸 전교에 따라 이뤄졌다. 그 전교 뒤에 심환지의 기획이

〈동궐도〉
순조의 통치 시절인 1826년에서 1830년 사이에 도화서 화원들이 그린 그림으로 전한다. 동궐은 창덕궁과 창경궁을 묶어 부르던 명칭이다.

있었다.

정순왕후는 심환지가 노환으로 쓰러진 1802년 10월, 정조의 유지를 따라 김조순의 딸을 순조의 비로 맞아들였다. 그녀가 순원왕후로, 장차 헌종과 철종에 걸쳐 10년간 수렴청정을 한다.

다음 해인 1803년은 나라에 화재가 유달리 많았다. 봄부터 화재가 나 평양에서 민가 1,000여 채, 함흥에서 2,600여 채가 불에 타고, 곡식 2,000여 석이 전소했다. 초겨울에는 창덕궁 악기고와 선정전에서 인정전까지 소실되었고, 성문을 열고 닫을 때 종을 치는 종루에까지 불이 났다.

민심이 술렁이던 1804년 2월 9일, 정순왕후가 수렴청정을 거두며 순조의 친정을 선포했다. 이해는 10년 전 수원성을 만들던 정조가 천도를 완료하면 자신은 어머니를 모시고 수원으로 가고 순조에게 양위할 뜻을 품었던 바로 그 갑자년이다. 이처럼 정순왕후는 매사를 명문에 따라 분명히 했으며 만 1년 뒤에 예순한 살로 생을 마쳤다.

안동 김씨 김조순

노론 시파인 안동 김씨가 세도정치를 노리는 가운데, 정순왕후를 잃은 벽파는 자구책으로 우선 순조가 사도세자에 대한 입장을 정리하도록 촉구하기로 했다.

우의정 김달순이 1806년 1월에 영조 당시 사도세자의 죄를 밝힌 박치원, 윤재겸의 벼슬을 추증하고 포상하라고 상주했다. 순조가 완곡하게 거절하자 시파는 김달순이 해서는 안 될 말을 했다며 삭탈관직하라고 주장했다. 그 직후 사간원 정언 박영재가 심환지를 '역적 심인을 어의로 추천한 죄'로 공격했다. 이야말

김조순 초상
순조 2년에 김조순의 딸이 순조의 비로 책봉되면서, 안동 김씨 세도정치의 기틀을 마련했다.

로 벽파를 일망타진하려던 시파에게 최상의 명분을 제공하는 것이었다. 결국 병인갱화丙寅更和가 일어나 대부분의 벽파 관료가 숙청되며, 김조순을 중심으로 안동 김씨가 요직을 차지하기 시작한다.

그동안 당파 위주로 움직이던 정치가 외척 중심으로 변했지만 견제할 세력이 없어 과거제도조차 형식만 남는다. 매관매직이 횡행하며 백정이나 천민도 돈만 있으면 양민이 되는 등 조선을 지탱하는 신분 질서가 무너지고 있었다.

그나마 이앙법의 확산으로 벼, 보리 등의 이모작이 가능해져 곡물 생산이 증대했다. 부농으로 성장한 양민들은 가난한

양반에게 양반 족보를 사거나 정부로부터 공명첩을 사 양반이 되었다. 그 바람에 양반이 전체 인구의 과반을 차지했다. 공명첩은 수여받는 자의 이름이 기록되지 않은 명예 관직 임명장이었다. 부농뿐 아니라 광산업자나 상인도 앞다퉈 공명첩을 구입했다.

광산은 정부가 독점 채굴하다가 17세기 중엽부터 사적 채굴을 허용했다. 초기에 소규모였던 광산은 청나라와 무역이 활발해지자 결제 수단인 은의 수요가 늘어나는 바람에 대규모로 성장했다. 부상대고富商大賈들은 은광뿐 아니라 금광, 동광 등의 광산업에도 뛰어들었다.

이런 흐름에 따라 정조가 1780년 동광에 민간 자본을 허락했고, 1806년에 순조가 사금광에도 허락했다.

보부상은 임란 이후 조정의 통제가 사라져, 전국 단위의 행상 조직이 결성되었다. 이들은 교통 요지인 포구 등을 거점으로 유통 정보와 자금력을 축적해 부상대고로 성장했다. 부상대고는 거대 자본을 바탕으로 생산자와 소비자 사이의 유통까지 장악했다.

인삼 판매를 독점한 개성의 송상松商과 대청 무역을 활발하게 하던 의주의 만상灣商 등 특히 평안도 지방에서 대상인이 많이 나왔다. 이들 외에도 한강에서 조운을 대행하던 경상京商도 대상인으로 성장했다. 이 과정에서 고리대금업의 성행으로 부의 축적과 몰락이 빈번해졌다. 이른바 무토불농층無土

不農層이라 하여 정처 없이 떠도는 기민이 호적에 등재된 인구보다 많을 정도였다. 이들 중 한양으로 온 유민들은 부상대고 아래서 날품팔이를 하거나 좌판 행상이 되었다.

홍경래의 난

양극화가 극심해지는 상황에서 10여 년을 준비한 민란이 1811년 12월 일어난다. 바로 홍경래의 난이다. 빈민, 노동자, 유랑민과 보부상, 몰락 양반이 규합한 대규모 난으로 서북인 차별 철폐와 세도 정권 타도를 내세웠다.

이 민란은 몰락한 양반의 아들 홍경래가 우군칙, 김창시, 이희저 등과 함께 일으켰는데 그 과정은 다음과 같다.

홍경래는 사마시司馬試에 낙방한 후, 세도가의 자제는 과거를 보지 않아도 급제하고 시골 선비와 특히 서북 출신은 아무리 우수한 답안지를 내도 낙방할 수밖에 없다는 사실을 알게 된다. 그때부터 세상을 뒤엎을 결심을 하고 동조자를 찾던 중 양반의 서자로 풍수지리로 업을 삼고 있던 우군칙을 만났다.

두 사람은 역노驛奴 출신 이희저를 포섭했다. 이희저는 대청 무역으로 거부가 되었을 뿐 아니라 각지의 부상대고들과 긴밀히 연결되어 있었다. 이희저의 다복동 저택을 거점으로 이희저가 운산 촛대봉 아래 광산 개발을 명분 삼아 유랑민, 광산 노동자 등을 모아 급료를 주면서 훈련했다. 그리고 홍길동이 도탄에 빠진 민중을 구원할《정감록》의 정도령이라는 소문을 유포했다.

이들은 봉기한 지 열흘 만에 청천강 이북 지역을 점령하는 등 4개월간 평안도 일대를 석권했다. 그 과정에서 향임鄕任(고을 유향소의 임원)의 내응이 컸다. 이들 부농이나 거상은 돈으로 향임을 산 이른바 납전승향納錢陞鄕이었다.

욱일승천하던 봉기군은 진격 방향을 놓고 의견이 나뉜다. 김대린은 안주를, 우군칙은 영변을 먼저 공략해야 한다고 주장했다. 홍경래가 우군칙의 조언을 따르자 실망한 김대린과 이인배가 차라리 나라에 공을 세우자며 홍경래를 죽이려 하다 실패한다. 이때 홍경래가 칼에 부상을 입는 바람에 봉기군은 진격을 멈출 수밖에 없었다. 그사이에 관군이 전열을 재정비해 정주성에서 양측이 격돌했다.

전세가 관군에게 점점 유리해지자 향임과 거상이 자취를 감췄다. 그 대신 정주 주변 농민이 자발적으로 성안으로 들어와 합류했다. 이 과정에서 봉기의 주도 세력이 농민층으로 교체된 것이다. 관군이 정주성을 완전히 포위하고 대포까지 동원해 총공세를 폈지만 쉽게 진압할 수 없었다. 그만큼 봉기군 내부가 단결해 신분을 완전히 타파하고 모든 재화를 공평하게 분배하며 관군에 저항했던 것이다.

관군은 최후의 수단으로 1812년 4월에 보름 동안 성 아래 굴을 파고 다량의 화약을 매설한 다음 성을 폭파했다. 정주성

농성 100일째 되던 날이었다. 그날 전투에서 홍경래는 총탄에 맞아 쓰러졌고, 생포된 봉기군은 모두 처형되었다.

하지만 홍경래는 여전히 민중의 의식에 살아남아 저항의식을 고양했다. 제주도민란(1813), 용인민란(1815) 등 각지에서 홍경래의 여진이 이어지며 한양에서도 1833년에 '쌀 폭동'이 일어났다. 경강상인들과 관리들이 농간을 부려 쌀을 경강(한강)가에 감추어두고 도성에 풀지 않아 한양의 쌀가게들이 문을 닫아야 했던 것이다. 이처럼 삼정의 문란에서 비롯한 민란은 세도정치가 낳은 폐단이었다.

그동안 순조도 세도 정권의 전횡을 막아보고자 안동 김씨들의 반대를 무릅쓰고 1827년 효명세자에게 대리청정을 시켜보기도 했다. 효명세자는 순조와 순원왕후 김씨 사이에서 1809년에 태어났으며, 부인은 풍양 조씨 조만영의 딸 신정왕후(조대비)이다.

대리청정을 시작한 효명세자는 안동 김씨 세력을 약화하며 개혁 성향을 뚜렷하게 드러냈다. 안동 김씨의 핵심 인물을 축출하고, 남인 등 반외척 세력을 다시 등용했던 것이다. 이 시기에 부원군 조만영이 이조판서와 어영대장을 겸하며 풍양 조씨의 세력 기반을 마련했다.

효명세자는 정조처럼 역대 왕릉을 수시로 참배했다. 능행길에 격쟁을 통한 백성의 소리를 듣고, 군사 훈련도 겸했다. 강인한 효명세자의 모습에 순조는 물론 백성들이 큰 기대를 걸었다. 효명세자가 조선의 희망으로 떠올랐다.

효명세자는 박지원의 《연암집》 등 다양한 실용 서적을 읽으며 조선을 개혁할 방책을 가다듬어 나갔다. 하지만 아쉽게도 대리청정 3년 3개월 만에 위독해져, 다시 일어나지 못했다.

헌종의 배후, 풍양 조씨와 안동 김씨

효명세자가 급서한 후, 순조도 희망을 잃고 시름시름 앓다가 4년 만에 승하했다. 효명세자의 아들 헌종은 여덟 살이라, 왕실의 최고 어른 순원왕후 김씨가 대왕대비가 되어 수렴청정을 시작했다.

순원왕후는 오빠 김유근의 보좌를 받으며, 왕대비 조씨의

순원왕후 어찰

아버지 조만영을 호위대장에 임명하는 등 외척 세력 간 불화를 막고자 했다. 그럼에도 기본적으로 안동 김씨의 세도가 다시 강해졌다.

순원왕후의 친정 사랑은 엄청났다. 수시로 안동 김씨 가문이 바로 우리 가문이라고 말했으며 헌종이 열 살이 되자 안동 김씨 김조근의 딸(효현왕후)과 맺어주었다.

순원왕후는 청나라가 영국의 아편을 대량 밀수하는 바람에 재정이 파탄 났다는 소식을 듣는다. 이러한 서세동점西勢東漸을 막아야 한다며, 1839년에 사학 퇴치령을 내린다. 기해박해가 시작된 것이다. 조선에서 활동 중인 앵베르 등 프랑스 신부 3명, 조선인 최초의 신부 김대건 등 많은 신자가 순교했다.

순원왕후의 7년 수렴청정은 1840년 12월에 끝났다.

헌종이 친정하면서 어머니 조대비가 친척을 대거 등용했다. 친정아버지 조만영이 다시 훈련대장과 어영대장이 되었고, 동생, 조카 등은 청요직에 포진했다. 다시 풍양 조씨 세력이 우세해졌다.

당시 세계 최강은 제임스 와트가 1770년에 증기기관을 발명했으며 해가 지지 않는 나라라고 자부하던 영국이었다. 이후 영국은 물론 미국도 증기선 개발에 박차를 가한다. 이미 영국은 인도를 차지하고 중국까지 넘보며 1840년 1차 아편전쟁을 일으켜 청나라와 난징조약을 체결하고 홍콩을 양도받았다.

조정에서도 아편전쟁 소식을 들었지만, 청나라는 유지되고 있다는 사신의 보고에 안심했다. 똑같이 아편전쟁 소식을 접한 일본은 조선과 달리 충격을 받아 서구 열강의 침략에 대비하기 시작했다.

1848년부터는 이양선異樣船이 제주, 전라, 황해, 경상, 강원, 함경을 망라해 조선의 삼면 바다에 출몰했다. 나라 안팎이 어수선한데도 풍양 조씨와 안동 김씨는 서로 더 많은 권력을 차지하기 위해 대결과 협상을 거듭했다.

세도정치의 여파로 국가 재정의 기반인 삼정이 이미 무너졌다. 과거제도마저 세도 가문에 유리하게 변질되었다. 통과統科라는 제도를 만들어 세도가의 자제를 실력과 관계없이 순번에 따라 선발했다. 심지어 어魚와 노魯를 구별하지 못해도 사관 노릇을 하며 재상에 오르기까지 했다.

왕이 세도정치에 끌려 다니자 역모 사건이 연달아 터졌다. 헌종 2년 '남응중의 모반'과 헌종 10년 '민진용의 역모'가 그것이다. 둘 다 몰락한 양반과 중인이 임금을 우습게 보고 왕권에 도전한 사건이다.

헌종이 친정하는 동안 안동 김씨가 풍양 조씨에 비해 수세에 몰리며, 순원왕후와도 갈등이 심했다. 심지어 순원왕후는 손자인 헌종이 폐위되기를 바랐다. 그래서일까. 헌종은 즉위 15년 만인 1849년 스물세 살의 나이로 요절한다.

그 후 효명세자와 헌종을 안동 김씨 측에서 독살했다는 풍문이 돌았다.

안동 김씨가 세운 철종

헌종 사후 순원왕후는 정조의 이복동생으로 강화도로 유배 갔던 은언군의 손자 이원범을 순조의 양자로 지명하고 철종 으로 세웠다. 풍양 조씨 일파가 왕위 계승에 개입하기 전 선수를 친 것이다.

왕실의 누구도 은언군의 여섯째 아들 이광과 첩 사이에서 태어난 이원범을 아는 사람이 없었다. 은언군의 아내와 며느 리는 세례를 받았다는 이유로 신유박해 때 사약을 마셨다. 이들을 방치한 은언군도 사약을 마셨고 가족들도 왕족 예우를 박탈당했다.

가문이 풍비박산한 상황이었다. 이원범은 교육은커녕 강화 도령이라는 비아냥을 들으며 생존을 위해 나무꾼 노릇을 해야 했다. 그런데 갑자기 열아홉에 왕관을 썼다. 안동 김씨들이 권력을 유지하고자 정치에 문외한인 철종이 적당하다고 본 것이다.

철종이 정치를 잘 모른다는 이유로 3년간 순원왕후가 수렴청정을 했다. 안동 김씨 측에서 철종의 왕비로 김조순의 친척인 김문근의 딸(철인왕후)을 내정한다. 처음에는 순원왕후조차 안동 김씨 가문에서 왕이 연속 배출되는 데 난색을 표했지만 결국 받아들였다.

1852년에 친정을 시작한 철종은 나무꾼 출신답게 빈민을 구제하려 애를 썼다. 관서 지방에 대기근이 들었을 때 선혜청의 5만 냥과 사역원의 6만 냥을 풀었으며, 영남 지역에 수재가 났을 때는 내탕금을 내놓았다.

하지만 친위 세력이 전무한 데다 세도 가문의 반발로 더 이상은 개혁 정책을 추진하기가 어려웠다. 당시 영의정은 김조순의 3남 김좌근이었다. 벼슬아치들은 출세하려면 김좌근의 애첩 나합에게 뇌물을 바쳐야 했다.

그 시기 일본은 미국에 이어 러시아, 프랑스, 영국 등과 외교를 맺고, 1868년의 메이지 유신을 향해 나아가고 있었다.

조정에서도 청나라에 다녀온 연행사들의 보고로 급변하는 동아시아 정세를 알게 되었다. 청나라의 사정은 주로 역관 이상적 등에게, 일본의 사정은 이상적의 제자인 역관 이용숙 등에게 충분히 들었던 것이다. 이상적은 연경에 다녀올 때면 신학문 서적을 구입해 스승 김정희에게 주었다. 이에 대한 보답으로 김정희가 이상적에게 선물한 그림이 〈세한도〉다. 이렇게 조선의 개화사상이 자라났다.

서구 열강이 일본과 중국에 몰려드는 것을 알면서도 철종 등 권세가들은 대비책을 세우기보다 여전히 신분 질서를 내세우며 권력 놀음에 취해 지냈다. 여기서 왕조의 말기적 증상이 나타났다. 몰락한 양반가의 서자인 최제우가 1860년에 인간이 한울님의 시현이라는 뜻의 '시천주侍天主'를 교리로 동학을 창시한 것이다. 시천주에서 사람을 한울님 대하듯 하라는 사인여천事人如天이 나오고, 다시 사람이 곧 한울님이라는 인내천人乃天이 나온다. 봉건제도의 악습에서 헤어 나오지 못하는 조선에 인간 평등의 후천개벽後天開闢을 열고자 했던 것이다.

한편 홍경래의 난의 여파로 권리의식이 신장한 농민들도 1862년에 전국 80여 고을에서 임술민란(진주민란)을 일으켰다.

진주 우병사 백낙신이 집집마다 억지로 과도한 세금을 배당해 수탈하려 했다. 이에 흰 두건을 쓴 진주민 수만 명이 몽둥이를 들고 서리들의 집을 찾아다니며 불을 질렀다. 그 소식이 퍼져 각지의 농민들이 잇달아 봉기했다. 이 난은 소농과 빈민층이 주도했다. 이들은 조세 차별의 혁파, 사대부의 산림山林 과점 금지를 요구하며 고을의 관청과 수령을 공격해 조선왕조의 근간을 흔들었다.

그제야 정신을 차린 철종이 삼정이정청三政釐整廳을 설치해

김정희, 〈세한도〉

삼정의 폐단을 시정하겠다면서 농민들을 달랬다. 그러나 봉기가 수그러들자 세도가들이 다시 반대해서 삼정이정청은 시행되지 못했다. 왕에게 속은 농민들은 동학에 관심을 갖기 시작했다.

이에 위기를 느낀 조정에서 동학을 민심 현혹 종교로 규정하고 금지했다. 그래도 동학이 확산하자 최제우를 혹세무민죄로 처형했다. 그럼에도 동학의 불길은 들불처럼 번져나갔다.

그즈음 현종 때 흥선군 이하응과 함께 잠재적 왕권 후보였던 경원군 이하전이 철종에게 따졌다.

"이 나라가 전주 이씨의 나라입니까? 안동 김씨의 나라입니까?"

이 말 한마디로 이하전은 역모로 몰려 불귀의 객이 되고 말았다.

이럴 때 흥선군 이하응은 파락호 행세를 하며 안동 김씨의 눈초리를 벗어났고 나합에게도 바짝 엎드렸다. 이에 김좌근이 흡족해하며 흥선군을 후대했다. 정사를 바로잡으려다가 안동 김씨의 세도에 밀려 좌절한 철종은 술과 쾌락을 탐닉하다가 후사 없이 서른셋에 별세했다.

당시 왕위 계승 지명권은 왕실의 최고 어른인 조대비가 쥐고 있었다. 그동안 조대비는 안동 김씨의 세도에 눌려 대비 대접도 받지 못했다. 그래도 일절 내색하지 않고, 파락호 행세를 하던 이하응만 은밀히 접촉하며 만일을 대비하고 있었다.

철종이 죽자 권력에 취해 대비책을 마련하지 못한 안동 김 씨들은 우왕좌왕했고, 이 틈을 타 조대비가 이하응과 밀약해 고종을 왕으로 세웠다. 안동 김씨들도 흥선대원군이 별 볼 일 없다 여겨 조대비의 결정을 받아들이자, 조대비는 자신의 섭 정 권한을 흥선대원군에게 위임했다.

제26대　　**고종**
제27대　　**순종**

함께 꿈꾸는
미래가 있느냐

고종(재위 1863~1907)과 그의 아들 순종(재위 1907~1910)은 전대미문의 격변기를 마주해야 했다. 세계열강이 조선을 선점하려고 노리는 가운데, 조선의 국력은 순조·헌종·철종의 구심력 없는 리더십으로 50년을 지나며 완전히 바닥을 드러냈다. 이 기간에 영·정조가 다져놓은 국력과 정조 때 겨우 피어난 실학사상까지 물거품이 되었다.

고종은 외부의 드센 도전과 내부 역량의 빈곤이라는 이중 난제를 떠안고 조선의 리더가 되었다. 상황이 태조보다 더 결단력 있고, 광해보다 통찰력 있고, 정조보다 더 치밀한 지략을 요구했고, 리더십도 수직에서 수평으로 전환해야 하는 시대였다.

하지만 수평 리더십은 민주적 사고에서 나오는데 고종은 봉건적 사고를 버리기 어려웠다. 더구나 고종은 간 보는 리더로, 왕의 권리는 누리며 과제는 누군가 떠맡기를 원하는 유형이었다.

간 보는 유형의 리더는 위기의 시대일수록 과거 회귀도 아니고 전진도 아닌 모호한 지시만 내린다. 유능한 교통경찰은 사거리에 아무리 차가 몰려도 호루라기와 하얀 장갑의 수신호로 차의 흐름을 원활하게 해준다. 만약 교통경찰이 겁을 먹고 머뭇거리면 차량 흐름이 엉키고 말 것이다.

위기 상황에 리더가 고종처럼 머뭇거리다 보면 위기가 더 쌓여 처방전을 낼 엄두를 못 낸다. 이것이 위기의식의 둔감화Desensitization이다. 위기의식에 둔감해지다 보면 망할 때에 가서야 깨닫게 되는 것이다.

역사상 27개 정도의 거대 문명이 있었다. 이 문명들이 사라진 이유를 아널드 토인비는 도전에 응전하지 못했기 때문이라고 보았다. 나라를 책임진 왕이라면 도전이 아무리 거세도, 메이저리그 사상 가장 훌륭한 포수 요기 베라처럼 "끝날 때까지 끝난 게 아니다"는 배짱으로 응전해야 한다.

위기가 깊을수록 리더가 이런 배짱을 가지고 백성과 함께 꿈꾸는 미래를 제시해야 한다. 위기 돌파의 아이디어는 통념을 깨는 데서 나온다. 리더 역시 자기 역할 변화를 수용할 각오를 해야 한다. 고종이 시대의 변화 앞에 왕조 체제도 바꿀 각오를 했어야 한다는 것이다.

리더는 늘 미래의 기대되는 시점에 서서 자신과 조직의 현재가 어떠한지를 물어야 한다. 이러한 질문의 양이 많을수록 통찰력의 질이 좋아진다.

격동기의 리더십은 희망과 영감을 주는 데서 빛이 난다. 리더가 내놓은 변화의 영감에 공감하는 사람이 많아야 실현 가능성도 상승

한다. 새 역사를 창조해야 하는 리더는 개인의 위대한 성취가 아니라 조직의 위대한 성취, 즉 왕이라면 '백성의 위대한 성취'를 이루려 해야 한다.

그러나 고종과 순종은 백성과 함께 꿈꿀 수 있는 청사진을 내놓지 못했다.

고종은 집권 초 10년은 흥선대원군에게, 친정 후에는 민비에게 휘둘렸으며, 헤이그 특사 파견 후 일본에 의해 퇴위되었다.

순종은 일본이 강제로 씌워준 왕관을 쓰고 있을 뿐이었다. 변화의 시기에 주도적으로 변하지 않으면 외력에 의해 강제로 변질되게 되어 있다. 똑같은 시기 일본은 국제 변동에 적극적으로 부응해 동아시아에서 가장 앞설 수 있었다. 그다음이 청나라였고, 조선이 가장 뒤처졌다. 그래서 주권까지 강탈당한 것이다.

그 상태에서 왕이 된 순종이 무엇을 할 수 있었으랴. 허수아비 노릇뿐이었다.

하지만 백성의 미래를 생각했다면 자신의 모든 것을 걸고 최후의 담판을 벌일 용기를 내볼 수는 없었을까? 위기를 기회로 보고 위기의 근본 원인을 직시하며 해결책을 찾으려고는 했을까? 주권 회복을 위한 고민은 얼마나 했을까? 알 수 없지만 안타까운 일이다.

대원군, 준비된 리더였으나 과거 지향적이었다

고종의 등극은 세도정치의 산물이었다. 순조 이후 안동 김씨가 세도를 부리다가 헌종 15년간 풍양 조씨와 경쟁과 연대를 거듭했다. 다시 철종 시대에 안동 김씨가 독점하다시피 한다. 헌종의 어머니 조대비는 이 구도를 깨기 위해 이하응과 결탁하여 철종의 후임으로 이하응의 둘째 아들 명복을 왕위에 앉혔다. 그렇게 해서 명복은 고종이 되었고 이하응은 대원군이 되었다. 대원군은 열두 살 왕을 대신해 10년간 섭정한다.

대원군은 안동 김씨가 '궁도령宮道令'이라며 천대하던 사람이다. 그동안 왕족임에도 겨울에 남루한 옷을 입고 시정잡배들과 어울리며 맨발로 부자들의 집에 찾아가 구걸하는 등 비정상적으로 행동했다. 이 모든 것이 안동 김씨에게 야심 있는 인물이 아님을 보여주기 위한 거짓 행세였다.

이처럼 본모습을 철저하게 위장했다가 섭정을 시작하자 파락호의 경험을 살려 다 함께 새롭게 하자는 '함여유신咸與維新'의 기치를 내걸고 부정부패를 뿌리 뽑고자 했다. 이를 위해 네 가지 조치를 취했다.

첫째, 세도정치를 타파하려 했다. 그래서 김좌근 등 안동 김씨를 몰아내고, 안동 김씨 세력의 근거인 비변사를 의정부로 흡수했다. 대원군이 자신의 처가인 여흥 민씨 집안의 민자영을 중전으로 간택한 것도 안동 김씨 외 풍양 조씨 등 외척의 발호를 막기 위해서였다.

둘째, 이도쇄신吏道刷新이라 하여, 인재를 등용할 때 당색과 지방색의 구별을 없앴다.

셋째, 그동안 당쟁의 근거지였던 전국 600여 사원을 47개로 대폭 줄였다. 전국의 유생이 대거 상경해 궐문 앞에서 대원군에게 부복 상소했지만, 대원군은 "비록 공자가 살아온다 해도 백성을 해롭게 하는 자는 용서치 않으리라"며 이들을 한강 밖으로 쫓아냈다.

넷째, 궁중에 특산물을 바치는 진상 제도와 무명잡세를 없앴으며, 그동안 상민들만 내던 군포軍布를 양반도 내도록 호포제戶布制를 시행했다. 군포 제도가 공평 과세와 재정 확충에 큰 도움이 되었지만 양반층의 반발이 거셌다. 이를 무시하고 대원군은 지방 토호의 횡포를 엄단하는 등 세도정치와 다른 정책을 펴 민중의 환호를 받았다.

흥선대원군은 준비된 리더였고 강고한 의지로 실행하는 리너였다. 이로써 내정은 안정되었다. 앞으로 대외 정책을 어떻게 할 것인가.

섭정 초기에 대원군은 개화를 염두에 두었다. 프랑스 등과 교섭해 남쪽으로 진출하는 러시아를 막으려 했다. 이에 조선의 골수 성리학자들인 대신들은 물론 조대비까지 반발했다. 청나라를 곤경에 빠뜨린 태평천국의 난이나 아편전쟁이 모두 서학과 연결되어 있는데 문호를 개방하면 조선도 똑같은 처지가 된다는 것이었다.

대원군 역시 성리학적 질서를 중시했기 때문에 대신들에게 공감하고 1866년 1월 전국의 천주교도를 박해하는 병인

박해(1866~1871)를 일으켰다. 이 박해는 대원군이 실각할 때까지 지속된다. 여기서 끝나지 않고 쇄국정책까지 강행했다. 서구의 종교와 기술 문명을 혼동한 것이다. 서구 종교의 허용 여부와 관계없이 외교 관계를 맺었어야 했다.

훗날 고종이 개항하면서 내세운 동도서기東道西器론처럼 당시 세계는 민첩성이 최고Agile is Best이던 시대였다. 조선의 주변국은 모두 급변하는데 조선만이 고요했다.

전국의 유생들도 대원군이 위정척사 정책을 편다고 적극 지지하며 쇄국을 중심으로 단합했다. 그러다 보니 북학파 박지원의 손자 박규수와 유대치, 오경석 등 개화론자들이 의견을 내기가 어려웠다. 병인박해가 일어난 해 프랑스의 주교도

병인양요 교전 장면
종군 화가였던 프랑스군 장교 주베르의 그림이다.

처형당해 프랑스가 곧 쳐들어올 것이라는 소문이 파다했다.

　그런 분위기에서 7월에 미국의 상선 제너럴셔먼호가 대동강 만경대까지 올라와 통상을 요구한다. 조선의 관리가 물과 식량을 공급하는 등 후하게 대접하고 물러가라고 했지만 오히려 대포를 쏘는 등 행패를 부리며 중군 이현익을 억류했다. 양측이 충돌한 결과 평양민의 화공으로 배가 불탔다. 그리고 3개월 후 프랑스 함대 7척이 강화도를 점령하고 통상 교섭을 요구했다. 물론 대원군이 거절하고 양헌수 장군을 보내 물리쳤다.

　1871년에는 미국이 제너럴셔먼호가 소각된 책임을 묻겠다며 신미양요를 일으켰다. 강화도에 상륙한 미 해병대는 이재연 장군이 지키는 광성보를 향해 돌격했다. 광성보에서 양측이 치열한 백병전을 벌인 끝에 조선군 전원이 전사했다. 그래도 대원군이 교섭에 응하지 않자 미군은 더 이상 머물러도 실익이 없다고 보고 물러갔다.

　이후 대원군은 전국에 척화비까지 세웠다. 이처럼 대원군이 쇄국정책을 더 강화하자 형조판서 박규수가 대원군에게 개국의 필요성을 수차례 건의했지만 거절당하자 사직했다.

　대원군은 세도가의 부패 정치를 청산하며 백성의 지지를 받았지만 어디까지나 봉건제도 안에서 왕권 강화가 목적이었다. 이 때문에 민주주의로 이행하는 근대 사회의 조류와는 맞지 않았다. 역시 왕권 강화를 위해 경복궁까지 중건하다가

당백전
모양과 중량은 당시 통용되던 상평통보의 5배 정도에 지나지 않았으나, 상평통보보다 100배의 명목 가치로 통용하도록 주조되었다. 그러나 불과 6개월여 동안 유통되었다.

백성의 원성을 자초한다. 원래 민폐를 끼치지 않으려 했으나 공사 현장에 모아놓은 목재가 전부 타버려, 전국 각지의 아름드리나무를 다시 벌채하는 등 공사비가 대폭 늘었다.

처음에 김좌근과 나합 등 부자들에게만 원납전願納錢을 거두었으나 차츰 백성에게까지 강제 징수하고, 당시 통용하던 상평통보를 놓아두고 고액 화폐인 당백전當百錢을 새로 만들었다. 당백전은 상평통보보다 100배의 가치가 있다는 뜻이지만, 실제 구리 함량은 상평통보의 5배 정도에 불과했다. 이 때문에 화폐 가치가 떨어지며 심각한 인플레이션이 일어났다.

대원군과 민비의 대결

대원군이 공평 과세, 부정부패 척결 등으로 모았던 민심이 인플레이션이 일어나며 흩어졌다. 민비가 마치 여론 악화를 기다렸다는 듯 대원군의 실정을 공격한다.

왜 시아버지와 며느리 사이가 이토록 악화되었을까?

민비가 대원군의 추천으로 1866년 중전이 된 후, 둘 사이는 무척 좋았다. 그러나 고종과 궁녀 이씨 사이에 완화군이 태어난 2년 후부터 어색해진다. 대원군이 완화군을 장차 세자로 책봉하려는 듯 편애했던 것이다. 민비도 결혼한 지 5년 만에 아들을 낳았으나 항문이 없어 곧 죽었다.

이때부터 민비는 대원군의 정적과 가까이한다. 고종이 스무 살이 넘어도 대원군이 하야할 기미를 보이지 않자 1873년 말 이항로의 수제자 최익현을 시켜 대원군 10년 치세의 실정을 공격하는 상소를 올리게 했다.

상소의 핵심은 당백전 발행이 빚은 재정 파탄과 물가 인상이었다.

대원군이 최익현을 죽이려 했으나 고종이 잠시 유배 보내는 것으로 마무리하고, 그 대신 친정을 선포했다. 억지로 은퇴당한 대원군은 양주 '곧은 골直谷'로 물러나야 했다.

대원군이 물러가자 조정에 대외 개방 여론이 비등해졌다. 이런 가운데 고종 12년(1875) 2월부터 일본 군함이 동·서·남 해안에 출몰하더니, 그해 9월 운양호가 측량을 빌미로 강화도 초지진까지 접근하며 조선 수비병의 공격을 유발했다.

조선군이 대포를 쏘았으나 운양호에 다다르지 못했고 운

양호에서 쏜 신식 포탄이 두 시간 동안 초지진을 강타했다. 운양호 사건은 일본의 사전 각본에 따른 것으로 조선의 선제 공격에 따라 일본이 자위권을 발동했다는 식이었다.

일본은 도리어 조선에 운양호 사건을 사죄하는 협상을 요구하며 군함 6척을 보내 다시 강화도에서 무력시위를 했다. 조선은 처음에 거절했으나, 영의정 이유원과 우의정 박규수가 통교하는 것이 국익에 도움이 된다고 주장하여 1876년에 불평등한 강화도조약을 체결했다.

조약에 따라 제물포항과 부산 원산항을 개방하고 일본인의 치외법권도 인정했다. 이 소식을 들은 최익현이 광화문으로 달려와 강화도조약을 반대하는 지부상소持斧上疏(직언을 하며 받아들이지 않을 경우 도끼로 죽여달라는 것)를 하고 다시 흑산도로 귀양 가야 했다.

일본과 불평등 조약을 체결하자 이것이 선례가 되어 미국, 중국, 영국, 독일, 러시아 등과도 비슷한 조약을 맺어야 했다. 대원군 같으면 어림도 없는 일이었다.

당시 일본은 1868년 메이지 유신 이후 근대 국가를 추구한 지 채 10년도 되지 않은 상황이었다. 메이지 유신 때 대마도를 자국 영토로 편입한 일본 열도에는 탈아론을 내세우며 대륙 진출을 위해 조선을 정복해야 한다는 정한론이 일고 있었다.

당시 열강의 각축장이던 조선이 이를 전략적으로 이용한다

거나 차라리 대원군처럼 버텼다면 일본은 물론 서구 열강들
과 더 유리한 개국 협상을 벌일 수 있었을 것이다.

그러나 고종은 각고의 과정을 거쳐 리더가 된 대원군과 달
랐다. 대원군이 마련해 준 왕의 자리에 앉아 10년간 대원군
의 도포 자락 아래 지냈다. 그 후 민비가 마련해 준 친정을 시
작하며 대원군의 세력이 빠져나간 자리를 민씨의 친척으로
채우고 다시 민비의 치맛자락을 붙들었다.

대원군이 '만사불여튼튼'이라며 철저히 준비했다가 때에
따라 확실히 이행했다면, 고종은 수수방관하다가 가끔 찔러
보는 스타일이었다. 리더의 마지막 힘은 결단을 내리는 데 있
다. 그러나 고종은 누군가
에게 의지해 끌려갔다. 이
런 아들의 성격을 잘 알고
있던 대원군은 스무 살이
넘어도 쉽게 친정을 허락
하지 못했던 것이다.

고종의 친정 이후 민비
의 이복오빠인 민승호가
실세가 되어 대원군의 측
근이던 남인들을 대거 숙
청했다. 대원군이 하야한
1874년에 민비는 순종을

흥선대원군

출산하며 입지가 더 탄탄해졌다. 그해 11월, 민승호가 집으로 배달된 상자를 열자 내장된 폭탄이 터져 사망하는 사고가 발생한다. 민승호가 숨을 거두며 대원군을 암시하듯 운현궁을 가리켰다. 1880년 궁녀 이씨의 아들 완화군이 급사하는데 민비가 개입했다는 풍문이 돌았다.

임오군란과 갑신정변

조선이 폭탄 테러 등으로 어수선할 때에도 민비는 대원군과 반대로 개화 분위기를 조성했다. 1881년에 개화파로 구성한 신사 유람단을 일본에 보내 신문물을 배워오게 했다.

민비의 노력으로 개화 분위기가 확산하기는 했지만, 일본 등 서구 열강의 야욕도 노골화하면서 척화파가 민씨 정권을 규탄하기 시작했다. 각 지방에서 도적 떼가 들끓고 대원군 시절을 그리워하는 민심까지 생겨났다.

민비와 고종은 정권의 기반을 다져야 한다며, 일본의 후원을 받아 신식 군대 별기군을 창설했다. 책임자는 병조판서 민겸호로, 별기군에게 특별대우를 해주면서 종래의 5영, 즉 훈련도감, 용호영, 금위영, 어영청, 총융청을 무위영과 장위영의 2개로 통폐합했다. 그 과정에서 병사들이 대량 해고된 것은 물론 남은 병사들도 구식 군사라고 차별받으며 13개월 치 월급을 받지 못했다. 선혜청에서 밀린 월급을 준다며 겨와 모래가 섞인 쌀을 주었다.

더 이상 참지 못한 군사들이 1882년 6월 5일, 임오군란을 일으켰다. 당시 군졸들은 왕십리 등 한강 유역에서 채소를 재배하거나 수공업, 상업, 막노동에 종사하는 빈민 출신들이었다.

군졸들은 먼저 민겸호의 집을 찾아가 불을 지르고, 다음 날 민비를 잡으려고 창덕궁 등을 뒤지고 다녔다.

이때 양반 자제만 모아놓은 별기군은 하인에게 업혀 훈련받을 정도로 나약해 진압을 못 했다. 구식 군인들은 달랐다. 병인양요·신미양요 때 첨단 무기를 갖춘 프랑스군·미군과도 싸워 이겨낸 역전의 용사들이었다.

이들 앞에 별기군은 게 눈 감추듯 숨어버렸고, 구식 군인들이 대로에 활개 치며 민씨 일파를 처단하면서 대원군을 찾아갔다. 수동적인 고종은 구식 군인들의 기세에 눌려 대원군에게 정권을 넘겼다.

실각한 지 10년 만에 재집권한 대원군은 즉시 5군영 체제로 복귀하고, 별기군과 개화 정책의 핵심 기구인 통리기무아문을 폐지했다. 민비는 궁녀복으로 갈아입고 고향인 충주로 피신했다. 충주에서 민비가 사람을 보내 고종에게 청나라에 도움을 청하라고 했다.

일본군 장교 호리모토와 조교들에게 별기군을 맡겼던 민비가 왜 일본의 도움을 구하지 않았을까? 충주에서 만난 무녀 박창렬이 50일 이내에 환궁할 것이니 걱정 말라 예언할 때 청나라를 언급한 것으로 보인다.

조선의 파병 요청을 받은 청나라는 종주국의 위상을 회복할 기회로 보고 4,500명을 파견했다. 병자호란 이후 250년 만에 청나라 군대가 한양에 들이친 것이다.

주둔군 장군 마건충, 정여창은 남대문 밖에 진영을 설치하고 대원군을 초청했다. 주변에서 가지 말라고 만류했으나 대원군은 청나라 진영으로 갔다가 곧바로 원세개에게 결박당해 천진으로 압송되었다. 고종 19년(1882) 7월 13일, 대원군이 2차 집권한 지 33일째였다.

민씨 일족은 환호성을 지르며 청나라 군인들과 함께 충주로 중전을 모시러 갔다. 중전이 궁궐에 들어온 날이 공교롭게도 박창렬이 예언한 8월 1일이었다. 환궁한 민비는 박창렬을 언니라 부르며 진령군이란 군호까지 내리고 주요 국사를 의논했다.

이런 과정을 고종은 지켜만 볼 뿐 주도적으로 개입하지 않았다. 다시 집권한 민비는 친청 정책으로 선회했고, 청나라 이홍장이 조선의 재정 고문으로 진수당, 외교 고문으로 묄렌도르프를 파견해 외교와 내정까지 간섭한다.

일본도 임오군란 직후 청나라보다 먼저 조선에 1,000여 병력을 보냈지만, 별기군 사태로 일본을 향한 여론이 좋지 않아 주둔만 하고 있었다. 그 대신 조선 정부를 상대로 임오군란 때 죽은 호리모토 소위와 일본인 조교들에 대한 배상을 요구했다. 그 결과 제물포조약이 체결되었다.

제물포조약 역시 불평등했다. 일본과 유족에게 배상하기로 한 금액이 1년 예산의 3할에 해당하는 거액이었고, 일본 공사관 경비 명분으로 일본군 1개 대대의 주둔을 허용했다.

민비의 친청 정책으로 정치적 입지가 좁아진 김옥균, 박영효, 서재필, 서광범 등 개화파는 갑신정변을 구상하고 일본 대사를 만나 일본 공사관 병력 일부와 재정 지원을 받아냈다. 그럼에도 일본이 개화당이 추진하는 내정 개혁에 관여하지 않는다는 단서를 달았다.

개화파는 고종 21년(1884) 12월 4일, 우정국 개국 축하연에서 민씨 세력의 거물인 민태호, 민영목, 수구파의 거물 한규직, 윤태준 등을 처단하고, 개화당 요인과 종친으로 구성된 정부를 수립했다.

이때도 고종은 대세에 순응했다. 왕명으로 각국 외교관에게 신정부 수립을 알리고, 개화당의 요구대로 거처를 창덕궁에서 경호가 쉬운 경우궁으로 옮겼다.

갑신정변에 당황한 청나라는 민비와 연락을 취해 왕의 거처를 경우궁에서 더 넓은 창덕궁으로 옮기게 했다. 곧이어 원세개가 지휘하는 청나라군 1,500명이 창덕궁을 공격했다. 개화당과 일본군 150명으로 방어하기에는 역부족이었다.

이로써 개화당의 집권은 3일 천하로 끝났다. 이후 원세개가 잠시 청나라에 귀국했다가 다시 돌아와 감국대신監國大臣이 되어 10년간 마치 조선의 총독처럼 행세했다. 특히 조선이 외국과 어떤 협상을 하든 자신의 승인을 먼저 받도록 했다. 조선의 자주 외교를 막아 청나라의 속국으로 만들려는 것이었다.

친일에서 친청, 다시 친러로 바꾼 민비의 최후

민비는 집권 초기 일본을 의지했다가 임오군란 후부터 청나라를 의지했다. 나라가 외교에서 갈팡질팡하는 동안 외국의 간섭, 특히 중국과 일본, 러시아의 영향력만 비대해져 내정은 더 혼란해졌다.

백성의 불만이 누적되는 가운데 고부군수 조병갑의 학정에 견디다 못한 동학교도들이 1894년 3월에 전봉준을 중심으로 봉기를 한다. 동학교도였던 김구도 전투에 참여하는 등 동학혁명이 파죽지세로 확산하자 고종과 민비는 청나라에

한양으로 압송되는 전봉준

도움을 청한다.

청나라는 군대 파병을 결정하고 이를 일본에 알렸다. 1885년 일본과 맺은 톈진조약에 따라 조선 출병 시 상호 통보한다는 원칙 때문이었다. 청군이 5월 5일 아산만에 상륙했고, 바로 다음 날 일본군이 한양과 가까운 제물포에 상륙했다.

조선이 청일전쟁 터가 될 상황이 되자 동학군과 관군이 급하게 전주에서 만나 일단 싸움을 중단하기로 한다. 조정에서 양국에 철수를 요청했다. 그러나 한양에 먼저 도착한 일본군이 사대문을 장악하더니 경복궁까지 점령했다. 그때까지 조선총독처럼 행세하던 원세개가 줄행랑쳤다.

일본은 친청 정책을 편 민비를 견제하기 위해 일흔넷 고령의 흥선대원군을 전면에 내세웠다.

대원군은 군국기무처라는 비상 내각을 구성하고 김홍집을 총리대신으로 임명해 갑오개혁을 진행한다. 물론 일본 측 시나리오대로였으며 단발령 등 10여 건의 법령을 공포했다. 단발령에 반발하는 유생들이 각지에서 의병을 일으켰다. 이를 진압하러 일본군이 분주하게 돌아다녀야 했다.

이 기회에 조선에서 청나라를 몰아내고 주도권을 쥐려는 일본은 추가 병력을 계속 보냈다.

일찍이 서양식 무기와 훈련으로 무장한 일본은 당시 아시아 최강의 군사 대국이었다. 물론 병력 수는 청나라가 많았으나 무기 성능에서 일본의 상대가 못 되었다.

청나라는 서태후가 별궁 이화원을 조성하느라 해군의 예산을 대폭 낭비한 상태라 일본과 전쟁을 피하려고 노력했다. 하지만 일본 신식 함대가 조선으로 들어오는 청국의 낡은 함대를 먼저 공격하는 바람에 어쩔 수 없이 일주일 후인 8월 1일 선전포고를 했다.

이렇게 시작된 청일전쟁(1894~1895)으로 중국의 북양 함대가 궤멸하고, 일본 육군이 만주를 넘어 북경 근처까지 진격했다. 당시 친일 간첩 배정자의 활약이 두드러졌다.

배정자는 세 살 때 민씨 세도가에게 아버지가 처형된 후 문전걸식은 물론 승려, 기생 등을 하며 기구하게 살다가 일본에 건너갔다. 그곳에서 이토 히로부미의 양녀가 된 후 밀정 교육을 받았다.

귀국해서 청일전쟁 현장을 돌며 청나라군의 배치와 조직, 규모, 무기 등 고급 정보를 빼냈다. 청일전쟁에서 승리한 일본은 막대한 배상금과 함께 대만, 요동반도를 할양받았다.

그 후 일본은 본격적으로 조선 내정에 간섭한다. 그동안 잠잠했던 동학군이 다시 일어났으나, 공주 우금치전투에서 관군과 일본군에게 대패하며 내리막길로 향했다.

남하 정책을 펴던 러시아는 급속히 팽창하는 일본을 누르기 위해 독일, 프랑스와 삼국동맹을 맺고 일본이 차지한 요동반도를 청나라에 반환하라는 압력을 가했다.

이에 일본이 어쩔 수 없이 따랐다. 이를 지켜본 민비는 러시아가 일본보다 강하다고 판단하고 고종을 노골적으로 친 러배일로 돌아서게 했다.

배신당한 일본 공사 미우라 고로는 낭인들을 데리고 경복 궁에 잠입해 민비를 시해했다. 1895년 10월에 발생한 이 을 미사변으로 김홍집 내각이 붕괴한다.

비록 일본 주도이기는 했지만 2년간 진행한 갑오개혁도 끝이 났으며, 대원군도 민비 시해의 배후로 의심받으며 은퇴 했다.

이듬해 2월 조정 내 친러 세력이 러시아와 공모해 고종을 러시아 영사관으로 옮기는 아관파천俄館播遷을 단행했다. 러시 아 공사관에서 친러정권을 수립한 고종은 먼저 김홍집을 역 적으로 규정하고 갑오개혁 때 실시한 단발령까지 취소했다. 그 후 고종은 각국 외교관들에게 휘둘리며 많은 이권을 넘겨 주었다.

독립협회 창설과 고종의 강제 퇴위

갑신정변 실패로 미국에 망명한 서재필이 1895년 12년 만에 귀국해 독립협회를 창립했다. 이 협회에 이상재, 안경수, 남궁 억, 이승만, 안창호, 신채호 등도 참여했다. 이들은 중국 사신 을 맞이하는 영은문을 헐고 독립문을 건축했다.

또한 주권 재민과 민주주의 사상에 입각한 〈독립신문〉을 발행해 탐관오리를 고발하고 국제 정세를 전파했다.

종로에서 만여 명씩 모이는 만민공동회도 수차례 주관했다. 당시 이승만은 인기 있는 연사였다. 이와 같은 영향력으로 독립협회는 러시아와 일본 등 열강의 이권 개입을 저지하는 쾌거를 거두었다.

독립협회를 중심으로 자주권 선양을 요구하며 고종의 환궁을 요구하는 민심이 고조되었다.

결국 고종이 1년 만에 환궁했다. 고종은 추락할 대로 추락한 왕권을 회복해 보려고 국호를 대한제국으로 바꾸고 1897년 10월에 황제 즉위식을 거행했다.

독립신문

그 후 도시 정비와 철도 부설 등 부국강병을 이루어보겠다며 '광무개혁' 방안을 내놓았다.

그때까지만 해도 고종은 갑오개혁 때 만든 중추원 고문에 서재필을 임명하는 등 독립협회에 우호적이었다. 그러나 독립협회가 입헌군주제를 주장한 후로는 왕권에 누수가 생길 것을 염려해 탄압하기 시작했다. 한인 최초로 미국 시민권을 얻은 서재필은 1898년 5월에 추방되다시피 다시 미국으로 가야 했고, 그 외 독립협회 간부들은 모두 체포되었다. 봉건적 사고를 탈피하지 못한 고종이 조선을 살리려는 서재필의 독립협회를 버린 것이다.

그즈음 만주와 한반도를 서로 차지하려고 경쟁하던 일본과 러시아가 1904년 2월 러일전쟁을 일으켰다. 러일전쟁이 만주 등에서 진행 중이던 1904년 8월에 일본은 조선과 강제로 제1차 한일협약을 맺고 조선의 외무와 재무에 일본이 추천하는 고문을 두도록 했다.

나라가 차츰 일본의 손아귀에 들어가는 것을 본 이준, 전덕기, 유성준 등이 구국을 위한 국민교육회를 창립하고 보광학교, 한남학교를 열었다. 친일 세력인 송병준이 뒤질세라 같은 시기에 일진회를 결성하고 조선은 일본의 보호를 받아야 한다는 논리를 폈다.

치열하게 진행되던 러일전쟁은 1905년 5월 일본 함대가 대마도해협에서 러시아 발트 함대를 대파함으로써 종료되었다. 청나라에 이어 러시아까지 이긴 일본은 대놓고 조선에 간섭하기 시작한다. 1905년 미·일간 '가쓰라·태프트' 밀약을 맺어두어 국제 정세도 조선에 절대적으로 불리했다. 미국의 필리핀 점령과 일본의 한반도 점령을 상호 인정하는 내용이었다.

그뿐만이 아니었다. 일본은 같은 해 8월 영국과도 일본의 한국 지배권을 인정하고 영국의 인도 지배를 용인하는 영일동맹을 체결했다. 조선의 운명을 놓고 청나라와 러시아가 탐냈다가 일본에 밀렸고, 미국은 필리핀을, 영국은 인도를 독점하기 위해 일본에 조선을 양도하는 일이 벌어진 것이다. 세계 정세에 외교력이 없던 조선은 결국 1905년 11월 17일 일본과 을사조약을 체결해 외교권을 박탈당한다.

이에 최익현이 규탄 상소를 올려 을사오적 이완용, 박제순, 이지용, 이근택, 권중현의 처단을 요구했지만 무시당했다. 그후 최익현은 임병찬 등과 함께 정읍, 순창 등지에서 의병장으로 활동했다.

국민교육회도 을사조약 반대 시위를 주도했다. 국민적 저항에 부딪힌 고종은 조약에 직접 서명하지 않았으므로 부당하다는 사실을 인정받고자 했다. 그리하여 1907년 6월 네덜란드 헤이그에서 개최하는 만국평화회의에 이준, 이상설, 이위종을 밀사로 파견했다.

그러나 영국과 일본이 조선은 외교권이 없다는 이유로 방

해하여 밀사들의 호소는 호응을 얻지 못했다. 실망한 이준은
화병으로 현지에서 숨을 거두었다.

도리어 일본은 이 사건의 책임을 고종에게 묻겠다며 내각
총리 이완용을 다그쳤다. 이완용은 내각대신들과 고종을 만
나 칼까지 빼 들고 양위하라고 협박했다.

3 · 1운동

헤이그 특사 사건으로 고종이 물러나고 순종이 1907년 7월
에 조선의 27대 왕이자 대한제국의 2대 황제로 등극했다.

외교권 없는 나라의 황제가 할 수 있는 일이 무엇일까?

내치를 한다 해도 외부와 단절된 상태에서 한계가 있을 수
밖에 없다. 더구나 일본은 을사조약 직후 조선 초대 통감으로
이토 히로부미를 파견해 조선을 합병할 구체적인 계획을 수

조선의 독립을 세계만방에 알리기 위해 작성한 기미독립선언서

립하도록 했다.

이토는 순종이 즉위하던 바로 그해에 이완용 내각을 동원해 순종과 한일신협약(정미 7조약)을 체결했다. 통감에게 사법권, 행정권을 주며, 일본인을 각부 차관에 임명해 차관 정치를 시작하는 것은 물론 군대까지 해산해야 했다.

이에 따라 1907년 8월 1일 500년 역사의 조선 군대가 해산했다. 그날 남대문에서 육군 참령 박승환이 권총으로 자결하면서 외쳤다.

"군인이 나라를 지키지 못했으니 만 번을 죽은들 어찌 애석하랴."

해산한 군인들이 전국에서 의병장을 세우고 항일 의병운동을 시작했다. 이들을 전국 조직으로 묶기 위해 원주의 의병장 이은찬, 여주의 의병장 이구채가 문경에 머물던 이인영을 찾아가 총책임자로 추대했다. 그 후 전국 의병장들은 1907년 11월에 양주(구리)에 집결했다. 이들이 모인 자리에서 이인영이 '13도 창의군倡義軍'의 통수가 되었다. 조선의 8도를 고종이 1896년에 13도로 개편한 데 따른 것이다. 그때 경상도, 전라도, 함경도, 평안도, 충청도가 남북으로 분도되었다. 제주도는 전라남도에 속해 있다가 1946년에 분리된다.

'13도 창의군'이 결성되자 그 아래 지리산의 문태수, 경기북부의 김수민, 김천의 허위, 문경의 이강년, 원주의 민긍호 등이 각지에서 속속 합류하며 만여 명에 이르렀다.

이들은 11월부터 각지에서 한양으로 진격해 들어가 다음해 1월에 동대문에서 합류하기로 했다. 선봉장 허위가 300여 의병과 함께 먼저 동대문 밖까지 진격해 일본군과 혈전을 벌이며 후속 부대를 기다렸다.

하지만 화력과 병력이 워낙 부족한 데다 오기로 한 후속 부대까지 나타나지 않아 후퇴해야 했다. 그때 이미 일본 헌병대 밀정의 방해 공작이 난무했던 것이다. 결국 창의군의 한성 탈환 작전은 미완에 그쳤지만 이후 의병 활동은 더 줄기차게 전개된다.

외교권에 이어 군대가 해산하고 사법권까지 강탈당한 순종은 허수아비보다 못한 존재가 되었다. 일본은 독립운동의 열기를 감추기 위해 1907년 두 법을 만늘었다. 보도 내용을 사전에 검열하는 신문지법, 집회와 결사를 제한하는 보안법이었다.

하지만 고종의 강제 퇴위 이후 각지에서 관료들까지 사직하고 시위에 나섰고, 시위대가 일본 기병대와 주재소 등을 끊임없이 습격했다.

그러자 일본은 헌병대를 확대하고, 투항 의병이나 친일분자로 구성한 5,000명가량의 헌병 보조원을 두었다. 이들을 자주독립운동을 탄압하는 데 동원했다.

일본의 무자비한 탄압에도 의병 활동과 애국 계몽운동은 활발히 벌어졌다. 1908년 1월 서대문 밖 보성소학교에서 정영택, 이용직, 지석영 등 105명이 모여 애국 교육을 목적으로 기호흥학회畿湖興學會를 창립했다. 여기서 발행한 월보는 압수당했으며, 단체도 해산당했다.

해외에서도 국권 회복 운동이 일어났다. 도산 안창호가 미국에서 1906년 신민회를 결성하고 다음 해 국내에서도 비밀리에 조직했다.

신민회에 해외 동포와 연해주 등 각지의 교포들이 독립 자금을 보냈다. 신민회에 감화받아 미국으로 이민 온 장인환과 전명운은 통감부 외교고문 스티븐스가 미국에서 "한국 대중이 일본의 통치를 원하고 있다"는 식으로 기자회견하는 것을 보고 그를 저격했다.

다음 해인 1909년 10월 26일에는 안중근이 만주 하얼빈역에서 일본 메이지 유신의 영웅이자 조선 침략의 원흉인 이토 히로부미를 저격했다.

당시 이토는 조선통감을 마치고 추밀원 의장 자격으로 러시아와 만주 문제를 협의하러 가던 중이었다. 이토 후임으로 소네 아라스케 통감이 왔다.

국권 회복을 위해 의사들이 목숨을 던질 때, 일진회 회장 이용구는 1908년 12월 3일, '일진회 100만 회원이 2,000만 신민을 대표'해서 한일합방을 청원한다는 상소문을 황제와 통감에게 보내고, 언론에 합방 촉구 성명서를 발표했다. 그 배경에 일제가 있었다. 이후 일진회는 국민의 지탄을 받는 단체가 되었다.

지병으로 사직한 소네 통감의 후임으로 육군 대신 데라우치 마사타케가 1910년 5월 30일 세 번째 통감으로 부임했다. 데라우치는 총리대신 이완용 등을 앞세워 한일합병조약을 억지로 만들어냈다. 경술국치일인 1910년 8월 29일이었다.

합병조약이 선포되어도 조선인의 마음에 나라의 중심은 여전히 왕궁에 있는 고종과 순종이었다. 그런 두 왕이 일본과 분연히 맞섰다면, 아니 백성들의 열화와 같은 자주권 요구를 따라만 주었어도 일본이 쉽게 조선을 합병하지는 못했을 것이다.

제1차 세계대전이 막을 내리는 1918년 미국의 윌슨 대통

경성여자보통고등학교 학생들의 만세시위

령이 민족자결주의 원칙을 제창했다. 각 민족은 스스로 운명을 결정할 권리가 있음을 선언한 것이다. 다음 해 1월에 열린 파리강화회의에서도 이 원칙을 재차 표명했다.

이 회의에 상해의 독립운동가들이 김규식을 파견해 일본의 만행을 알렸다.

파리강화회의가 한창 진행 중이던 1919년 1월 20일 건강했던 고종이 서거했다. 독살설이 퍼졌는데 헤이그 특사 이후 해외를 돌던 이상설이 고종을 모셔 망명 정부를 구상하려 했기 때문이라는 것이다.

대한민국 임시정부 국무원 기념사진(1919년 10월 11일)
앞줄 왼쪽부터 신익희, 안창호, 현순. 뒷줄 김철, 윤현진, 최창식, 이춘숙.

방방곡곡에서 대성통곡이 터져 나왔으며, 할복자살하는 사람들도 있었다. 일본 동경에서는 이광수, 최팔용 등 유학생들이 모여 2·8독립선언을 선포했다.

급기야 고종의 인산일에 맞춰 민족 대표 33인이 태화관에서 기미독립선언서를 낭독했다.

"오등吾等은 자茲에 아我 조선의 독립국임과 조선인의 자주민임을 선언하노라."

이렇게 시작한 3·1운동이 각지로 번져나가 200만 명이 참여한 가운데 상해에서 4월 1일 3·1운동의 정신을 계승한 임시정부가 수립되었다.

조선 왕 계보도

1대 태조
- **신의왕후 한씨** …… 방우 · 방과(정종) · 방의 · 방간 · 방원(태종) · 방연, 경신 · 경선공주
- **신덕왕후 강씨** …… 방번 · 방석, 경순공주

2대 정종
- **정안왕후 김씨**

3대 태종
- **원경왕후 민씨** …… 양녕 · 효령 · 충녕(세종) · 성녕대군, 정순 · 경정 · 경안 · 정선공주

4대 세종
- **소헌왕후 심씨** …… 향(문종) · 수양(세조) · 안평 · 임영 · 광평 · 금성 · 평원 · 영응대군, 정소 · 정의공주

5대 문종
- **현덕왕후 권씨** …… 홍위(단종), 경혜공주

6대 단종
- **정순왕후 송씨**

7대 세조
- **정희왕후 윤씨** …… 의경세자 · 해양대군(예종), 의숙공주
  - **소혜왕후 한씨** …… 월산대군, 자을산군(성종)

8대 예종
- **장순왕후 한씨** …… 인성대군
- **안순왕후 한씨** …… 제안대군, 현숙공주

9대 성종
- **공혜왕후 한씨**
- **폐비 윤씨** …… 융(연산군)
- **정현왕후 윤씨** …… 진성대군(중종), 신숙공주

10대 연산군
- **폐비 신씨**
- **장녹수**

11대 중종
- **단경왕후 신씨**
- **장경왕후 윤씨** …… 호(인종), 효혜공주
- **문정왕후 윤씨** …… 경원대군(명종), 의혜 · 효순 · 경현 · 인순공주
- **창빈 안씨** …… 영양군 · 덕흥대원군, 정신옹주
  - **하동 정씨** …… 하성군(선조)

12대 인종
- **인성왕후 박씨**

13대 명종
- **인순왕후 심씨** …… 순회세자

14대 선조
- **의인왕후 박씨**
- **인목왕후 김씨** …… 영창대군, 정명공주
- **공빈 김씨** …… 임해군 · 혼(광해군)
- **인빈 김씨** …… 의안 · 신성 · 정원 · 의창군, 정신 · 정혜 · 정숙 · 정안 · 정미옹주
  - **여주군부인** …… 능양군(인조)

15대 광해군
- **문성군부인 유씨** …… 질(폐세자)

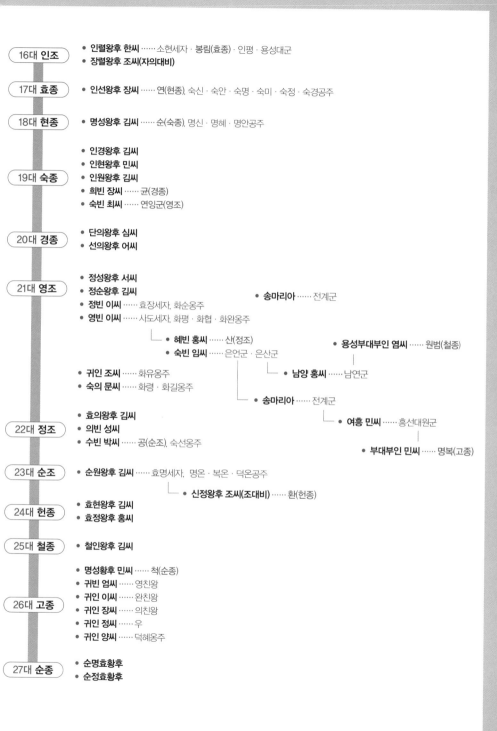

16대 인조
- **인렬왕후 한씨** ······ 소현세자 · 봉림(효종) · 인평 · 용성대군
- **장렬왕후 조씨(자의대비)**

17대 효종
- **인선왕후 장씨** ······ 연(현종), 숙신 · 숙안 · 숙명 · 숙미 · 숙정 · 숙경공주

18대 현종
- **명성왕후 김씨** ······ 순(숙종), 명신 · 명혜 · 명안공주

19대 숙종
- **인경왕후 김씨**
- **인현왕후 민씨**
- **인원왕후 김씨**
- **희빈 장씨** ······ 균(경종)
- **숙빈 최씨** ······ 연잉군(영조)

20대 경종
- **단의왕후 심씨**
- **선의왕후 어씨**

21대 영조
- **정성왕후 서씨**
- **정순왕후 김씨**
- **정빈 이씨** ······ 효장세자, 화순옹주
- **영빈 이씨** ······ 사도세자, 화평 · 화협 · 화완옹주
  - **혜빈 홍씨** ······ 산(정조)
  - **숙빈 임씨** ······ 은언군 · 은산군
- **귀인 조씨** ······ 화유옹주
- **숙의 문씨** ······ 화령 · 화길옹주

- **송마리아** ······ 전계군

- **남양 홍씨** ······ 남연군

- **송마리아** ······ 전계군

22대 정조
- **효의왕후 김씨**
- **의빈 성씨**
- **수빈 박씨** ······ 공(순조), 숙선옹주

- **용성부대부인 염씨** ······ 원범(철종)

- **여흥 민씨** ······ 흥선대원군
  - **부대부인 민씨** ······ 명복(고종)

23대 순조
- **순원왕후 김씨** ······ 효명세자, 명온 · 복온 · 덕온공주
  - **신정왕후 조씨(조대비)** ······ 환(헌종)

24대 헌종
- **효현왕후 김씨**
- **효정왕후 홍씨**

25대 철종
- **철인왕후 김씨**

26대 고종
- **명성황후 민씨** ······ 척(순종)
- **귀빈 엄씨** ······ 영친왕
- **귀인 이씨** ······ 완친왕
- **귀인 장씨** ······ 의친왕
- **귀인 정씨** ······ 우
- **귀인 양씨** ······ 덕혜옹주

27대 순종
- **순명효황후**
- **순정효황후**